以交易为生

（原书第2版）

［美］亚历山大·埃尔德 著　熊振华 译
（Alexander Elder）

THE NEW
TRADING
—FOR A—
LIVING

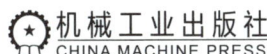

图书在版编目（CIP）数据

以交易为生（原书第2版）/（美）亚历山大·埃尔德（Alexander Elder）著；熊振华译. —北京：机械工业出版社，2017.6（2025.11重印）

书名原文：The New Trading for a Living

ISBN 978-7-111-56972-5

I. 以… II. ①亚… ②熊… III. 证券投资–研究 IV. F830.9

中国版本图书馆CIP数据核字（2017）第101891号

北京市版权局著作权合同登记　图字：01-2015-5402号。

Alexander Elder. The New Trading for a Living.
ISBN 978-1-118-44392-7
Copyright © 2014 by Dr. Alexander Elder.

This translation published under license. Simplified Chinese translation copyright © 2017 by China Machine Press.

No part of this book may be reproduced or transmitted in any form or by any means, electronic or mechanical, including photocopying, recording or any information storage and retrieval system, without permission, in writing, from the publisher.

All rights reserved.

本书中文简体字版由Alexander Elder授权机械工业出版社在全球独家出版发行。

未经出版者书面许可，不得以任何方式抄袭、复制或节录本书中的任何部分。

以交易为生（原书第2版）

出版发行：机械工业出版社（北京市西城区百万庄大街22号　邮政编码：100037）	
责任编辑：宋学文	责任校对：李秋荣
印　刷：北京宝隆世纪印刷有限公司	版　次：2025年11月第1版第26次印刷
开　本：170mm×230mm　1/16	印　张：23.5
书　号：ISBN 978-7-111-56972-5	定　价：99.00元

客服电话：（010）88361066　68326294

版权所有·侵权必究
封底无防伪标均为盗版

前　言

《以交易为生》最早出版于1993年，并畅销国内外。由于朋友间的互相推荐或是交易公司对新员工的内部培训需要，这本书直至现在依旧位于许多阅读清单的前列。这些年来，我一直拒绝修订这本书，因为我喜欢它的内在逻辑，并对其深信不疑。过去我一边做交易，一边旅行，写了些其他的书，也教了一些课，一晃时间已过21年。为了让我这些年学到的新技术和教训能对大家有所助益，我答应修订这本深受欢迎的书。

我的挚交卢·泰勒（Lou Taylor），曾经开玩笑道："如果我每年能增加0.5%的智商，到我死去那一天，我将变成一个天才。"修订《以交易为生》这本书，让我感觉自己重返青春。

在计划这次修订工作时，我想起了位于奥地利维也纳的一座叫"储气罐"的建筑综合体。它是1927年由奥地利的砖匠修建的。其核心是一个多层储气罐。当现代科技的进步令大型储气罐被淘汰后，建筑师们将这座建筑改建成了现代化的公寓。他们在墙上打出了巨大的开口，构造出宽阔的视野，装上了地板和电梯，还加上了带有封闭玻璃幕墙的阁楼。我曾在其中的一个公寓住过一段时间，当时就有一种念头——我的新书也要像它一样，将老技术与新技术和谐相融。

在开始阅读此书前，请先问问自己：为了成为一位成功的交易者，你要做的最重要的一个步骤是什么。

心理学很重要。在《以交易为生》第1版的写作过程中，我已经积极地将心理学实践融入其中，因此心理学部分可以说是历经时间的检验。新一版中，我对这一部分只做了寥寥的修正。

技术分析也很重要。但要记住，当我们看图表时，我们仅需分析五种数据——开盘价、最高价、最低价、收盘价和成交量。在这五种数据之上，再堆加大量指标和图形只会徒增困扰。大道至简，如果你已经读过《以交易为生》第1版，你将看到我减少了技术章节的内容。与此同时，我增加了一些新的章节专门讲新工具——尤其是动力系统（impulse system）。我也增加了一些关于止损、止盈和其他实践细节的内容。

由于金融市场是风险的温床，因此资金管理极为重要。这也是第1版中最薄弱的环节，因此在本书中我便完全重写了这一部分。风险控制的众多工具中，我将向你介绍的是控制风险的"铁三角"。

心理学、交易技巧和资金管理是成功的三个支柱，但还有第四个要素将它们结合起来，那就是——"交易记录"。

保持良好的做交易记录的习惯，能帮助你从自己的经验中成长进步。它帮助你打破总是小赚大亏的恶性循环（就像在滚筒中奔跑的松鼠，虽然大汗淋漓、紧张劳累，但其实是在原地踏步）。保持良好的做交易记录的习惯，将使你成为自己的老师，进而成为一个更加优秀的交易者。我会在本书中展示几种需要保存的交易记录，并分享几份我自己的交易日记。

如果你是一个新读者，那么欢迎开始进入学习交易的旅程。如果你已经读过《以交易为生》第1版，那么我希望，你能发现，这本新书比第1版聪明了20年。

亚历山大·埃尔德博士

纽约—佛蒙特州

2014年

目 录

前 言

导 论 　1

1. 交易——新的荒野　1
2. 心理是关键　4
3. 你的胜算并不大　6

第1章　个体心理　12

4. 为什么交易　12
5. 现实与幻觉　13
6. 自我毁灭　23
7. 交易心理　27
8. 从匿名戒酒会中学到的经验　30
9. 匿名失败者　33
10. 胜利者与失败者　39

第2章　群体心理　45

11. 价格是什么　46
12. 市场是什么　48
13. 交易情景　52

14. 你与市场群体 57
15. 趋势心理学 63
16. 管理和预测 68

| 第 3 章 | **经典图表分析法** 72
17. 图表 73
18. 支撑位和阻力位 81
19. 趋势与交易范围 89
20. 袋鼠尾 96

| 第 4 章 | **计算机化的技术分析** 100
21. 计算机在交易中的运用 101
22. 移动平均 108
23. 指数平滑异同移动平均线：
    MACD 线和 MACD 柱状线 117
24. 趋向系统 130
25. 震荡指标 138
26. 随机指标 139
27. 相对强弱指标 144

| 第 5 章 | **成交量和时间** 149
28. 成交量 149
29. 以成交量为基础的指标 155
30. 强力指数指标 162
31. 持仓量 170
32. 时间 175
33. 交易的时间周期 182

| 第 6 章 | **市场指标** | 192 |

- 34. 新高 – 新低指数（the new high-new low index） 192
- 35. 50 日均线上的股票数占比 201
- 36. 其他市场指标 203
- 37. 一致性指标（consensus indicator）和投入指标（commitment indicator） 206

| 第 7 章 | **交易系统** | 216 |

- 38. 系统测试、模拟交易和逐笔交易的三个关键要求 218
- 39. 三重滤网交易系统 224
- 40. 动力系统 236
- 41. 通道交易系统 242

| 第 8 章 | **交易工具** | 252 |

- 42. 股票 254
- 43. 交易所交易基金（ETF） 256
- 44. 期权 260
- 45. 价差合约（CFD） 271
- 46. 期货 273
- 47. 外汇 283

| 第 9 章 | **风险管理** | 287 |

- 48. 情绪与概率 288
- 49. 风险控制的两条主要原则 294

	50. 2% 法则	296
	51. 6% 法则	303
	52. 从下降中恢复	307

第 10 章	**实践细节**	**312**
	53. 怎样设定盈利目标："足够"是关键词	312
	54. 怎样设定止损线：不要异想天开	318
	55. 这是 A 级交易吗	327
	56. 仔细搜寻可能的交易	334

第 11 章	**保持良好的记录习惯**	**338**
	57. 每日功课	339
	58. 制作并评价交易计划	345
	59. 交易日志	353

参考文献   359

导　　论

1. 交易——新的荒野

你可以自由自在，你可以随心所欲，在世界任何角落生活和工作，你也可以从日常琐事中解放出来，对任何人都不予理睬。

这是一位成功交易者的生活写照。

许多人向往这种生活，但只有很少人可以如愿。当一个业余者盯着报价屏幕，仿佛上面有数百万美元，触手可及。当他伸手去交易——结果却赔了钱。他再交易——结果却赔了更多。交易者亏损，是因为游戏的难度，或因为无知，或因为缺乏自律。如果你也被这其中某些问题所困扰，那么本书正是为你而写。

我如何开始从事交易

1976 年夏天，我由纽约开车前往加州，随身带了一些精神病学（我当时是一位刚出道的精神病科住院医师）与历史的书籍，还有一本平装版恩格尔

（Engel）的《股票证券交易要诀》（*How to Buy Stocks*），就放在我那辆旧道奇车的后备厢里。很难想象，这本卷了边的平装书，还只是从我的一位律师朋友那儿借来的，居然就这样碰巧地改变了我的人生轨迹。顺便一提，我那位律师朋友拥有完美的"反向金手指"，他所接触的任何投资交易都会被搞砸，不过这是另一个故事了。

在横穿美国旅程沿线的宿营地上，我如饥似渴地读着恩格尔的书，最终在太平洋沿岸的拉荷亚才将它读完。在此之前我对股票市场一无所知，在此之后依靠思考来赚钱的想法，深深地吸引了我。

我在苏联长大，16 岁考进大学，22 岁从医学院毕业，在完成住院医师的实习之后，我成为一个随船医务人员。后来我离开苏联到了美国。

那时的我对股票、债券、期货或期权这些一无所知，仅仅是看着皮夹内的美钞都会有种眩晕感——以前在苏联，只要一小点儿这种美钞，就足以在西伯利亚生活三年。

阅读《股票证券交易要诀》为我打开了一个崭新的世界。回到纽约，我便购买了人生中的第一只股票——KinderCare。一件非常不妙的事情发生了——我的第一笔交易就赚到了钱，接着第二笔又是。这让我产生了一个错觉：在这个市场赚钱很容易。我花了很多年才摆脱这个错误观念。

我的职业生涯在另一条独立的轨道上前进。我就读于纽约精神分析学院，并在其附属医院完成精神病科实习，同时兼任全美最大的精神病学报纸的编辑。到现在我仍然持有精神病医生的从业执照，但由于自己忙着交易、旅行、教书，近期专业方面的实践只能缩减到每月 1～2 小时。

学习如何交易是个大起大落、时间漫长的旅程。在前进过程中，或者在原地踏步时，我常常因账户亏损而捶胸顿足。每次发生这样的事情，我便回归医院的工作，重新筹集本钱，阅读、思考、做更多的检验，然后再次踏上交易的道路。

我的交易状况渐渐好转，但交易上真正的转折点是在我终于认识到获胜的关键存在于人的大脑而非计算机里时才出现。我在精神病学上的学习研究，也加深了我对交易真谛的理解，我将在本书中与大家一起分享。

你是否真正渴望成功

我有一位相识多年的老朋友，他的妻子容态优雅，但美中不足的是十分富态——也就是肥胖。自我认识她以来，她一直声称自己正在节食当中。她说她希望减轻体重，她从不当众乱吃蛋糕或者马铃薯，但我却经常看见她偷藏在厨房中狼吞虎咽。也正因为如此，她心怀减肥的愿望但一直肥胖着。

对她来说，享用食物带来的短暂愉悦远远比减肥后的快乐和健康更重要。她让我联想起市场上那些嘴里嚷嚷着想成功，实际却享受着短暂的赌博刺激、不断冲动买卖的交易者。

人们一边自我欺骗，一边自我博弈。欺骗别人是不对的，欺骗自己更是无可救药。书店里随处可见关于节食的书，但这个世界依然充满了体重超标的人。

本书将教你如何分析市场、从事交易、控制风险和处理好自己的想法。我可以向你提供知识，只要你自己对此充满渴望。

谨记：要想享受刺激的运动，就必须遵守安全准则。只有降低风险，你才能收获更多的成就感和控制感。对交易来说同样如此。

> 当且仅当你把交易视为一项严肃的智力工作对待时，你才能取得成功。情绪化的交易是致命的。为了确保成功，必须实行防御性的资金管理。出色的交易者，必须像专业的潜水员小心谨慎地关注着自己的氧气供应那样，盯紧自己的资金。

2. 心理是关键

还记得最近一次下单时的感受吗？是急着想进场，还是犹豫着怕亏损？当你下单时，你是否会迟疑不定？当一笔交易正式结束，你会感到喜悦还是羞愧不已？成千上万的交易者们的情绪，汇成一道驱动市场的心理洪流。

别坐过山车

大部分交易者耗尽精力去寻找好的交易机会。一旦进场，他们便无法掌控自己的情绪，放任自己寝食难安，抑或是兴奋喜悦。他们搭乘着情绪的过山车，将盈利所需的基本要素——情绪管理——远远地抛之脑后。情绪失控导致了风险管理失效，进而产生亏损。

如果你的心智无法同步于市场，或忽视大众心理的变化，那你就没有盈利的机会。所有成功的专业交易者都明白，心理在交易中具有异乎寻常的重要性。大多数失败的业余者，则忽略了这个层面。

知道我是精神病医师的朋友或学生常问我这是否有助于交易。好的精神学与好的交易具有一个共同的重要原则——专注于现实，客观地看待这个世界。要健康地生活，我们必须睁大双眼。要成为优秀的交易者，也必须睁大眼睛，认清真正的趋势和反转，不要在幻想、懊悔和一厢情愿上浪费自己宝贵的时间和精力。

是否只是男人的游戏

经纪商的数据显示，大部分交易者都是男性。我公司（Elder.com）的资料也确认了85%~90%的交易者是男性。然而，与20年前出版《以交易为生》（第1版）之时相比，我的客户中女性交易者的比重已经翻了一倍。但因为在英语中，只用"他"，比用"他或她"或在这两个代词中转换要来得顺畅，为了阅读方便，我将在本书中通篇使用"他"。当然，我绝对不是不尊重女性交易者。

事实上，我发现女性交易者成功的概率更高一些。作为一个群体而言，她们一般比男性多一些自律而少一些自大。

本书的内容安排

成功交易的三大支柱分别是心理、市场分析和风险管理，良好的交易记录则是把它们结合起来的关键。本书将帮助你学习这些。

第1章将介绍如何在交易中管理情绪。这是我在精神病医院执业过程中所发现的方法。它显著提升了我的交易效率，应该也可以对你有所帮助。

第2章将讨论市场的群体心理。群体行为比个体行为更原始。如果你了解群体行为，便可以避免随波逐流，反而能从市场群体的情绪波动中获利。

第3章将介绍图表形态如何反映群体行为。和调查取样类似，经典的技术分析也被运用于社会心理学中。支撑、阻力、突破和其他形态实际上都是群体行为的反映。

第4章将教你现代化的计算机技术分析方法，相比经典的图表方式，指标方式能以更好的视角反映群体心理。趋势跟随指标有助于判断市场趋势，而震荡指标可以标明趋势何时准备反转。

成交量与持仓量也可以反映群体行为。第5章将重点讨论这两个主题，以及市场如何随时间的推移而演变。群体的耐心持续时间很短，交易者若能够把握价格变动与时间的关系，将获得一定的竞争优势。

第6章将重点探讨股市的最佳分析工具。这对于股指期货和期权交易者尤其有用。

第7章将展示几种交易系统。首先介绍逐渐获得广泛使用的"三重滤网交易系统"（triple screen），然后会对"动力系统"（impulse system）和"通道交易系统"（channel trading system）进行综合学习。

第8章将讨论多种类别的交易工具。简要概述股票、期货、期权和外汇的优缺点，清除笼罩在这些市场上的迷雾。

第9章将讨论极其重要的资金管理主题。许多业余者往往会忽略这部分，而这却是交易成功的基本要素。即使你有一个出色的交易系统，但如果你的风险管理很薄弱，一小串连续亏损也可以摧毁你的账户。用风险管理的铁三角和其他一些工具武装自己，你将变成一名更安全高效的交易者。

第10章将探讨交易的关键——设置止损、盈利目标和寻找入场机会。这些有实践意义的措施将协助你有效运用任何你喜欢的交易系统。

第11章将介绍好的交易记录的原则和一些模板。交易记录的质量是你成功最好的预测指标。我为你免费提供了我最喜欢的模板。

在本书的最后，有一个独立的重要的"学习指南"。它提出了100多个问题，每一个都与本书特定章节内容相关。设计这些问题是为了测试你的理解水平，发现知识盲点。当你完成各章节的阅读后，转到"学习指南"去回答相关问题，这会对你很有帮助。如果测试结果并不理想，别着急，去重读相关内容，再重新进行一次测试。

你会花很多时间来看这本书，当发现部分观点对你有用时，只有一个方法能评估它——用自己的数据去检验，亲自交易去实践。只有去质疑和检验，你才能将这个知识转化为自己所有。

3. 你的胜算并不大

为什么大多数交易者发生亏损并被洗出市场？情绪化与盲目交易是主要原因，但还有其他的原因。游戏规则决定了大部分人要亏钱——交易行业的佣金和滑点正在悄无声息地蚕食着交易者们。

进入或退出一笔交易都需要支付佣金。滑点是指你下达指令时的价格与你成交价格之间的差价。当你下达一个限价指令时，它将以你设定的价格或者更有利的价格成交，或者不成交。但当你急切地想入场或者退出时，下达了一个市价指令，通常成交价格会差于你下指令时看到的价格——滑点诞生。

多数业余者并未意识到佣金和滑点的危害，就像中世纪的农民无法想象那些肉眼所不能见的微生物可以葬送他们的生命一样。如果你忽视滑点，并且在一个索要高佣金的经纪商那里交易，你几乎就等同于一个在霍乱期间饮用公共泳池里的水的农民。

交易行业不断从市场中抽走巨额资金。交易所、监管机构、经纪商和投资顾问们都靠市场讨生活，与此同时一代又一代的交易者被洗出市场。市场需要层出不穷的亏损者，就如同古埃及金字塔的修建需要源源不断的奴隶们一样。亏损者为市场带来资金，是促进交易行业持续繁荣所必需的条件。

交易是负和游戏

零和游戏中，赢家将收获输家所赔掉的一切。如果你我就道琼斯指数未来100点的走势方向赌20美元，咱们其中一人将赢得20美元，另一人则输掉20美元。

人们被这个行业所谓的"零和游戏"的宣传所欺骗，开户入场。他们没有意识到在这背后其实是一个负和的游戏。赢家获得的要少于输家亏损的，因为行业要从市场中抽走资金。

举例来说，赌场的轮盘赌也是一个"负和游戏"，因为赌场要有赌金3%~6%的抽头。这使得长期来看，赌客不可能在轮盘赌中获胜。如果你我是通过经纪商来进行道琼斯指数未来100点走势方向的赌局，这就会成为一个"负和游戏"。当我们结算时，输家将支付23美元，赢家只拿到17美元，而两个经纪商则笑着走向银行。

佣金和滑点对于交易者来说，就宛若缴税和死亡对我们所有人一样。它们剥夺了生活的乐趣，并将人生推向终点。交易者在获利前，首先需要养活他的经纪商和交易所。要从"负和游戏"中脱颖而出,仅仅是"好于平均水平"是不够的,你必须要出类拔萃。

佣金

佣金在过去20年里降低了很多。20年前,还曾经有经纪商对单向交易收取交易金额0.5%~1%的佣金。举例来说,以20美元的价格买1 000股通用电气的股票,总金额为20 000美元,但需要支付100~200美元佣金,卖出时需要再支付一次。幸运的是,现如今佣金费率已经下降了很多。

但这并不意味着高昂的佣金费率已经完全从这个世界上消失无踪。在准备出版此书时,我收到了一位来自希腊的客户发来的邮件。他在经纪商——欧洲一个大银行开有一个小账户,每笔交易最少要支付40美元的佣金。我告诉他,我的经纪商收取的佣金是每100股最少只要1美元。

如果没有刻意关注,即使是很小的数字,也可能成为走向成功的巨大障碍。

对于一个账户里有20 000美元的活跃交易者,每天做一次回转交易,一周做四次。单向交易的佣金为10美元,到周末,他就需要支付80美元佣金(买入的40美元和卖出的40美元)。如果一年中有50个星期如此操作(假设他能在市场上生存这么久的话),到年底,他共需支付4 000美元的佣金,而这已经是他账户本金的20%。

乔治·索罗斯(George Soros)作为一位顶尖的基金经理,过去若干年里提供了年均29%的回报率。他绝不会待在需要他每年支付账户20%佣金的地方。即使是"极其细微的佣金",也可能是走向成功的一个巨大障碍。我曾听到经纪商窃笑着闲聊,他们的客户即使绞尽脑汁也仅仅能在交易中打个平手。

货比三家,挑选佣金最低的经纪商,不要对为佣金而讨价还价羞愧。我只听说过经纪商报怨客户太少——但从来没听过顾客报怨经纪商太少。告诉你的经纪商,收取较低的佣金才符合他的最大利益,因为如此你才能存活下去，并成为他的长期客户。另外，设计一套不用交易太频繁的交易系统。

我自己有两个账户用于交易。首选账户所使用的经纪商对我任意规模的每笔交易都收取 7.99 美元。次选账户使用的经纪商按每股 1 美分收取，最少每笔不低于 1 美元。当我交易高价股且买入量小于 800 股时，我会通过"每股 1 美分"的经纪商进行申报；除此之外的，我都通过"每笔交易 7.99 美元"的经纪商进行申报。对于刚入门的交易者，第一件事是找一家"每股 1 美分"的经纪商。这样，你每交易 100 股时只用花 1 美元佣金了。而期货交易者做一次回转交易只用花几美元。

滑点

滑点是指成交价格与下指令时在屏幕上看到价格的差价。就像是在食品杂货店一个标价 49 美分的苹果，你买它却花了 50 美分。1 美分可能没什么大不了的，但如果是买 1 000 个苹果呢？或者说一个指令买 1 000 股股票，每股有 1 美分损失，那将使每个指令损失 10 美元，这可能比你支付的佣金都高。

有两种类型的指令：限价指令和市价指令。你的滑点取决于你的选择。

限价指令是说——"以 49 美分的价格买入那个苹果"，它保证了价格，但不能保证成交。你不会付出超过 49 美分，但到最后你可能没有买到你想要的苹果。

市价指令是说——"买入那个苹果"，它保证会成交，但不保证价格一定会是 49 美分。当你下指令时，如果苹果价格在上升，当你按下买入按钮时，你支付的价格会比你在屏幕上看到的价格要高。这时，你便遇到了一个滑点。

市价指令的滑点随市场波动而上升，当市场开始飞奔时，滑点也会飞涨。

你对滑点会消耗多少钱有概念吗？只有一个方法可以找到答案：记录你下达市价指令时屏幕上看到的价格与你成交价格相比的价差，将价差乘以成交的股数或合约数。毫无疑问，你需要一个好的记录系统——比如有以上各个项目的电子数据表。作为公益服务，我在 www.elder.com 为交易者们提供了这样的电子数据表。

你将在整部书中看到"记录这个"和"记录那个"，要记住，记录好你的交易是成功的基本条件。要留意那些成功的交易，更要细心分析你的亏损：因为你能从那些亏损的交易中学到更多。

这里有一个令人惊讶的数据，你可以在自己的记录中去验证它：平均每个交易者在滑点上支付的成本比佣金要多三倍以上。

之前我们谈过佣金是成功的重要障碍。现在看，来自滑点的障碍还要高三倍。这也是为什么，不论一笔交易多么诱人，你都要避免以市价指令买入。

你需要自律，要始终以合适的价格达成交易。市面上有成千只股票和数十种期货合约，如果你因限价指令错过了一笔交易，市面上还有其他数不尽的机会。不要多付！我几乎总是用限价指令，只有当止损时才用市价指令。当一笔交易要亏损了，你是没有时间去斤斤计较的，触及止损线的时候，就改用市价指令。慢慢地建仓，但要快速地清仓。

> 为了减少滑点，尽可能选择在流动性好、成交量高的市场进行交易。避开交易冷清的股票，因为它们的滑点通常较高。在市场平静的时候，用限价指令在指定价格交易。记录好下单的价格。如果有必要时，让经纪商到场内为你争取更好的价格。

买卖价差

无论何时，只要市场开市，任何交易品种都会有两种价格——买入价和卖出价。买入价是指人们愿意为获得证券而支付的价格，卖出价是出售者能够接受的价格。买入价总是要低一些，而卖出价总是要高一些，而两者间的买卖价差则在不停地变化。

不同品种的买卖价差不同,即使同一品种在不同时间,其买卖价差也不相同。成交量小的品种买卖价差更高,因为此品种在市场上已有庄家,想入场就必须支付更高费用。买卖价差也可能极小。市场平静时,成交活跃的股票、期货或者期权的买卖价差可能只有一个最小报价单位。当价格加速单边上涨或下跌时,买卖价差可能扩大;当市场暴跌或猛涨后,买卖价差可能变得非常大——或许几十个最小报价单位。

市价指令总是以买卖价差中对你较不利的一方成交。它以卖出价(高价)买入,以买入价(低价)卖出。很难想象专业交易者能靠市价指令过上好的生活。不要将自己喂了狼——任何可能的时候都尽量去用限价指令。

成功的障碍

滑点和佣金使得交易像在一条满是食人鱼的河流中游泳。其他费用也在侵蚀着交易者的资金。计算机和市场数据、顾问服务和书本的费用——包括你现在正读的这本书——都是来自你的交易资金。

> 寻找一位佣金最低的经纪商,并像鹰一样地监控他。设计一套发出交易信号不太频繁的交易系统,让你能在市场稳定的时候建仓。尽量只用限价指令——除非是设置止损时。要小心那些需要花钱的工具,这个世界没有什么神奇的解决方式,成功不可能买得到,只能靠自己的双手去创造。

| 第1章 |

个 体 心 理

4. 为什么交易

  交易看似简单，实则不然。初学者可能谨慎地进入市场小赚了几次后，就开始觉得自己是交易的天才，能够战无不胜。这时候他往往开始盲目地承担风险，并最终以惨败收场。

  人们因为各种理由进行交易，其中有些是理性的，但更多时候并非如此。交易为人们提供了暴富的机会。对很多人来说，钱象征着自由，即使他们并不知道用钱来做什么。

  如果你懂得如何进行交易，就能自由支配自己的时间，在任何喜欢的地方生活、工作，不用看老板的脸色。交易是一种有趣的游戏：它将国际象棋、扑克和电子游戏的乐趣融为一体，吸引着所有喜欢挑战的人。

  交易吸引着那些愿意冒险的人，也让风险厌恶者对其敬而远之。普通人早上起床、去工作、吃饭午休、下班回家、就着啤酒吃顿晚饭、看电视，然后上床睡觉。如果他赚了点外快，就放进储蓄账户。而交易者有着自己独特的作息。将自己的资本置于风险之下后，他们放弃了按部就班的生活，离群索居，毅然跃入了未知的世界。

自我实现

许多人天生就有动力要力争做到最好，希望可以将自己的能力发挥到极限。正是这种自我实现的驱动力，以及游戏本身的乐趣和对金钱的渴望，激励着交易者们挑战市场。

优秀的交易者往往都是勤奋而精明的人，他们对新思想保持着开放的态度。好的交易者的目标不但是赚钱，而且要做好每一笔交易。如果交易做好了，金钱自然会随之而来。成功的交易者不断地磨炼着自己的技巧以图尽其所能做到最好。

有一位来自得克萨斯州的专业交易者邀请我到他的办公室参观，对我说："如果你坐到桌子对面看我操盘，你肯定无法分辨我今天是赚了还是赔了2 000美元。"他已经达到了"胜不骄，败不馁"的境界。他只关注正确地交易与提升自己的技巧，钱已经不再影响他的情绪。

伴随自我实现的想法而来的麻烦是，很多人同时具备自毁的倾向。易出事故的司机总是毁车，有自毁倾向的交易者也总是毁坏他的账户。市场提供了许多机会让人自我毁灭或者自我实现。在市场上实践内心这两种冲突的想法会让你付出高昂的代价。

没有平静的心态，交易者往往会在市场中追求矛盾的想法。如果你不知道自己的目标在哪儿，你就会随波逐流到自己绝不希望的境地。

5. 现实与幻觉

如果一个几乎没有务农经验的朋友跟你说，他打算经营四分之一英亩（大约1 000平方米）的农场来养活自己，你会想他肯定要饿肚子了。就算把这小块土地榨干，也不会有多少收成。然而有这样一块"土地"能让你尽情幻想富足的收成：那就是交易市场。

一位前雇员告诉我，他计划靠交易一个只有6 000美元的账户来自力更生养活自己。当我告诉他这个计划不可能成功时，他马上就顾左右而言他。他是个聪明的分析师，但也会自欺欺人，不愿看到这样"集约型农耕"的计划只会毁掉自己。在他为了成功而不顾一切地交易时，他将不得不持有重仓。市场一点轻微的波动都会让他惨败出局。

成功的交易者都是现实主义者。他清楚自己的能力和局限，他知道市场发生了什么，也有办法应付自如。他从不寻找捷径，而是认真分析市场和审视自己，然后做出切实可行的计划。因为一个专业的交易者难以承受幻想带来的损失。

业余的交易者一旦遭受几次打击，不得不追加保证金时，往往会从盲目自大变得畏首畏尾，开始对市场产生一些奇怪的想法。这些失败者们根据自己的幻想买入、卖出，或者回避交易。他们像小孩子一样，害怕晚上向床底下看或者穿越墓地，因为害怕那里会出现魔鬼。市场杂乱无章的环境也很容易让人产生幻觉。

在西方文明世界中浸淫长大的人多数都有些相同的幻觉，这些幻觉很普遍，以至于我在纽约精神分析学院读书时，有一门课就叫"普遍幻觉"。比如说，许多人在童年时幻想他们自己是被父母收养的，这似乎就可以解释这个冷漠而不友好的世界。它安慰了孩子，但也让他们对一个事实视而不见——是他们的父母不够合格。幻觉会影响我们的行为，即使我们没有意识到它的存在。

在跟数百位交易者交谈的过程中，我不断地听到一些"普遍幻觉"。这些幻觉扭曲了事实，阻挡了成功之路。成功的交易者必须能够分辨出这些幻觉，并且清除它们。

智力误区

饱受"大脑迷思"之苦的失败者们会告诉你:"我亏损是因为不知道交易的秘诀。"许多人有个幻觉,成功的交易者是有某种秘密知识的。正是这种幻觉支撑起了一个活跃的咨询服务市场和自动交易系统市场。

灰心丧气的交易者可能会突然拿出自己的信用卡去购买某种"交易秘诀"。比如他会给骗子寄去3 000美元,购买一个测试情况良好的、"不容错过的"自动交易系统。当这个交易系统失效之后,他又可能会刷爆信用卡去购买一本"科学手册"。这本手册将教他如何通过观察星星、月亮,甚至天王星来实现扭亏为盈。

在纽约一家投资俱乐部,我经常会遇见一位知名的金融占星师。他总是要求免费出入,因为他连最一般的会议和聚餐的钱都承担不起。他主要的收入来源是为那些对他满怀希望的业余交易者们用占星术进行交易预测。

失败者们不相信交易对智力的要求其实比较简单。这种要求远不及阑尾切除手术、建造桥梁,或在法庭上打官司的要求高。优秀的交易者很精明,但很少是知识分子。许多人从没上过大学,还有不少人是从高中辍学的。

有许多人聪明而勤奋,在各自的领域都很成功,但却对交易束手无策。

为什么他们总是失败?将胜利者和失败者区分开来的不是智力或者秘诀,当然更不是教育。

资本不足误区

许多失败者认为,如果他们有更多的本金就会取得成功。

人们要么通过连续的损失,要么通过一次严重错误的交易输掉全部资本。失败者常常刚因交不齐保证金而被强行平仓,市场就开始反转了,并朝着他预期的方向发展。于是他勃然大怒地认为,要是再坚持一周,自己就能大赚一笔而非亏损了。

这样的人认为市场反转只是来得太晚，而这些反转又让他们坚信自己的方法是正确的。于是他们又努力工作、赚钱、存钱，或者借足够钱重开一个小账户。然后历史重现：失败者出局，市场反转，再次证明他是"对"的，只是太晚了——他已经被强行平仓出局了。于是自然而然产生了这个幻觉："如果我的钱再多点，我就能多挺一段时间然后赢钱。"

一些失败者向亲朋好友展示自己的交易记录，以此来向他们借钱。这似乎能证明如果有更多的钱，他们就能够大赚一笔。但即使他们筹集到了更多的钱，他们也还是会失败——好像市场在故意嘲弄他们一样。

失败并非因为资金太少，而是因为认知还不成熟。失败者能很快亏掉一大笔钱，这和亏光一笔小钱的速度相差无几。我有位朋友曾一天内亏掉2亿美元。他的经纪商强平了他的账户，市场跟着就开始反转。他起诉了那个经纪商，然后告诉我说："如果我有更多的钱……"很显然在他看来2亿美元还是不够多。

失败者的真正问题不在于资金多少，而在于过度交易和糟糕的资金管理。不管他的资金量多寡，如果他承担的风险太大，则不管交易系统多么完善，一段时间的错误交易总会让他亏光出局。

业余交易者既没料到自己会失败，也没准备好去管理这些失败的交易。将失败归咎于资本不足让他们有了借口去回避两个痛苦的事实：他们没有符合现实的资金管理计划，以及缺乏自律。

交易者想要在市场中生存和发展壮大，必须要控制损失。想做到这一点，你可以在每一笔交易中只用小部分本金去交易（见第9章，风险管理），从每一次小损失中吸取教训。

交易账户资金量大的一个好处是，设备费和服务费占总资本的比重更小。一个拥有100万美元的交易者花0.5万美元去上课培训，培训费只占他资本的0.5%。但对于只有2万美元资本的人来说，就要花去资本的25%。

自动交易之谜

走入自动交易误区的交易者认为追求财富的过程可以通过程序自动实现。一些人致力于开发一种自动交易系统，另一些人则从别人手里购买这类交易系统。人们用数年时间磨炼自己作为律师、医生或者商人的技能，却愿意一掷千金去购买这样一种现成的"罐装竞争力"。这是由贪婪、懒惰和对数学的无知造就。

这类系统之前是写在纸上的，现在可以下载到电脑上。其中有些比较初级，而另一些则经过了加工、优化甚至还带有资金管理系统。许多交易者花费大笔美金寻找这种能够将几页电脑代码变成无尽的现金流的"魔法"。人们花钱买这些自动交易系统，就像中世纪的骑士花钱向炼金术士购买点石成金的秘密。

复杂的人类活动无法全部自动化。计算机学习系统无法取代老师，报税程序也尚未导致会计师失业。大部分人类活动都需要自己的判断能力，机器和电脑系统可以提供帮助但却不能取代人类。

如果真的存在有效的自动交易系统，可以从经纪商那里源源不断地得到现金流，购买者就能在塔希提岛悠闲地过日子。但直到现在，唯一已经从自动交易系统中赚到钱的人只有系统的卖家。他们形成了一个很小但丰富多彩的家庭作坊式产业。如果他们的系统真有用，他们为什么要卖呢？他们自己就可以搬到塔希提岛，然后坐等收钱了！同时，这些自动交易系统贩子都有自己的说辞，有人说比起交易，他们更喜欢编程；还有其他人则称他们卖这些系统是为了筹集资本，或者甚至是出于对人类的大爱。

市场总是处在变化的过程中，不断地击败这些自动交易系统，昨天精准的策略今天就差强人意，到了明天可能就完全不起作用。合格的交易者在遇到麻烦后能迅速调整他的策略，但自动交易系统没这么强的适应能力，反而会自毁。

即使有自动巡航系统，航空公司还是会向飞行员支付高额薪水，原因是人才可以处理不可预知的事件。当客机在太平洋上被风掀掉了机顶，或者是在曼哈顿岛上空撞上了鸟群而损坏了两台发动机，只有驾驶员可以处理这种危机。报纸上曾经多次报道这样的事故，有经验的驾驶员能够随机应变成功迫降，而这是任何自动驾驶系统都做不到的。把你的钱交给自动交易系统就如同把你的生命交给自动驾驶系统一样，一次意料之外的事件就会让你的资金账户"坠毁并爆炸"。

市面上的确有好的交易系统，但它们都需要小心监控并根据个人判断进行调整。你必须时刻保持警惕，不能将自己的责任拱手交给机械化的自动交易系统。

对自动交易系统抱有幻想的交易者，可能是希望重温儿时旧梦，那时候有母亲可以满足他们的温饱，提供舒适的环境。现在他们希望通过消极地依赖这种自动交易系统来重新创造出当时的经历：利润有如儿时温热的牛奶一样源源不断地流向他们。但市场绝不是任何人的母亲，它是由一群顽强的男人和女人构成的，他们在想尽一切办法从你那里赚钱，而非将温热的牛奶送至你的口中。

个人崇拜

许多人号称他们渴望自由和独立，但当他们处于压力之下时，他们却改变了自己的论调转而去寻找"强力的领导人"。处于苦恼中的交易者经常会向各式各样的"权威"寻找帮助。

当我来到美国开始进行交易时，令我吃惊的是竟然有这么多交易者在寻找权威：别人会帮我们发财的幻觉如影随形根深蒂固。

在金融市场中存在着三类权威：市场周期权威、神奇方法权威、已故权威。市场周期权威总是宣称市场将要反转。神奇方法权威总在提出新的致富方法。已故权威逃脱了批评并且赢得了人们的崇拜，只是因为他们已经离开了这个世界。

市场周期大师

数十年来，美国股票市场总是遵循着四年的周期。股票市场一般前 2.5 年或 3 年上涨然后 1 年或 1.5 年下跌。因此，每当重要的市场周期到来时，市场总会涌现出一批市场周期大师，每 4 年 1 次。这些权威的名声能持续 2～3 年，权威们声名远扬的时期正好与美国的每一波牛市一致。

市场周期大师对股市上涨和下跌进行预测，每次正确的预测都会增加他们的名气，然后会促使更多的人根据他们的预测去买卖股票。市场周期大师们对市场有着自己的偏好理论。这种理论——不管是周期理论、成交量理论，还是艾略特波浪理论——在走红之前都已经发展了数年时间。刚开始市场并不遵循这些鼓舞人心的大师们的拿手绝活，但市场不断变化，随后几年市场开始走向大师们的预测，这时候大师们开始声名鹊起，仿佛获得了高于市场的力量。

把这种情况和大众的时尚品位变化做个比较就会更清楚，在某一年金发受欢迎，下一年红发又开始成为时尚。突然去年的金发女郎就不再受主流时尚杂志封面的青睐了，或者突然每个人都开始喜欢暗色皮肤的或者脸上有胎记的模特。模特并没有变，变的是人们的品位。

大师们大都出身于市场分析行业中的边缘地带，他们从来都不是在编的分析师。在机构工作的分析师们总是保守的——害怕承担过多的风险——也几乎从没有取得多少投机成果。市场周期大师一般是拥有某种独特理论的门外汉。

只要市场还遵循着他的"理论"在运动，他就能保持自己的名气：这种情况一般持续时间会短于一个 4 年周期。在某些时候，市场开始转向，开始以另一种节奏运行，而大师还是用前期成功的旧方法，他就逐渐失去拥趸了。一旦大师的预测失效，公众对他的颂扬就变成厌恶，而身败名裂的市场周期大师不再是明星。

所有的市场周期大师都有些共同的特点，他们在成为明星前的几年就开始对市场频频进行预测。每个大师都有一套独特的理论，并且通过他自己的咨询业务获得一小撮追随者和一定的声誉。追随者们总会忽略，任何大师的理论都无法一直有效。当大师的理论恰好正确时，就会引起媒体的大肆报道，而当他的理论失效时，那些奉承的溢美之词变成了仇恨的恶语相向。

当你意识到一位新大师正在冉冉升起时，跟着他的步伐或许会让你有得赚，但是更重要的是，你要认识到他的声望什么时候会到达顶峰。每个大师最终都会栽跟头——就从这个词的字面意思来看，他们总会从自身名望的巅峰栽下来。当一个大师被大众媒体所接受时，这往往是他名誉达到顶点的征兆。主流媒体对大师是很警觉的，当几家大众媒体齐心协力开出大幅版面来介绍一位炙手可热的市场大师时，你就可以断定这位大师声誉的"死期将至"。而新的大师很快会取而代之，大众心理就是如此。

神奇方法大师

市场周期大师往往产生在股票市场，而方法大师则主要在衍生品交易市场上大行其道。方法大师总是在发现一种新的分析或交易方法后异军突起。

交易者们总是在寻找一种能够胜过竞争对手的方法。就像骑士为宝剑痴迷，交易者们愿意为他们的交易工具一掷千金。只要这种方法能为他们带来源源不断的现金流，那不管多少钱都不算贵。

方法大师会向市场兜售一套新的取得利润的秘籍：速度线理论、市场周期理论、市场轮廓理论等。这些方法可能在刚开始时有效，但只要足够多的人了解了，并且在市场中运用它们，这些方法就不可避免地逐渐失效，被遗弃。市场总是能消磨掉每种方法的优势。昨天还有用的方法，今天就没那么有效，而到一年之后就更不可能有什么效果了。

奇怪的是，即使在这个全球互联的时代，大师的声誉还是传播得很慢。在自己国家已经声名狼藉的大师仍然可以通过在海外兜售自己的理论来赚钱。这是一位方法大师让我认识到的，他将自己在亚洲的持续走红跟美国过气的歌手和电影明星的经历进行类比。他们没法再在国内吸引观众了，但仍然可以通过在海外走穴赚钱。

已故大师

第三种市场大师是已故大师。他们的书不断再版，他们的市场理论被新一代热心的交易者仔细研究。有关敬爱的已故大师的高超技巧和其个人财富的传奇，在他们死后被不断颂扬。这些已故大师已经离我们而去，他们没法将自己的声誉资本化去赚钱了。但他们仍在世的追随者却能够用他们的名声和过期的版权继续赚钱。其中包括 R. N. 艾略特（R. N. Elliott），但最好的例子是 W. D. 江恩（W. D. Gann）。

各式各样的投机取巧者在兜售"江恩课程"和"江恩软件"。他们声称江恩是有史以来最好的交易者，他留下了 5 000 万美元的房产等。我拜访了江恩的儿子，他在波士顿银行当分析师。据他爆料，他那著名的父亲不仅没办法只靠交易养活家庭，而且不得不靠撰写和出售指导课程来赚外快。他也雇不起秘书，只能让自己的儿子来帮助他工作。当江恩在 20 世纪 50 年代去世时，他全部资产——包括他的房子，只值十万多美元。江恩作为一位交易巨人的神话是靠那些要向无知大众出售课程和相关产品的商人们编造而延续的。

大师的拥趸

大师必须花数年时间做原始研究。当市场开始按他的理论运行时，他就走运了。有些大师已经作古，但那些活着的大师，从严肃的研究型到沽名钓誉之徒一应俱全。要想读读大师的丑闻可以看看威廉姆·R. 加拉赫（William R.

Gallacher）的《赢家通吃》(*Winner Takes All*)。

当我们给大师付钱时，总希望我们能得到更多的回报。就像那些去街角玩三牌猜一赌上几美元的人一样，总是希望从柳条筐下多赚些钱。只有无知者或贪婪之徒才会上这样的当。

一些人寻求大师帮助是为了找到一位强有力的领导者，找到一位家长式的无所不知的全能之人。如同有朋友曾说："他们把脐带拿在手里一直走着，直至找到一个地方能把脐带插进去。"聪明的推销者就提供这样一种"插座"，当然不会是免费的。

> 只要公众还期待大师，大师就会出现。作为聪明的交易者，你必须意识到，从长期来看没有大师能让你变得富有。你必须靠自己的双手拼搏奋斗。

有时，当我发表演讲或参加电视节目时，别人会介绍我是一位"有名的大师"。听到这些我总是毛骨悚然，因此总会打断这样的介绍。大师是那些宣称引导他们的信徒穿过沙漠获得成功的人，而非像我这样在此说教。

我总是开场就解释，世界上不存在神奇的方法。交易领域就如同医学领域一样丰富、庞杂。它们都需要你选取这个专业，然后努力成为该领域的专家。在很长时间以前我就选定了自己的道路。在此我只是把自己的想法公之于众，分享我的研究与决策模式。

交易时睁大双眼

一厢情愿的力量甚于金钱。最近的研究证明，人们都有惊人的欺骗自己和回避现实的能力。

杜克大学的教授丹·艾瑞里描述过一个巧妙的实验。实验人员要求一组实验对象进行智力测试。其中一半的人"碰巧"拿到了答案，因此这部分人在作答前已经知道了正确答案。不用说，他们的分数肯定比另外一部分的要高。然后所有人被要求对自己在下次智力测试中的成绩进行预测，当然这次不会有人再事先拿到正确答案了。在第二次测试中，能够正确预测自己分数的人将能够获得金钱上的奖励。奇怪的是，那些第一次利用了标准答案作弊而得高分的人对自己下次成绩的预测也比较高。即使这种不正确的预测很可能会让他们损失一些钱，这些作弊者还是情愿相信自己比别人聪明。

成功的交易者不能承受一厢情愿导致的损失，他必须是现实主义者。在市场中可没有标准答案用来作弊。你只能在交易日志和自有资金变动曲线中看到事实真相。

要战胜市场，我们必须记住交易的三大要素：良好的心态、一套合逻辑的交易系统和有效的风险管理计划。它们就像凳子的三条腿一样——缺了哪一条，凳子都会倒。新手的通病是——只关注技术指标和交易系统而忽略其他要素。

> 你必须像分析你的交易那样分析你的心理情绪，以确保能做出正确的决定。你的交易必须建立在定义明晰的规则之上，你得学会规范资金管理，以确保在出现连续亏损后也不会被踢出局。

6. 自我毁灭

交易是一场残酷游戏。交易者要想在这场游戏中获胜并且在长时间里保持成功，必须极其严肃地对待他的技艺。他无法承担自己的天真或是潜意识中不切实际的幻想所带来的损失。

不幸的是，交易总会吸引那些冲动者、赌徒和那些觉得世界欠着他们该养活他们的人。如果你是为了刺激而交易，就会出现各种严重的差错，同时承担不必要的风险。市场是无情的，情绪化的交易总会导致损失。

赌博

赌博包括概率游戏和技巧游戏。它存在于所有的社会形态中，大多数人一生中都有过赌博的经历。

加利福尼亚有名的精神分析专家拉尔夫·格林森（Ralph Greenson）博士将赌徒分为三类：那些用赌博来消遣并能够随时停下来的正常人；以赌博为生的专业赌徒；被潜意识的需求所驱使，已经上瘾，一旦开始就难以停止的赌徒。

上瘾的赌徒要么觉得自己很幸运，要么是想要测试一下自己的运气如何。胜利给他一种获得权力的感觉。那种愉快的感觉就像小孩美美地吃了一顿。到最后，上瘾的赌徒总以失败告终，因为他总是试图再现那种无与伦比的快乐，而不是专注于现实的长期计划。

希拉·布鲁姆（Sheila Blume）博士是纽约南橡树医院（South Oaks Hospital）冲动性赌博项目的主管，她将赌博称为"非毒品成瘾症"。大多数赌徒都是男人，而女人倾向于把赌博当作一种逃避的方式。失败者通常都会隐瞒他们的损失，表现得像个胜利者，但实际上却饱受自我怀疑的折磨。

交易股票、期货和期权给了赌徒们更高端、相比于赌马更体面的工作。相比于在赌马游戏中填数字，在金融市场中赌博有着更耀眼的光环，给人以高深莫测的感觉。

当交易顺心时，赌徒就很开心。一旦亏钱了，他们就感到极度失落。他们与专业交易者不同，专业交易者关注长期的计划，也不会因为任何单次交易就特别失落或兴奋。

赌博的关键标志是无法抵御想去赌的冲动。如果你觉得自己过度交易而收获无几，那就试着停止交易一个月。在这段时间里你就有机会重新审视你的交易。如果你交易的渴望如此强烈，以至于你根本无法远离交易一个月，这时候你就该去拜访一下你家附近的匿名赌徒会分支机构或者运用匿名戒酒会的原则了。这些原则我将在接下来的章节中给出。

自毁

在从事了数十年的精神分析工作之后，我逐渐确信生活中的大多数失败是缘于自毁。我们在自己的专业、个人生活和事业上的失败并不是由于我们的运气太差，也不是因为我们没有能力，而是因为我们潜意识中的自毁倾向。

我有一位朋友，其人智商极高，但穷其一生都在亲手毁掉自己的成功。当他还年轻时，是个成功的药剂师，但莫名放弃了自己的事业。后来去当了一名经纪人，但却在即将升职前被起诉出局。接下来他又转向去做交易，正当他要把自己从之前的灾难中解救出来时却再次一败涂地。他把自己所有的失败都归咎于小肚鸡肠的老板、不胜任的监管机构，以及不支持他的妻子。

终于，他跌到了人生的谷底，既没有工作也没有钱。他向另一位破产了的交易者借来交易终端，又向一些曾耳闻过他交易不错的人那里借了些资本。他开始逐渐赚钱，消息很快传开，更多的人把钱交给他。他的事业看似即将飞黄腾达。这时候，他开始去亚洲进行巡回演讲，在路上还在进行交易。期间他还顺路去了一个以红灯区闻名的国家，在债券期货上留下了巨大的敞口头寸而没有进行保护性止损。当他终于从亚洲回归时，市场却已经发生了重大的转变，他再次一无所有。他想过要找出自己的毛病吗？想过要吸取教训吗？没有——他将一切归咎于他的经纪人。在那以后我帮他在一家大型数据公司谋到了一个好位子，但他在那却开始浑水摸鱼不思进取，最后丢掉了工作。最后，这个聪明的家伙只能挨家挨户地推销铝墙板，而其他人却在用他的交易技术赚钱。

当交易者陷入困境时，他们往往去责怪别人、坏运气或者其他随便什么。毕竟寻找导致自身失败的原因总是痛苦的。

一位杰出的交易者来找我咨询。他的基金因为一次美元反弹而血本无归，当时他持有了太多的空头头寸。他从小就是在跟父亲的斗争中长大的，因为他的父亲自负自大，经常虐待他。他之前一直因为在已经成型的趋势上重仓对赌趋势反转而名声显著。他不肯向市场低头，持续加仓看空，如与父亲抗争一般对抗着市场，拒绝承认市场远比自己强大得多。

这仅仅是人们如何自我毁灭的两个例子。当我们自我毁灭时，表现得像个冲动的孩子而不是理智健全的成年人。我们总在自我毁灭的老路反复行走，但其实失败也只是一种可以治愈的"疾病"而已。

> 儿童时期的精神负担会阻碍你的成功。你必须意识到自己的缺点，然后努力改变。坚持写交易日志——记录每次建仓和清仓的理由，寻找你成功和失败的重复模式。

撞车大赛

所有社会成员都会为弥补自己无心犯错的后果而准备一笔保险资金。当你开车时会尽量避免撞车，其他司机也同样如此。如果有人在高速路上超你的车，你会诅咒他，但你还是会减速让行；如果你看到前面的车突然打开了车门，你会转个弯绕开它，因为你们都知道车祸代价高昂。

几乎所有的职业都会为其成员提供安全网，你的老板、同事或客户在你表现消极，有自毁倾向时，都会提醒你。但是在交易中却没有这样的安全网，所以交易比其他职业更危险。市场为自我毁灭提供了无限的机会。

在当日最高点买入股票就像在行车过程中打开车门一样，当你的买入指令发出时，交易者们会争先恐后地卖给你——撞掉你的车门，甚至拽掉你的胳膊。其他交易者都想让你亏损，唯有这样他们才能赚到钱。

没有人会帮你！市场就是如此。交易者们互相厮杀进攻彼此。交易的高速公路上布满了残骸，除了战争，交易是人类最危险的事业。

控制自我毁灭倾向

多数人终其一生反复踏进同一条错误的河流。有些心理模式会让他们在一个领域内成功，却让他们在别的领域踟蹰不前。

你得清醒地意识到自己的自我毁灭倾向。不要把自己的损失归咎于坏运气或者是其他人，你应该为最终结果负责。开始坚持记日志吧——记录你全部的交易记录，记录你为什么买入卖出，寻找成功和失败的重复模式。那些不会向历史学习的人注定会重复历史。

交易者需要心理上的安全网，就像登山运动员需要求生设备一样。我将在下面介绍匿名戒酒会的原则，它对交易者早期生涯的发展非常有用。严格的资金管理法则也很有用。最后，记日志能让你从自己的成功和失败中总结经验教训。

7. 交易心理

交易者成功或失败取决于他的心理情绪。你可能有一个出色的交易系统，但如果你有自负、恐惧或者沮丧的情绪，你的资金账户肯定要遭殃。如果你已经意识到了自己的恐惧、贪婪或赌博的情绪高涨，那么就暂停你的交易。

在交易中你要同世界上最敏锐的头脑竞争，佣金和滑点对你也不利，现在，除此之外如果还让情绪干扰你的交易，这场战役你就输定了。我的朋友兼合伙人克里·洛沃恩（Kerry Lovvorn）总喜欢在 SpikeTrade.com 中重复这样一句话："要知道市场将要怎样运行已经够难了，如果你还不知道自己打算做什么，那么交易的游戏你就输定了。"

有良好的交易体系是远远不够的，许多有着良好交易体系的交易者失败出场就是因为他们在心理素质上准备不够。

灵活掌握规则

市场上充满了各种诱惑，就像行走在黄金墓穴或者穿过伊斯兰教的后宫一样。它激起我们无尽的贪欲，以及害怕失去既得收益的巨大恐惧。这种感觉扰乱了我们对市场真相的认识。

在一波连胜之后，业余的交易者开始误认为自己是天才，自己如此擅长交易，每一次交易都能成功，这种感觉令人着迷。这正是他们开始偏离规则、损失资本的开始。

交易者们学到点知识，莫名赚了点钱，然后就开始情绪不稳，从而导致自我毁灭。多数的交易者最终还是会把收益吐回市场。市场中满是一夜暴富然后又很快被打回原形的故事。成功的交易者，他们有一个突出的标志，那就是能够让自己的资金稳步增长而非大起大落。

你要学会尽量客观地遵循资金管理法则来进行交易。列一个单子，记录你的每一笔交易，包括佣金和滑点。坚持记录你"购买前和购买后"的表格。在交易生涯的初始阶段，你得投入足够长的时间去分析自己，时间至少得和分析市场的时间一样长。

当我在学习交易的时候，我读过自己能买到的所有的交易心理学的书籍，许多作者都提供了敏锐的建议。有些人强调规则："不能让市场左右你的判断；不要在交易时间做决定，有计划地交易或者权衡性地制订计划。"其他人则强调灵活性："不要带着任何前提假设进入市场；当市场改变的时候，计划也要跟着变。"有些专家则强调独立——不要看商业新闻，不要看《华尔街日报》，不要听其他交易者的建议，只关注你自己和市场。其他人则建议保持思想开放，跟其他的交易者保持联系，接受新鲜的想法……每一条建议看起来都有效，但是彼此间又往往互相冲突。

我一直在阅读、交易，并持续关注着交易系统的发展及精神心理分析的实务。我从没想过这两个领域有什么联系——直到一次有了突发的灵感。我的交易理念的变化来自于精神分析学。

改变交易的真知灼见

和大多数精神分析师一样,我会碰见一些酗酒病患。我还曾作为顾问参加过一项毒瘾康复项目,不久我就发现,相比于经典的精神疗法,自助小组的形式更能让酗酒者和瘾君子获得康复。

精神疗法、药物治疗以及昂贵的医院或诊所能够让一个醉汉清醒过来,但要让他彻底远离酒精,却鲜有成功。大多数成瘾者很快又复发了,但如果他们能够积极参与匿名戒酒会(Alcoholics Anonymous,AA)或者其他类似的自助小组,那他们康复的概率就会高很多。

当我意识到匿名戒酒会小组的成员更容易远离酒精并且重建他们的生活时,我就成了匿名戒酒会的忠实拥护者。我开始把我的病人送到匿名戒酒会或者其他的类似组织中,例如成人-儿童戒酒会(Adult Children of Alcoholics,ACOA),如果一个酗酒者来找我接受治疗,那我会坚持要求他也参加匿名戒酒会,否则治疗只是在浪费时间和金钱。

有一次在去参加晚会的路上,我顺便去了一位朋友的办公室。晚会开始前我们有两个小时的交流时间,他是个正在康复治疗中的酗酒者,对我说:"你是想看部电影还是想参加一次匿名戒酒会的聚会?"我以前只把我的病人送到匿名戒酒会,但自己从未参加过那种聚会,因为我没有酗酒的毛病。突然有机会去参加这样的匿名戒酒会的聚会,我觉得这会是一种全新的体验。

这次聚会在当地基督教青年会举行。一间空房子,12个男人和几个女人坐在折叠椅上。那次聚会持续了1小时,我被他们的谈话震惊了,因为他们所谈的内容几乎就是我的交易。

他们谈论的是酒精,但只要我用"损失"替换"酒精"二字,他们所说的大部分内容就能用到我的交易过程中去!我的资本金在这些天也不断地赔赔赚赚,那次聚会之后我感觉到我必须像戒酒协会的成员对待酗酒那样对待自己的亏损。

8. 从匿名戒酒会中学到的经验

几乎每个酒鬼都能保持几天清醒，直到想要喝酒的渴望再次驱使他拿起酒瓶。只要他想喝酒，那就无法抵御酒精的诱惑。想要身体上戒酒必须先从思想上戒酒。

匿名戒酒会有一套方法改变人们对饮酒的看法和感觉。戒酒会的成员用一种"12步"疗法来改变他们对饮酒的认识。这12步疗法对应个人成长的12个阶段，《十二步疗法与十二惯例》（*Twelve Steps and Twelve Traditions*）中对此有详细的描述。正在戒酒的酗酒者来这些集会跟其他正在戒酒的人分享自己的经验，在他们清醒的时候互相支持。每一个成员都能得到一个保护者——当他想喝酒时他可以随时向保护者打电话以寻求支持，保护者也是戒酒会的成员。

匿名戒酒会成立于20世纪30年代，由两个酗酒者建立——一个医生、一个旅行销售员，刚开始的时候，他们俩互相帮助保持清醒，他俩的这一办法效果很好，其他人也开始加入他们。匿名戒酒会只有一个目标——使成员们保持清醒。协会不收钱，没有政治立场，也不搞宣传活动。戒酒会的持续增长仅仅得益于口耳相传，其成功的关键在于它的高效。

戒酒会的12步疗法十分高效，以至于有其他问题的人们也在用它。现在世界上已经有很多专门为酗酒者、嗜赌者和其他问题者成立的"12步法小组"。我相信如果交易者们将匿名戒酒会的12步法则的精髓运用到交易中去，他们就可以减少亏损。

否认酗酒

偶尔小酌的人懂得享受一杯鸡尾酒、一杯葡萄酒或者一瓶啤酒，但当他们感觉喝够了就会停下来。酗酒者情况就有所不同，一旦酗酒者开始喝酒，他那强烈的渴望会驱使他不停地喝，直到喝醉了或钱花光为止。

酗酒者会说他需要戒酒，但却不会承认事态已经失控。如果你试着去告诉一位正在酗酒的亲戚、朋友或雇员，说他是在酗酒而且事态已经失控，他一定会否认。

酗酒者可能会说："老板解雇我是因为我宿醉后迟到了一会儿；妻子带着孩子离开我是因为找不到最初的感觉了；房东想把我赶出公寓是因为我迟交了一会儿房租。我打算戒酒，之后一切就会好起来的。"

这个男人失去了工作和家庭，他马上要露宿街头了。他的生活失去了控制——但他却反复说他能够戒酒，这根本就是矢口否认！

酗酒者的生活正在变得支离破碎，而他们却否认自己存在问题。只要酗酒者认为自己还能控制饮酒的欲望，他就会一直在酒精之中沉溺下去。即使他找到新的工作、新的爱人、新的房东，结果也不会有任何改变。

酗酒者否认酒精掌控了他的生活。当他们谈论减少饮酒时，他们只是在夸夸其谈，其实根本无法真正控制自己的酗酒欲望。他们就仿佛开着一辆失控的汽车在山路上行驶，直至汽车坠崖，这时才打算小心驾驶——为时已晚。当酗酒者否认自己酗酒时，他已经失去了对人生的自控。

> 处于亏损状态中的交易者和酗酒者极为相似。亏损者不断改变着自己的交易策略，就好比那些酗酒者试图通过改喝啤酒戒掉烈酒的方式来解救自己一样，亏损者否认自己早已失去了对交易生活的控制。

触及谷底

酒鬼只有在承认自己身为酗酒者的身份之后，才能真正走上康复的道路。他必须意识到，酒精已经控制了他的生活，而不是其他什么。大多数的酒鬼不愿意接受这个痛苦的现实，只有当他们跌入人生的谷底时他们才会正视现实。

危及性命的重症、失业、被家人抛弃，都会导致酗酒者进入人生的谷底。一个酗酒者需要足够失落，深陷阴沟，饱尝难以忍受的痛苦之后，他才会直面现实，承认自己之前否认酗酒是错误的。

达到人生谷底的痛苦让酗酒者终于明白自己已经陷得多深。他认识到了一个严峻的选择：沉溺致死或浮出水面。康复的第一步就是要承认他无力驾驭酒精。

盈利让交易者情绪高涨，充满力量。他们试图重复这种感觉，于是草率进场，结果却以回吐利润亏损告终。大多数交易者无法忍受严重损失带来的痛苦，他们在绝境时选择终结交易生涯，被清场出局。只有少数幸存者意识到他们的主要问题不在于方法，而在于思考方式。于是他们能够改变，并成为成功的交易者。

迈出第一步

想要康复的酗酒者必须经历12步——也是个人成长的12个阶段。他必须改变自己思考和感受的方式，改变他跟自身以及其他人的关系。

匿名戒酒会的第1步是最难的：那就是承认自己对酒精没有抵抗力。酗酒者必须承认自己的生活已经不受控制了，承认酒精比自己强大。大部分人迈不出这一步，他们会半途而废，继续毁灭自己的生活。

如果承认酒精比自己更强大，你就永远不会再去碰它，只要活着，甚至连一小口都不会呷。你得永远放弃饮酒。大多数酒鬼不愿意放弃那样的"快乐"。他们选择毁灭自己的生活而不是走出戒酒步骤中的第一步。只有跌到人生谷底的痛苦才能驱使他们跨出这第一步。

一次一天

你可能看到过汽车保险杠上贴着"一次一天"或者"慢慢来"这样的标

语，其实这些都是匿名戒酒会的口号。而驾驶着这些汽车的人可能正是在戒酒的人。

远离酒精似乎很难，因此戒酒会鼓励成员每次保持一天的清醒状态。

每位戒酒会成员的目标就是当天从早到晚，直至上床睡觉前都保持清醒。然后逐渐地由日变成周，然后变成月，接着是年。匿名戒酒会的聚会和其他活动帮助每一个正在戒酒的人保持清醒——每次一天。

在那些聚会上，正在戒酒的人收获了同时也给予了其他人无价的帮助和珍贵的友谊。这些聚会随时都可以举行，全世界的戒酒会都是如此。交易者们能从这些聚会上学到很多东西。

匿名戒酒会

参加匿名戒酒会对交易者极为有益。我着重推荐给那些有失败倾向的交易者。可以打电话给"匿名戒酒会"，咨询你所在地区下一次"公开会议"或者"新人会议"的有关情况。每次会议大约持续1小时。你可以坐在房间的最后一排仔细聆听。没有必须发言的压力，也没有人会询问你的姓名。

每次会议开始，通常有长期会员站起来讲他/她个人从酗酒中康复的斗争经历。然后，一些其他会员也会分享各自的经验。最后会有个募捐来覆盖会议的支出——如果你愿意可以给1美元。全部你所需要做的仅仅是认真地听，每当你听到"酒精"这个词时，把它替换成"失败"。你将会感觉，在会上人们所讨论的正是你的交易。

9. 匿名失败者

社交场上的饮酒者喜欢小酌，而酒鬼则是沉迷于酒精。他否认酒精支配且毁掉了他的人生——直到自己遇到了危机——可能是绝症、失业、被家庭抛弃，或者其他无法承受之痛。匿名戒酒会把它叫作"触及谷底"。

触及谷底的伤痛戳穿了酒鬼之前的否认。他认识到了一个严峻的选择：沉溺致死或浮出水面。康复的第 1 步就是要承认他无力驾驭酒精。一个康复中的酒鬼决不能再沾染半滴酒精。

酒精对于酒鬼来说，正如亏损对于失败者。小亏即是小酌，大亏即是大醉，连续的失败则是酗酒。失败者总是从不同的市场、大师和交易系统中换来换去。当他试图重新获得盈利时的愉悦感时，他的资产却在缩水。

失败的交易者无论想法还是操作都像酒鬼一样，除了他们讲话并不是口齿不清。这两类人是如此相似，以至于你可以用酒鬼做标准来预测失败者的行为。

酗酒是可以治愈的疾病——失败也是如此。遵循匿名戒酒会的规则，失败者也可以改变自己。

交易的冲动

成功的交易者对待资金回撤，就如同逢场作戏的饮酒者对待酒精，浅尝辄止。如果他们遭受连续损失，就会把这作为某些东西失效的信号：或许他们的系统并不能很好地适应现在的市场环境。是时候休整一下并且重新审视市场了。然而，失败者们却无法停止——他们依旧继续交易，因为他们已经沉溺于这个游戏带来的刺激感觉，仍然寄希望于大赚一笔。

一个杰出的交易顾问——他曾经被淘汰出局，这样写道，对他来说，交易带来的快感比性爱或坐飞机冲上云霄都要来得爽。就像酒鬼是从饭局饮酒逐步发展到痛饮无度，失败者也是一次次逐渐发展到冒更大的险。他们跨过了一条非常重要的警戒线——正常交易者与赌徒之间的区别线。许多失败者们甚至都不知道这条警戒线的存在。

失败者对于交易的冲动，与酒鬼对于饮酒的冲动一样，他们浮躁地无限制地交易，试图通过交易来摆脱他们的困境。

失败者们在账户严重亏损后，大部分离场出局了，但有一些在输光之后转而去管理别人的钱，还有一些做咨询性服务，这简直就像已花光所有钱的酒鬼在酒吧擦玻璃来换酒喝！

大多数失败者对任何人包括自己在内隐瞒自己的错误。他们不做任何记录，不顾任何经纪声明。这样的失败者，几乎和不想知道自己喝了多少盎司⊖白酒的酒鬼一样。

入局

亏损的交易者迷茫不堪，困惑于自己一直亏损的原因。如果醒悟了，他自然会针对亏损做些事情然后变成胜利者。只是一个失败者想要控制他的交易，就像一个酒鬼想要控制自己的饮酒量一样困难。

失败者热切地期望起死回生之术，这让投资顾问们有机可乘。他们换用新的交易系统，买更多的软件，从新的大师那里学习技巧。

当损失增加、资产缩水后，失败者会变本加厉，将仓位进一步加大，结果输得更快更多，然后又冲动地反向交易，如此反复。这种所作所为比起酒鬼将白酒换为红酒，好不到哪儿去。

失败的交易者在交易的道路上失控，试图管理他能力范围之外的东西。酒鬼们总是早死，大多数交易者被市场永远地踢出局，再也没有回来。新的交易方法、热门技巧，或是提升效率的软件对无法掌握自己的人没有帮助。

失败者在资产缩水的同时享受着交易的快感。帮他证实自己在市场上亏损的事实，就像从酒鬼手中抢走酒瓶一样困难。只有头破血流后，他才能顿悟过来。想要阻止亏损，洗心革面做个成功的交易者，就要从改变自己的思想开始。

⊖ 1 盎司约为 29.75 毫升。

陷入绝境

陷入绝境、触及人生低谷的感觉糟透了，让人羞愧难当、痛不欲生。当你亏到资不抵债时，你会体会到这种感觉；当亏到一无所有，你会体会到这种感觉；当你不久前才告诉朋友你有多厉害，没过多久就被迫向他借钱时，你也会体会到这种感觉；当市场对你一通歇斯底里地咆哮"你就是个傻瓜！"时，你更会体会到这样尴尬羞愧无法忍受的痛苦感。

有些人仅交易几周就迅速体验到了这样的绝境感，还有一些人则通过不断向账户里增资来推迟触底绝望的时间。正视自己的交易失败，会让人感到悲伤。我们用尽一生的时间来建立自尊，大多数人甚至对自己抱有很高的评价。所以人在亏损之时的第一反应可能就是隐瞒。这不是个例，几乎每个交易者都经历这一步。

一些陷入绝境的交易者从此对市场避而远之，再也不回。今天还在交易的人，或许不久以后就会离开市场。他们触及交易的谷底，被市场的波涛击垮，然后被迫离去。交易对他们来说只是一场噩梦，只想尽快忘掉。

有些人会舔舐伤口，等待疼痛消失后杀回市场——但遗憾的是他们并没有吸取什么教训。这样的人很容易就会变得畏首畏尾，而这进一步妨碍了他们交易的成功率。

幸运的是，有些交易者艰难地爬出了交易的低谷，进入蜕变与成长的历程。对他们个人来说，触及谷底的伤痛帮他们打破了快赢快输的恶性循环。当你能够承认是个人原因导致了自己的失败，你就能重启新的交易生涯，开始建立胜利者的模式。

交易者的第一步

就像酒鬼需要承认自己缺乏对酒精的控制力一样，交易者也需要在交易之初先承认无法控制亏损。成为匿名戒酒会成员的第一步便是大声说出来："我是个酒鬼，见了酒我就无法把持自己。"作为一个交易者的第一步，就是要大声承认："我就是个失败者，我对亏损无能为力。"

接受治疗中的酒鬼需要保持清醒，一次一天。遵循匿名戒酒会原则的交易者也应如此，尽量不亏损，坚持一整天。

你可能会说这是不可能的！万一刚刚买进去，市场就迅速下跌呢？万一在市场底部卖空，行情却马上反弹了怎么办？即使是最厉害的交易者也会在某些交易中赔钱。

答案是应该区分交易风险和赌博的界限。作为一个交易者，我们经常要承担交易风险，但我们不应在可预知的风险之外，再多承担任何损失。

打个比方，商店店主每次进货的时候都承担着风险。如果没有卖掉，他就会有损失。聪明的商人只会承担那些不会让他生意破产的风险——即使连续犯错。进两箱货可能是在合理的风险范围内，但是进一车的货物就真的是在赌博了。

作为一名交易者，你在做着名叫"交易"的生意。你需要明确定义你的交易风险——即单笔交易中会被风险波及的最大金额。这并没有标准数量，就像没有标准的生意一样。决定交易风险是否可接受取决于你的交易账户规模大小，也取决于你的投资策略和所愿意承担的损失的多寡。

对于交易风险的定义会改变你管理资金的方法（详见第9章，风险管理）。单次交易的最大风险额度不应超过账户资产的2%。例如，如果你的账户有30 000美元，每次交易的风险额度不应超过600美元；如果你有10 000美元，则不应超过200美元。如果你的资金量较小，就限定自己少买一些股票，选择便宜一点的期货或迷你合约。如果你发现了一个非常吸引人的交易机会，但风险额度超过了自己资产的2%，最理智的选择是不要去做它。即使这样看上去会过于谨慎，但永远不要冒不必要的风险。必须要将交易的风险额度控制在资产2%以内，就像酒鬼要远离酒吧一样，没得商量。

作为交易者,如果将失败归于经纪公司的高额佣金或滑点,那就意味着放弃了对自己交易生涯的控制。尽量去减少这些成本的影响,但必须要负担起它们。如果在交易风险的基础上,扣除佣金和场内滑点后,额外多损失了一元钱,你也是个失败者。

你有保存自己的交易记录吗?股市赌徒的一个明显特征就是从来不做合格的交易记录。优秀的商人都会将交易记录保存完好。你的记录必须包括每次买入与卖出的价格和日期、滑点、佣金、止损点、对止损点的所有调整、买入的原因、目标价位、最大浮盈、达到止损点后的最大浮亏,以及任何有必要记录的数据——以便于以后回顾自己的交易。

如果你在风险控制范围之内交易,这便是正常的交易。不要讨价还价,不要期待下一刻会有改变发生。即使在你设定的风险外多输了一元钱,那也类似于一个酒鬼喝醉酒、打架、归途呕吐、醉卧路沟的事件。你一定不会希望这类事情发生。

一个人的聚会

当你来到匿名戒酒会的聚会,你会看到很多多年未沾过酒的人站起来说:"你好,我是某某,我是个酒鬼。"为何他们在戒酒多年后仍然称自己是酒鬼呢?因为他们觉得一旦从心里认定自己已经完全战胜了酗酒,他们就会重新开始喝酒。如果一个人不再认为他是个酒鬼,他就会肆无忌惮地去饮酒,然后,那个结局是睡到水沟里的可怜故事又将重新发生。想要保持清醒,那就要时时牢记——自己是个酒鬼。

在我们的自助型组织——我称它为失败者互戒会,交易者会受益匪浅。为什么不叫匿名交易者会呢?因为一个尖酸刻薄的名字可以让关注点集中在我们自暴自弃的倾向上。毕竟,匿名戒酒会不叫匿名饮酒会。只有承认自己的失败,你才会关注如何避免失败。

一些交易者曾经争论，他们认为"失败者互戒会"表达的观念太消极。一位成功的交易者——她是来自得克萨斯州的一位退休妇女，描述了她的方法。作为一名虔诚的宗教徒，她每天早上都要进行祷告，然后开车前去她进行交易的办公室。只要市场开始向与她所预测的反方向运动，她就会迅速止损出局，因为她认为输掉主赐予她的钱财是对主的不敬。我认为我们的方法很相似，目的都是根据一定客观外在的规则来执行止损。

在交易风险覆盖范围内交易就像无酒精的生活。交易者在交易前必须先假设自己亏损，就像酒鬼必须承认自己是酒鬼才能开始戒酒一样。

这就是为什么我建议每天早上在交易前大声说："早上好，我的名字是某某，我是个失败者。我有让账户亏损的倾向。"这就像参加匿名戒酒会的聚会，集中你的注意力。即使今天你从市场赚取了成千上万的钱，明天早上你仍然要说："早上好，我是某某，我是个失败者。"

我的一个朋友调侃道："当早上坐在报价屏前时，我会说'我叫约翰，我想割开你的喉咙'。"他的大脑开始紧张。但"失败者互戒会"的想法会让人保持平静。一个时刻感到平静和放松的交易者能专心于寻找最好最安全的交易机会。当一个清醒的人和一个醉鬼赛跑，你知道谁更可能会赢。醉鬼可能会一时领先，但清醒的那个人才应该是我们下注的对象。你想成为的肯定是那个清醒的人。

10. 胜利者与失败者

我们来自各行各业，我们背负着各种各样的心理，聚集在这个交易的行业。很多人会发现，假如我们按照自己平常生活中的习惯来交易，我们很容易就会亏损。长期来看，交易者的成败取决于他的智慧，而不是情绪化的反应。作为一个交易者，如果赢则大喜，输则大悲，那么他只是在任市场肆意摆布，永远无法积累财富。

想要在市场中成为赢家，必须冷静而有担当。失败的痛苦驱使人们去寻找终结失败的灵丹妙药，但却忽视了那些在自己的职业或商业背景里有用的东西。

大海般的市场

市场像大海一样——走势有升有降，不遂人愿。当你买了一只爆发性上涨的股票时，会感到很开心。当你在做空时大盘走高，行情上涨一点，你的财富便缩水一点，你会感到恐惧而冷汗不止。然而这些情绪对市场没有任何影响——情绪只存在于你的内心。

市场不知道你的存在，你的存在也无法影响市场。它不会故意关照你的财富，也不会特意伤害你的资金。你要做的，只是控制自己的行为。

水手不能控制大海，但是能控制得了自己。他可以学习洋流和天气的规律，学习航海技巧，积累何时适合出航、何时适合待在港口的经验。成功的水手运用自己的智慧谋生。

大海是可以被巧妙利用的，可以捕鱼，可以通过它前往另一片土地。大海也可能是很危险的，一不小心你就会被吞没其中。你的行为越合理，你越有可能得到你想要的。另外，当情绪在支配你的行为时，你就不能专注于发现它的真面目。

交易者在市场中必须学习趋势与反转，就像水手研究大海一样。在学习管理账户的时候，交易者必须做到将交易规模控制在一定的小范围内。交易者永远都不可能控制市场，但他却可以学习控制自己。

经过一连串盈利之后，新手可能觉得他可以在交易市场上如鱼得水来去自如，他开始肆无忌惮地冒险，直到亏得一无所有。还有一种可能，业余交易者在经历连续损失之后，倍受打击，以至于当自己的交易系统给出明确的买卖信号时,他也无法下定决心发出指令。当交易让你得意忘形或垂头丧气时,你的神智已被遮蔽。当喜悦让你飘飘然时,你会非理性交易,然后亏损;当恐惧支配着你的心灵时,你会错过获利的机会。

当海风大作吹歪水手的船只时,他会收紧船帆——减少航行。而作为交易者,当被市场整得死去活来的时候,该做的便是缩小交易的规模。记住,尚在摸索学习中或感到紧张之时,千万要缩小交易规模。

专业的交易者冷静地运用自己的智慧交易。只有业余者才会极易兴奋或沮丧。情绪化在交易时是谁也无法承担的累赘。

情绪化交易

大多数人渴望激情和娱乐。歌手、演员或职业运动员比起普通工作者,例如医师、飞行员或大学教授,收入要高得多。人们喜欢刺激神经的活动,比如买乐透彩票,飞往拉斯维加斯参赌,或在交通事故发生时驻足围观。

情绪化交易是非常让人上瘾的。即使那些白白扔钱到市场的人,也收获了梦幻般的娱乐价值。

市场交易集观赏性运动和参与性运动的特点于一身。想象一下,人们不再被限制在看台上,而是能亲自参与一场大联盟的比赛。只要支付几百美元,就可以进入场内参与比赛。如果你正确地击中了球,你还能像职业运动员一样收到奖赏。

在刚冲进场的前几分钟里,你可能还会三思而行。这种谨慎的态度造就了广为人知的"新手运气",一旦初学者正确击中了球,并且收到了他的报酬,他就会被这样一个观点支配:他和职业球员一样优秀,甚至更优于职业者们,他能从比赛中挣钱谋生。贪婪的业余球员于是过于频繁地冲入场地,即使没有好的比赛机会。在他们搞清楚状况之前,一连串的损失已彻底地毁掉了他们。

金融市场是整个地球上最有娱乐性的地方,但是情绪化交易却是最致命的。你可以去赛马场转转，只关注人的表现而不是马。赌徒们的脚跺得震天响，上蹿下跳，向着马和骑手大呼小叫。成千上万的人表达着他们的情绪。胜利者们拥抱在一起，失败者们则愤恨地把赌票撕得粉碎。喜悦、伤痛、一厢情愿，正是对市场里所发生的一切的描绘。而在赛道上谋生的冷静的工作人员呢？他们从不兴奋、嚷嚷或孤注一掷地下注，一次也不会㊀。

赌场最喜欢酒鬼。他们给赌徒提供免费的酒水，来让赌徒变得更加情绪化，然后更多地下注。赌场还将冷静的、聪明的、会算牌的人拒之门外。华尔街不像赌场有那么多免费酒水，同样，在这里也没人拦着你成为一名优秀的交易者。

为你的生涯负责

一只森林里的猴子，不小心在树桩上蹭伤了自己的脚掌——它暴怒，它一跃而起，它恶狠狠地踹向导致自己受伤的元凶——那根坚硬的树桩。当你看到这里的时候，你是否会在心里嘲笑这只猴子呢？但当你在市场上的行为类似于这只猴子时，你还可以笑得起来吗？当你在做多的时候，市场忽然反转下跌了。你立刻补仓却可能只会导致损失加倍。或者你立刻平仓并反手做空，这看上去似乎减少了损失，但这种情绪化的冲动交易，与故事中所讲的猴子有什么区别呢？出于愤怒、恐惧或亢奋等情绪的行为，只会毁掉我们获得成功的机会。想要成功，我们就必须深入分析自己的交易行为，而不是一味地宣泄情绪。

我们很容易在市场中变得愤怒，变得对市场充满畏惧，变得去相信那些愚蠢的迷信观点。但市场却一直在那里，上涨下跌周而复始，就好比大海永远在潮涨潮落起伏不定。马克·道格拉斯（Mark Douglas）在其《自律的交易者》（*The Disciplined Trader*）一书中曾经提到，市场"没有所谓的起始、中间或

㊀ 我钱包里放着一张纽约贝尔蒙赛马场终身免费通行证，它原属于我的故友卢·泰勒。它看起来很像是员工卡，但在"职位"一栏却填着——胜利者。他在很多次机会均等的比赛中取得了胜利，直到他去世之前数月，他还持续从赛马比赛中赢钱。

者结束——它只存在于你的大脑之中。这是一个可以自由发挥的竞技场，不受任何外部因素干扰，却很少有人学习如何正确地在此领域操作成长。"

我们总想去欺骗市场或操纵市场，事实上这种行为就如同古波斯国国王薛西斯（Xerxes）试图让自己的士兵以马鞭责罚击打大海一样可笑。大多数人其实并不清楚自己的控制欲有多么强，他们不知道该如何正确交易，在市场操作时情绪化严重，随心所欲。很多人甚至可能认为自己就是宇宙的中心，希望其他人或者组织随着自己的需要而改变。在市场里，这样的想法无疑是自寻死路。

哈佛大学精神病专家莱斯顿·哈文斯（Leston Havens）曾经写道："食人习俗和奴隶制可能是人类历史上掠夺与驯服的最早表现。尽管现在这两种现象均已经消失，但其在心理层面的衍生依然存在着。这表明——虽然文明从具体性、物理性转向抽象性、心理性的过程中已经取得了巨大成功，其所追求的目标是一致的。"在儿童成长的过程中，父母威吓他们，流氓欺负他们，老师则恨不得把他们绑在学校里只接受自己思想的灌输。如此也难怪我们中的大多数人成长为"套中人"，或者学会了如何去操控他人。坚持己见特立独行让我们觉得不自在，但这却是在市场上获得成功的唯一办法。

道格拉斯曾警告说："如果市场的行为让你觉得迷惑，那只是因为你自己的行为是古怪而失调的。当你连自己要做什么都不知道时，你怎么可能判断出市场的下一步动向？你唯一能够掌控的就只有你自己。作为一名交易者，你有权利决定是自己赚钱还是被别人赚钱。"他补充道："能持续获利的交易者，都是将自律的态度应用到交易中的人。"

每个试图成为成功交易者的人，都要面对无数的困难，需要一路披荆斩棘斩妖除魔。这里有一些准则，它们让我从一名肆无忌惮的业余交易者，成长为一名偶有获利的半专业交易者，最终进化为一名冷静的专业交易者。你可以根据自己的情况调整以下这个单子。

（1）坚定自己在市场中长期作战的意念——从现在开始至少交易20年。

（2）像海绵一般地学习，关注专家的观点，但对任何事情都要保持有益的怀疑态度。遇到有疑问的地方要刨根究底，而不是简单地接受专家的观点，或只理解他们字面上的意思。

（3）不贪婪，不急于交易——要把你的时间用于学习，市场一直在这里，未来无尽的岁月中会有更多更好的机会。

（4）确定分析市场的方法，换句话说，就是"如果A发生，那么B很可能会发生"。市场有很多维度，要使用多种解析方法来确认自己的交易决策。要学会用历史数据测试交易决策，随后在市场上真枪实弹地进行交易。市场瞬息万变，你需要的是根据牛市、熊市、震荡市等不同的特征采用不同的工具进行交易，同时还要有所区分（详情见技术分析章节）。

（5）建立一套资金管理计划。你的第一目标是必须长期生存下去，第二目标是资本的稳定增长，第三目标才是赚取高额利润。大多数交易者对第一目标和第三目标的重要性产生了混淆，将第三目标放在了第一位，更有甚者，都不知道第一目标和第二目标的存在（详情见第9章，风险管理）。

（6）要认识到交易者在任何交易系统中都是最为薄弱的一环。假如有条件的话，去匿名戒酒会学习一下如何避免损失，或者建立一套属于自己的方法来克制情绪化交易。

（7）胜利者在思考、感受与行动上的方式与失败者是完全不同的。你必须深探自己的内心，驱赶那些幻觉，改变你原来的思考、感受与行动的方式。这样的改变通常都不容易，但如果你想成为一名专业交易者，你必须专注于自我改善和培养自己的个性。

为了成功，你需要动力、知识和自律。钱很重要，但这些品质的重要性要远远大于钱。如果你足够努力地鞭策自己，按照本书所说来努力学习努力交易，你会得到很多知识，然后我们会在最后一章回到纪律的话题上，为本书的一切画上圆满的句号。

第2章

群体心理

华尔街之名源于一堵墙,这堵墙原是用来控制曼哈顿南端的清算场上用于交割的牲畜四处乱跑。有如此渊源,也难怪一些农事语言依旧活跃于华尔街的交易者之中。四种动物在华尔街被提及的次数尤其多,分别是牛、熊、猪和羊。交易者们常这样调侃:"牛赚钱,熊赚钱,唯有猪羊被屠杀。"

牛在战斗时总会扬起自己的角,因此象征多头。多头也就是买方——判断价格会上升,从而买入来获取利润。熊在战斗时则用其掌从上往下攻击敌人,因此象征空头。空头也就是卖方——判断价格会下跌,从而卖出来获取利润[⊖]。

猪象征着这样一类贪婪者:他们或持有超出他们承受水平的头寸,只要价格发生一丁点与他们所持头寸方向相反的波动,他们就难以承受;或持有头寸的时间过久,当趋势已发生逆转,他们却依旧视若无睹地等待着利润增长。羊则象征着那些被动且胆小的从众者,他们跟从着趋势、小道消息和各种所谓的专家大师,他们时而受困于牛市,时而被围于熊市,你可以根据市场波动时那

⊖ 市场给双方都留有足够的空间,有些时候甚至是在相同的时间。在 SpikeTrade 里一件有意思的事情,两名优秀的交易者挑选到同一只股票——一名做多而另一名做空。经常到星期末,两方都是盈利的。这也证明了,如何管理好你的交易比选择什么股票和方向更重要。

些满是懊悔的控诉来感受到他们的存在。

只要市场在运行，牛就会买，熊就会卖，而那些猪羊则被滚滚人流践踏于脚下，犹疑不决的交易者则在买卖的边界上观望等待。世界各地的报价屏幕上，交易标的物的最新价格信息不停地滚动，无数双眼睛紧紧地盯着它们，人们需要根据这些价格信息做出自己的交易决策。

11. 价格是什么

交易者可以被划分为三类：买方、卖方和观望者。对于买方来说，支付的越少越好；对于卖方来说，收取的越多越好。他们之间这种永恒的冲突时刻反映在买卖差价中，我们在导论里也曾讨论过这一点。买卖价差中的"买"意味着买方愿意支付的价格，"卖"意味着卖方愿意卖出的价格。

买方有两种选择：等待交易标的物价格下跌或现在就支付较高的价格。卖方也有类似的两种选择：等待交易标的物价格上涨或以现在较低的价格立刻卖出。

以下两种情况的发生均意味着一桩交易的发生：一个急切的买方同意了卖方较高的报价并完成支付；一个急切的卖方同意了买方较低的报价并卖出成交。

而观望者的存在增加了买卖方的压力。买卖双方通常很快就完成一单交易，原因在于他们知道自己周围被一大群跃跃欲试的观望者包围，这些人随时都有可能插足进来并抢走他们已正在进行的生意。

买方知道，如果他们思考过久，就会有另一个交易者插队抢走自己的生意；卖方同样心知肚明，如果他们总想高价卖出，其他人就可能抢在自己之前低价达成交易。大量观望者的存在迫使买卖双方快速报价，当双方意愿互相匹配时——交易达成。

价值共识

报价系统每"滴答"一下，就代表着买卖双方之间一桩交易达成。

多头买入推动价格上升，空头卖出促进价格下跌，观望者营造出一种令人紧张的氛围，迫使买卖双方快买快卖，市场变幻莫测。

通过个人、电脑或者经纪人等各种形式，全世界的交易者都参与到市场之中。每个人都有机会买入或卖出，每个价格都是所有市场参与者在某个时点对价值达成的暂时性共识，并通过市场行为表现出来。大量的交易者——买方、卖方和观望者决定了价格的产生，价格形态和成交量背后的模式又反映了市场中的群体心理。

行为模式

每时每刻这个世界上总有大量的人在进行着股票、商品和期权等各种各样的交易。大型资金和小型资金、聪明人的资金和傻子的资金、机构资金和私人资金、长期投资者和短期交易者，所有的一切都汇集在各交易所里。每个价格都代表着在某一交易时点买方、卖方和观望者之间达成的对价值的暂时性共识，屏幕上每个价格形态的诞生都是大量的交易者相互作用的结果。

群体意识时时在变化，有时基于平和的市场环境，有时成型于激烈的市场环境中。市场平静时价格的变化相对平淡，但假如群体意识急剧惊恐或兴奋时，价格也会随之大幅波动。想象一下假如人们拥挤在一艘即将沉没的船上，为了一线生机登上救生筏而不断竞价的场景——这便可以理解价格为何在交易者们对某种趋势情绪化时剧烈波动。一个精明的交易者会在市场平静时潜入，并在市场躁动时赚取高额利润。当然，业余人士的行动与之完全相反，他们常常在价格蹿升的时候追进市场，然后在价格波动相对平缓时对市场失去兴趣。

图表反映了金融市场上群体心理的摇摆不定，所有的交易季都是牛熊，即多空头之间的争夺战。一个严谨的技术分析师的目标应该是发现多空双方之间力量的平衡点，并下注于将获胜的那一方。如果多方力量更强大，你应该买入并持有；如果空方力量更强大，你应该卖出并看空；如果双方势均力敌，明智的交易者就应该选择在旁观望，让多空双方相互争斗厮杀，并且看准时机追随胜者获利。

价格和成交量，同时还包括各种追踪它们的指标，都反映了群体的行为。技术分析好比是民意测验，是科学和艺术的结合。它一部分是科学，因为我们运用统计学方法和计算机来进行研究；另一部分则是艺术，我们运用个人的主观判断和经验来解释我们的结果与发现。

12. 市场是什么

市场行情、数据以及图表背后隐藏着什么？当你在报纸上核对报价时，当你跟踪屏幕上瞬息万变的信息时，当你将某一指标绘制成图时，你到底在搜寻什么？你想要分析并参与其中的市场到底是什么呢？

在完全业余者看来，市场就像是一场球赛，他们可以混入专业人士的队伍当中，并从中赚取财富。那些拥有自然科学或工程学背景的交易者却通常把市场看成一个体育项目，并将信号处理原理、减噪原理等运用于其中。但与这两种人不同，专业的职业交易者能充分认识到市场是一个由各种各样行为主体汇集到一起的集合。

每个交易者都试图抢先一步预判出市场的方向，然后从他人身上赚取利润。市场上的交易者来自世界各地，先进的现代化通信技术使大家汇集在一起，彼此绞尽脑汁地从对方口袋里赚取利润。**市场就是一大群人的集合，每个人都自认智商高人一等，可以从别人手中赚到足够的钱。这是一个极其残酷的战场，每个人都是彼此的竞争对手。**

市场不仅仅是残酷的，只要你想进出这里，你就得为之付出代价。在你获得利润之前得面对佣金和差价的障碍。只要你下达指令，就需要支付经纪公司手续费——这意味着才刚跨过这个游戏的门槛，你就已经落后了。然后当你的指令抵达交易所时，还会被交易所会员单位咬一口滑点。交易时，你不仅是在与一些极具商业头脑的人博弈，同时还得面对佣金和滑点带来的剥削。

全球群体

在很久以前，市场规模很小以至于大部分交易者都彼此认识。1792年成立的纽约证券交易所在成立之初甚至只是一个拥有24个股票经纪人的俱乐部。晴天他们扎堆聚集于一棵白杨树下交易，雨天则转移到一家名为弗朗西斯的酒馆中。但当他们由俱乐部变成了纽约证券交易所时，他们就开始向前来交易所交易的人们收取固定佣金，此后一直收取了180多年。

如今，所剩不多的场内交易者也在逐渐离开，绝大多数交易者通过电子化的市场紧密联系在一起。当我们在电脑屏幕上盯着相同的市场数据，并且在财经媒体上阅读同样的文章时，即使我们彼此相隔千里，仍然都是万千市场成员中的一员。随着现代通信技术的飞速发展，世界正变得越来越小，但市场规模却变得越来越大。伦敦市场的热情可以很快地传递到纽约市场，同样，东京市场的低迷也会影响到法兰克福市场。

当你对市场进行分析的时候，你其实分析的是群体行为。不同区域不同文化下的群体往往有着相似的行为模式。社会心理学家们已经发现了一些解释群体行为的定律。作为一名交易者，你需要去理解这些定律并从中探究这些市场中群体行为如何对你造成影响。

群体，并非个体

绝大多数人都有加入群体，并和其他人保持行为一致的需求。这种原始的需求能混淆你的视觉，影响你在交易时的判断。成功的交易者必须学会独立地思考问题，他需要强大到能独自分析市场并进行买卖决策。

群众有着足够的力量来创造某种市场趋势，群众或许不够理智，但却比任何单个个体要强大很多。千万不要逆趋势交易。一旦上涨趋势得以确立，你能做的只有买进或者在一边观望。千万不要仅仅是因为感觉价格过高而去卖空——再次强调，不要和趋势作对。没有哪个规定说你一定要和人群一同奔跑，但你至少不应该逆着人群行进。

尊重群众的力量，但是不要畏惧它。群体虽然拥有强大的力量，但从源头上来看他们的行为是最为简单，并且反复重现的。想要从其他交易者的口袋中获取利润？做一个独立思考的交易者吧，你可以的。

财富之源

你是否想知道你的利润到底来自哪里？市场中的获利机会之所以存在是因为高额的公司盈余，较低的利率水准，还是良好的大豆作物收成？都错。获利只有一种原因，那就是由其他交易者向你提供。你获得的利润属于那些本无意将自身财富分给你的其他交易者。

交易意味着一场彼此争夺的游戏，不是你试图从他人身上赚取利润，就是其他人试图从你身上拿走利润——这也是为什么达成一笔交易如此艰难。你要从一桩交易中赚钱尤为艰难，无论交易双方谁胜谁败，经纪人和场内交易者总是要抽取费用的。

蒂姆·斯莱特（Tim Slater）将交易比作一场中世纪的战争。在这场战争中，战士穿上盔甲，手持宝剑，试图将想要杀死自己的敌人置于死地。获胜者将缴获失败者的武器、财产和妻子，并将其子女卖给他人当奴隶。而现在，交易所取代了中世纪的战场，当我们从一个人身上榨取利润时无异于在抽取他的血液，他会同样由于被我们赚走了财富而失去他的房屋、财产和妻子，他的子女也会因此而受苦。

我的一位个性乐观的朋友一开始曾笑话着说，在市场这个战场上有大量准备不充分的人，"90%～95%的经纪人不知道研究问题的第一步是什么，他们不知道自己在做什么。我们拥有些市场知识，但一些人并不具备这些知识，这些人在市场中的表现就好像在给慈善机构捐钱一样。"这个理论听起来不错，但很快他就意识到他自己错了，这个市场上挣钱并没有他想象的那么容易。

的确，市场中有很多没有能力的绵羊等待着被人剪羊毛和宰割，它们对于自己面临的危险一无所知并且十分悠闲地生活着。然而，如果你想要吃到它们身上的一块肉，就不得不与其他同样对它们垂涎三尺的危险对手竞争，这些对手都是残酷的职业选手，有美国枪手、英国骑士、德国雇佣兵、日本武士和其他的勇士们，都将目标指向同一群倒霉的绵羊。交易意味着和很多充满敌意的人战斗，并且还要为进入和离开这个战场的权利付费，不管最后你在这个战场上是活着、负伤还是死亡。

内幕信息

市场中总有一群人能在我们之前得到内部信息，数据记录显示公司内部人员，作为一个群体，通常能在股市里持续地赚钱，并且他们向美国证券交易委员会报告说他们的交易是合法的。这些公司内部人员只是利用内幕信息交易的冰山一角，市场中还存在着大量其他的违法内幕交易。

那些从事内幕交易的人正在偷走我们的财富。很多臭名昭著的内幕信息知情人被审判送入监狱。对内幕交易的定罪一直稳定地持续着，尤其是在牛市崩溃后。在2008年的牛市崩溃之后，帆船基金以首席执行官为首的一伙管理层被判了漫长的刑期，而之前有一个顶级美国企业的董事会成员就在监狱里被关了两年，最近有一个SAC资本的理财经理也被定了罪。

从事内幕交易的人之所以会被判有罪是因为他们在这个过程中变得贪婪和大意。内幕交易的冰山一角已经被清理掉了，但冰山的主体仍然存在，随时会撞沉那些冲向它的船只。

想要根除内幕交易就像试图灭绝农场里的老鼠一样困难,灭鼠药只能控制住它们的数量,却无法根除它们。明智的人是不会自己利用内幕信息交易的,他会把这些信息告诉他在高尔夫俱乐部的朋友们,而作为回报,这些朋友们也会把各自公司的内幕消息告诉他,这样各自利用内幕信息获得的收益就不会被侦查到。一个已经退休的大众贸易公司前首席执行官向我这样解释道:"只要共享内幕信息的同伴遵守组织纪律,并且不过分贪婪,这种内幕信息交易网是很安全的。"内幕交易在期货市场上是合法的。直到最近,对于美国国会议员、参议员和他们各自手下的职工来说,内幕交易也变得合法起来了。

用图表能够反映所有市场参与者的交易情况——包括内幕信息知情人。他们和其他人一样,也会在图表中留下足迹,而我们作为技术分析师的工作也就是追踪知情人的账户,技术分析可以帮助我们发现内幕交易行为。

13. 交易情景

自人类历史之初,人们就开始交易了——与邻居们交易远比抢劫他们更加安全。随着人类社会的发展,货币成为交易的媒介。股票和商品市场是社会先进的一个标志。东欧剧变之后,其关键的经济增长动力之一就是股票和商品交易所的建立。

今天股票、期货和期权市场已经遍布全球。中世纪时,意大利商人马可·波罗花了15年的时间才能在意大利和中国之间往返一次。现在,当欧洲交易者想在中国香港市场买入黄金,仅用几秒钟他的订单便可成交。在全世界目前有成百上千个股票和期货交易所。所有的交易所必须遵守三个准则——这是在古希腊和中世纪的市场发展起来的:第一,必须有交易场地;第二,必须有商品分级规则;第三,必须有明确的合同条款。

个人投资者

个人投资者往往是在商业或个人职业取得成功后开始入市的。在美国，个人交易者的平均状况大致是 50 岁，已婚，受过大学教育的男士。在期货市场，最大的两个群体是农民和工程师。

大多数人做交易，基于一部分理性因素和一部分非理性因素。理性因素体现为希望大赚一笔，非理性因素则体现为寻求刺激和赌博心理。大部分交易者事实上并没有意识到他们的非理性动机。

学习交易会耗费很多时间、金钱和精力。极少数个人交易者能达到职业水准，并靠交易养活自己。职业交易者对自己的行为极为严肃，他们在市场之外去满足自己的非理性目标，而业余的交易者则把非理性表现在市场中。

交易者的主要经济角色是供养他的经纪人——帮助他们支付抵押贷款和使他们的孩子能够在私人学校中读书。另外，投机者的角色是帮助企业在股市中筹集资金，承担商品市场上的价格波动风险，使生产者可以专注于生产。然而，当投机者下单时他们根本不会考虑到这些高尚的经济目标。

机构交易者

机构交易者成交量庞大，雄厚的财力令它们具有极大的优势。它们可以享受到较低的佣金标准，它们可以雇用到业内最好的研究员和交易者。我有一位朋友是某家银行交易部门的主管，他背后有一大群前 CIA 为他提供交易决策支持。他从这些人提供的研究报告中获益，虽然这样的服务费用昂贵，但从公司巨大的成交量来看，这点儿钱简直就是九牛一毛。大多数个人交易者可没有这么优越的机会。

一些大型机构还设有所谓的舆情数据信息网络，这使得它们可以抢先于大众去行动。记得某一天，当原油期货价格因为北海石油开采平台起火而暴涨时，我打电话给一位在石油企业工作的朋友。当时市场一片慌乱，他却很高兴，因为他已经在半小时之前就买入了大量原油期货头寸。在新闻媒体对外报道这场火灾之前,来自火灾发生地的公司联系人就已经把这件事透露给了他。及时的信息是无价之宝,但只有大型机构才能负担得起支撑这样的网络所需支付的费用。

我认识一个人,他曾经为华尔街的一家投资银行工作,当时收益率相当可观。但当他离开银行自己交易时却遇到了很多麻烦,这使他感到很失落。他发现自己位于曼哈顿区公园大道私人公寓的实时报价系统,速度上根本无法与以前在银行工作时使用的系统相比。而且在之前,全世界的经纪商为获得他的单子都在讨好他,经常会通过电话向他提供许多最新的信息。"当你在家为自己交易时,你绝对不可能接触到第一手的信息。"他说。

同时在期货市场和现货市场双向交易的公司,有两种优势。他们掌握真实的内部信息,而且不受投机仓位规则的限制。我曾去拜访一位在跨国石油公司工作的朋友,通过了比机场还严格的安检后,我走过一条玻璃走廊,从那里我可以俯瞰到很多房间,里面一大群人聚集在屏幕前交易石油产品。当我问他这些人究竟是在做对冲还是投机交易时,我的朋友直直地盯着我的眼睛说:"是的。"我困惑地又问了一遍,但是还是得到同样的答案。后来我才明白过来,根据内部信息进行对冲或投机交易,对于他们所在的公司而言,并没有什么大的区别。

与此同时,因为在信息上占有优势,工作于大型机构的投资者普遍具有一种心理优势——他们自己的钱不会因他们的操作而承担任何风险,所以他们压力较小。当年轻人告诉我他们对交易很感兴趣时,我通常建议他们及早去交易公司找份工作,从其他有经验的交易者身上一点一滴地学习。提出这样建议的原因是,交易公司基本不雇用年龄超过 25 岁的交易者。

那么,没有信息优势的个人交易者怎样与机构交易者竞争呢?

大多数机构交易者的阿喀琉斯之踵(唯一致命的弱点)就是它们必须交易,而个人交易者却可以自由选择交易行为。无论价格走势如何,银行都必须去活跃债券市场，谷物生产商也必须活跃粮食市场，但个人交易者可以静待良机。

大多数个人交易者因过度频繁的交易而浪费了这个极大的优势。想战胜机构交易者的个人必须培养自己的耐心，消除不必要的贪念。**谨记，你的目标是交易获利，而不是频繁交易**。

成功的交易机构雇员可以得到一部分提成和奖金。但就算奖金再高，相对于自己替公司赚的数百万美元红利来说都不算什么。他们经常闹着想辞职，想为自己交易，但鲜有人可以成功地完成这个转变。

大多数离开原有平台的交易者开始用自己的钱冒险时，他们便开始被困于恐惧、贪婪、兴奋或恐慌等负面情绪中，很少能成功地交易自己的账户——这证明了心态才是交易成败的关键。少有在大型机构工作的交易者可以认识到，他们的成功源于那些为他们做风险控制的管理者们。自己出来单干意味着自己要管理自己的交易——这个会在后面章节里细谈——我们需要将精力放在怎样管理自己的交易。

铸剑者

中世纪的骑士喜爱锋利的宝剑，同样，现代的交易者也追求着最好的交易工具。当今社会，想要获得一款优秀的交易工具正变得越来越简单。同时，交易手续费也在不断下降。这些原因造成现代交易方式进入了一个更高的层次。电脑可以加快搜索速度，设置更多搜索条件，可以帮助加深对更多市场和更多品种的研究。这里我们只做简单的概述，在第21节中我们将详细谈论电脑与软件。

交易软件一共有三种：工具箱、黑匣子和灰匣子。**工具箱**可以显示数据、绘制图形、标示指标、调整参数、测试交易系统。期权交易者的工具箱还包括期权定价模型。以现在的技术水平，设置属于自己的工具箱简直就像调整汽车座椅的高度一样简单。

1977年，我采购了生平第一个工具箱，用来做技术分析。它花费了我整整 1 900 美元，这还不算完，之后每个月我还需要为它支付一笔使用费。而现在，几乎所有人都可以在十分便宜或干脆就免费的交易行情软件上找到相当强大的分析工具。顺便一提，我已经通过 Stockcharts.com 网站与大家分享了本书中出现的大部分概念，我想通过这种途径让我的书对交易者们更有价值一些。

为什么这么说呢？因为 Stockcharts.com 是专门为交易者搭建的网络平台，它简洁直观并且功能丰富。虽然我们可以直接使用它的免费版本，但是我用了一点钱成为它的会员，因为会员版可以得到更高质量的技术分析图。我还记得在事业刚刚开始时自己有多么艰难，我想指导你们，如何只耗费最少的钱，甚至免费，去获得强大的技术分析支持。

黑匣子里面的运作方式秘而不宣，你只需输入数据，它就会告诉你什么时候该交易，究竟要交易什么。它如同神奇的魔法，让人无须思考便可赚钱。几乎所有黑匣子的历史交易记录都很好看，这很自然，因为它们就是根据历史数据设计的。市场在不断变化着，黑匣子也会逐渐失效，但总会有一些懒惰者会去购买它们。如果你想买一个黑匣子，记住，布鲁克林就有人卖。

灰匣子是工具箱和黑匣子的结合体。这些软件往往由市场上那些专家精心制作而成，系统基本构架对外公开，而且还能根据自己的需要调整参数。

咨询师

一些分析报告可以向投资者提供一些有用的观点并指出交易机会。少部分确实具有学习参考价值，但大部分其实只是看上去比较内行而已。对我来说，这可以被视为一种很好的消遣方式。一份订阅就相当于雇用了一个笔友，他会经常给你写有趣的信，但又从来不强迫你回信，除了请求你续订的时候。美国这个国家的出版自由权甚至允许罪犯上网并撰写发送财经类咨询建议报告。事实上相当多的人也那样做了。

大部分各种分析报告的"跟踪记录"都没什么真正的作用，因为几乎没有人会严格遵循报告里提出的建议。一些依赖咨询行业为生的小商人甚至会提供分析报告评级服务。评级服务可能会质疑某些咨询师的专业水平，但大多数时候都在拍马屁或捧场。

几十年前我也曾写过分析报告：观念明确，言简意赅，也曾获得很高的评级。作为一个业内人，我看到了捏造报告结果的巨大潜力，这也是咨询行业公开的秘密。

看过我写的分析报告之后，一位知名咨询师告诉我要少花些时间在研究上，多把时间用于市场推广。撰写分析报告的第一原则就是："如果你必须做预测，那就尽量多预测。"只要有预测成真，那就把促销邮件的数量再翻一倍。

14. 你与市场群体

看涨者与看跌者共同组成了一个松散的市场，并在其中赌未来价格的上涨和下跌。每个价格都代表市场某个时点的群体共识，因此我们也可以认为——交易者实际上都是在赌群体的未来观点和情绪。群体情绪游弋在乐观与悲观、希望与恐惧之间。大多数人无法完全贯彻执行他们的交易计划，因为很容易便在群体情绪和行为中失去了自我。

你的投资行为随着市场上的多空博弈战况不断变化。你无法控制市场，你能自主决定的只有你的头寸规模、入场与离场的选择。

大部分交易者入市之初会感到忐忑不安。一旦加入某种群体，交易者的大脑就会被一片迷雾所笼罩。受影响于群体情绪，很多交易者背离了他们的交易计划，最终只能被迫蒙受巨大的损失。

群体研究

一位来自苏格兰的律师查尔斯·麦凯（Charles Mackay），1841年时出版了一本名为《人类愚昧疯狂趣史》（*Extraordinary Popular Delusions and the Madness of Crowds*）的经典之作。书中对几次群体性狂热事件进行了描述分析，包括 1634 年荷兰的郁金香热和 1720 年的英国南海投资泡沫。

郁金香热始于郁金香球茎的一轮长期牛市。当时繁荣的荷兰国度确信郁金香会继续一直升值，很多人放弃了他们原本的事业，开始种植和交易郁金香，或干脆成为职业郁金香经纪人。银行都在接受郁金香作为抵押，从中投机获利者更是数不胜数。但最终，波浪式的恐慌性抛售直接戳破了郁金香牛市的泡沫，无数人因此破产，整个国家的经济状况受到剧烈的冲击。麦凯指出："人们在群体行为中奔向疯狂，但却不得不耗费很长时间缓慢、孤独而寂寞地重返常态。"

法国哲学家与人类学家古斯塔夫·勒庞（Gustave Le Bon）在 1897 年出版了一本名为《乌合之众》（*The Crowd*）的书籍。通过阅读书中的内容，交易者至今仍可在一个世纪之前的镜子中看到自己的投影。

勒庞写道：当人们聚集而成为一个群体的时候，"无论组成群体的个体是什么样的，他们的生活方式是否相同，他们的职业、性格或才智有何差异，已加入群体的事实会使他们形成群体思维，他们感觉、思考和行为的方式都将会与他们独处时大相径庭。"

只要加入了某一群体，人就会发生变化。他们会变得更容易轻信别人，更冲动，更急切地寻找领导者，他们的行为将倾向于情绪化，而不是理智。换句话说，个人加入某一群体之后，独立思考的能力将会显著降低。

交易领域，一个群体中的交易者偶尔会抓住一些趋势，并短暂获利，但当趋势反转时他们就很可能蒙受巨大的损失。成功的交易者必须独立思考。

为何加入群体

最初，人们就不约而同地倾向于加入群体以求安全。当一只凶猛的老虎出现时，一群猎人的生存率总比单独一个猎人高。独行者更容易因种种原因遇难，后代也更少，但加入群体后就容易生存多了。加入群体的倾向已经深深地植入到我们的基因之中。

我们的社会推崇自由意志，但是在文明表象薄弱的掩饰下，原始的冲动依旧律动在我们的血管之中。为了寻求安全我们希望加入群体，希望被强势的领导者领导。未来的不确定性越大，我们越是希望加入群体，追随领袖。

华尔街没有猛虎，但金融资产正在遭遇的各种风险却猛于老虎。你持有的头寸的价格取决于所有陌生交易者的买卖状况。你的恐惧会不停地膨胀，因为你价格的涨跌远远超出你的控制能力。这种不确定感抓心挠肝，大多数交易者迫切希望找到一个领袖人物，带领他们赚钱赚钱还是赚钱！

你可能充分理智地已经在下单前决定了自己的交易策略，但等你真正下单的时候，群体意识就开始盯向你。当你变得像鹰一样观察价格，价格变化如你所愿时兴高采烈手舞足蹈，价格变化与你的预测背道而驰时垂头丧气心如刀割，你就已经开始失去你的独立性。当你冲动地加仓或减仓亏钱的头寸时，你就已经麻烦缠身。当你更加相信所谓的专家大师而不是自己，不再遵守自己的交易计划时，显然你就已经完全失去了自己的独立性。一旦上述情况发生在你的身上，请试着努力找回原来的感觉吧。假如这样还是不能恢复平和的心态，那我建议你可以暂时远离市场，观望一下。

群体心智

群体中的成员往往心理简单，也更冲动。群体情绪在恐惧与欢乐、惊慌与兴奋之间不断转变。科学家在做实验的时候冷静理智，但若他投身于狂热的市场，却可能做出轻率的交易决策。无论是站在拥挤的券商营业部，还是避世于遥远的山顶，只要你是在做交易，群体都会如漩涡般将你吸进来。如果连自己的交易决策都被别人牵着鼻子走，赚钱的机会终将还是烟消云散。

对团队的忠诚是"猎人们"生存的重要条件，在演艺界学会站队甚至可以保住一个演技拙劣者的饭碗。但投资交易市场却与之完全相反：盲目追随群体只会狠狠地伤害到你。

许多交易者经常会感到困惑，为什么市场总会在他们止损后立刻反转？这是因为市场群体往往被同一片名为恐惧的乌云所笼罩——所有人不约而同地一起抛出手里的头寸。空头走尽之后，市场除上涨外别无选择。此时多头重返市场，群体再次因贪婪而忘记之前的恐惧，进入了新一轮的抢购狂潮。

群体力量完全可以碾压所有个体。无论你有多么聪明，你都无法抗衡群体，你只有一个选择——加入群体或独立行动。

群体十分简单原始，所以交易策略也应该简单。你不用把自己当成一个火箭专家那样去设计复杂的计划。如果价格走势与你的预测相反，就止损退出。永远不要与群体叫板——你要做的很简单：利用自己的判断力，决定什么时候加入群体什么时候离开观望。

重压之下，放弃自己的独立性是人类的本能。当你建仓后，你的心里会不由自主地涌起一种感觉，想要去模仿他人，而忽视了客观的信号。这也是你需要搭建自己的交易系统及资产管理规则并严格执行它们的原因。它们是个人理性决策的代表，必须在开始交易之前就严格规划完毕。

谁领导

当价格走势如其所愿时，缺乏经验的交易者通常会兴高采烈；而当价格变化与其意愿背离时，他会感到愤怒、沮丧和害怕，坐立不安地等待着市场的变化。此时，他们常常会选择加入到群体中。当遭受市场无情地打击摧残后，他们开始失去自己的独立性，模仿起群体内其他成员的操作，特别是领导者的操作。

这与人们幼年时的习惯有关。当孩子们害怕时，他们希望可以获得自己的父母或其他大人们的指导建议。后来孩子们成长为大人，这种心态就被转嫁到老师、医生、牧师、老板和权威专家身上。交易者们转向专家大师、交易系统供应商、新闻专栏作家和其他的市场领袖寻求指导。但是，正如托尼·普卢默（Tony Plummer）在《金融市场预测》（*Forecasting Financial Markets*）一书中所睿智地指出的，市场的主要的领导者是价格。

价格是市场群体的领导者。全世界的交易者都在疯狂地追随着价格的涨跌。价格似乎在对交易者们说："跟随我吧，我将带你走向财富之路。"大部分交易者认为他们自己是独立的，但少有人能意识到自己有多么关注价格的走势。

有利的趋势就好比是一位富有而大方的父亲，与你分享真正的美食与快乐；而不利的趋势感觉就像是一位愤怒的父亲，摩拳擦掌时刻可能送你一顿"竹笋炒肉"。身处这种情绪的迷宫，我们很容易便会忽视那些提示你出场的客观交易信号。你心里或保有希望或惊恐慌张，或讨价还价或乞求原谅——但接受现实，认赔出局，才是理智的行为。

独立

在进行交易之前，你需要认真地准备好你的交易计划，切忌随着价格的瞬息万变而情绪化交易。最好是可以亲手将你的计划书写在纸面上，这样可以更确切地认识到自己应该在什么条件下开始交易或者退出交易。交易的过程中不要肆意制订交易计划，否则你就会很容易被群体情绪同化。

唯有坚持长期以独立的个体角度进行思考和操作，你才能成为一个成功的交易者。无论是什么样的交易系统，它最脆弱的部分都是交易者本身。无计划操作或违背原本计划操作，终将导致交易的亏损失败。交易计划必须由理性的个体拟定，群体制定出的很可能是冲动性的情绪化交易策略。

在交易的过程中，你必须时刻留意自己，关注自己精神状态的变化。写出自己入场与出场的条件，包括资金管理规则。只要手上还有仓位头寸，就坚决不能修改计划。

塞壬是希腊神话中半人半鸟的女海妖，她们的歌声悦耳动听迷人心神，无数路过的水手因她们魂散大海。传说中奥德修斯曾经对塞壬的歌声产生好奇，他把自己绑在船只的桅杆上，又命令自己的手下用石蜡封住自己的耳朵。结果，他如愿以偿地听到了塞壬的歌声，同时又因为自己无法跳入水中而成功幸存。同理，假如你将自己绑在交易计划和资金管理规则的桅杆上，你也可以在交易的市场上如愿获利并成功存活下来。

积极的群体

不过话又说回来，我们所说的远离群体并不等于你必须在完全孤立的情况下交易——你完全没必要成为这样的隐士。尽管某些交易者更喜欢自己独自行走于市场之上，但也有一些充满智慧和创造力的群体可以在市场上生存得很好。他们有一个相似的关键点，那就是必须独立地进行交易决定。

财经新闻工作者詹姆斯·索罗维基（James Surowiecki）在《群体的智慧》（*The Wisdom of Crowds*）一书中解释了这种情况。他认为大多数群体中的成员始终是互相影响的，会产生波浪式的共同感受和行为。但是有些聪明的群体不同：该群体中所有的成员都在独立制定交易决策，彼此间并不知道其他成员的操作。聪明而健康的群体，他们的成员们因彼此不同的专长而互补，却不是互相负面影响。在这样的群体中，领袖的作用是维护团队构架，并主持投票表决。

在阅读《群体的智慧》的前一年，差不多2004年的时候，我就曾经组织过一个名为"蜘蛛交易团队"的交易者群体，它就具有上述所说的那些特点。我与我的朋友克里·洛沃恩是这个团队的领导。

我们在团队中保持了一种交易竞赛，每次竞赛持续一周的时间。周五收盘后至周日下午三点之间，我们不允许团队里任何一个成员去浏览网站上关于选股的内容或信息。在这短短的两天内，每位团队成员都可以选择一组未来一周内自认为可能会走势最好的股票，并提交上来——在不知道其他成员结果的情况下。所有信息都将在周日下午重新对所有人开放，允许每位成员查看整个团队的选股结果。此竞赛周一开始周五结束，胜者将得到奖励。

竞赛时间内我们允许团队成员们交流意见并回答问题。这个网站本身就是为了鼓励成员交流而建立的——但周末他们必须独立工作。收益率领先的成员及其选股结果也将在网站上进行公示。

维持一个积极的群体，最关键的是要做到保证所有的选股和交易方向都必须在独立的情况下做出，不能窥探团队领导和其他成员们的工作。分享交流可以在所有参选结果都收齐之后进行。以上两种条件的结合就是所谓的"群体智慧"，即群体和领导者的智慧集合。

15. 趋势心理学

每一个价格都是市场参与者之间价值共识的货币表现，可被视为市场对于某种交易工具价值的最新投票。任何一个交易者都可以通过买卖或者在当前的价格下拒绝买卖来获得发表意见的机会。

每一个价格条形图或者蜡烛图都反映了多空之间的博弈。当多方强烈看涨，他们就会更急切地买入来推动市场上涨；当空方强烈看跌，他们就会疯狂卖出助推市场下跌。

行情图是观测群体心理的一个窗口，分析这些图表也就是在分析交易群体的行为。技术指标可以使得这些分析更为客观。

技术指标是以盈利为目的的社会心理。

强烈的感受

如果询问一个交易者股票的价格为什么会上涨，你可能会得到这样一个答案——"买的人比卖的人多"——这并不正确。在任何市场上，股权与期货的买卖数量总是相等的。

如果你想买进 100 股谷歌的股票，必须有想把股票卖给你的人。如果你想卖掉 200 股亚马逊的股票，也必须有愿意从你手上买下股票的人。这也就是为什么股票市场上买卖双方的数量是相等的。同样，期货市场上多空双方的头寸数量也总是相等的。价格的上涨和下跌不是因为数量上的差异，而是因为市场上买卖双方贪婪和恐惧的程度发生了变化。

当价格趋向上涨，多方将更为乐观，并不介意为此多花一些钱买入，他们在高位继续买入是因为他们预期价格将进一步上涨。当贪婪而乐观的多方遇到了恐惧而保守的空方，市场就会反弹。这样的感受愈强烈，反弹程度就会愈发剧烈。而只有当多方失去热情，这种反弹才会结束。

当价格下跌，空方感受到乐观的情绪，从而不会介意在更低的价格上卖空。多方将感到恐惧，仅在折价条件下才会购买股票。当空方以胜利者自居时，他们继续在更低的价格上卖空，使得下跌趋势继续。当空方开始谨慎行事，拒绝在更低价格卖空时，这种下跌才会停止。

上涨与下跌

没有任何交易者是纯粹的理性经济人。市场中积累了大量的情绪，大部分的市场参与者都是按照"有样学样"的原则来操作，恐惧和贪婪的波浪会席卷多空双方。

上涨的速度取决于交易者的情绪：如果买方的情绪比卖方仅强烈一点点，那么市场就会缓慢上涨；如果买方的情绪强烈很多，那么市场就会迅速上涨。技术分析师的工作就是分析何时买方的情绪更加强烈以及这种强烈的势头何时终止。

市场上涨时，空方盈利缩减直至亏损，感觉被套，空方急于平仓，价格也呈现抛物线式的上涨。恐惧是比贪婪更加强烈的情绪⊖：空方平仓造成的上涨速度更为迅疾，尽管不会持续很久。

市场下跌是因为多方的恐惧与空方的贪婪。通常情况下，空方更倾向于在上涨时进行卖空，但如果他们期待在市场的下跌中获利更多的话，就并不介意在下跌过程中卖空。恐惧的多方只有在折价的情况下才愿意买入。只要空方满足这些要求，并且持续卖空，价格下跌的趋势将会持续。

当多方的利润逐渐消减直至亏损，他们就会恐惧地卖掉手中的筹码，他们如此急迫地从市场中套利以至于他们折价出价。市场会因为这些恐慌型的低价抛售而进一步下跌。

价格波动

对于领导者的忠诚是联结群体的黏合剂。团体成员期待领导者的鼓舞，在表现优异的时候受到奖励，而在表现糟糕的时候获得惩罚。一些领导者威权在上，另外一些领导者则非常民主而亲民，但每一个群体都会有一个领袖，一个没有领袖的群体是不存在的。只有在作为市场领导者时，价格才会发挥作用。

⊖ 根据诺贝尔奖获得者、行为经济学家丹尼尔·卡尼曼（Daniel Kahneman）教授的研究，恐惧比贪婪的强度高 3 倍。本书后面的章节还会涉及他的研究成果。

当价格按照他们的意愿移动时，胜利者感到欢欣鼓舞；当价格走势违背他们的意愿时，失败者感到灰心丧气。群体成员对于他们通过关注价格而创造出自己的领袖这件事一无所知。被价格催眠的交易者创造出了他们自己的偶像。

当趋势上涨时，多方好像被慷慨的父母奖励一样。上涨趋势持续的时间越长，他们会越发感觉到这种自信。当一个孩子的行为被奖励的时候，他会继续他之前的行为。当多头盈利时，他们增加了多单并且会有新的多头进入市场。空方感受到他们因为卖空而受到惩罚。他们中的许多人便开始平仓，开多仓，最终加入了多方的阵营。

欢欣鼓舞的多头买入，恐惧的多头平仓，推动价格上涨到一个更高的位置。多方感觉受到了奖励，而空方感觉受到了惩罚。双方都感觉到了情绪性的参与感，但是他们都没有意识到是他们自己创造了上涨的趋势，建立了他们自己的偶像。

最后股价波动开始了，市场上出现了大的卖单，此刻没有足够的多头来消化这些卖出的筹码，上涨的趋势开始出现跳水。多头感到受到了虐待，就像孩子在餐桌上被父亲扇了一巴掌，但是空头感受到了鼓舞。

价格的波动为价格上涨趋势的反转种下了种子。即使市场复苏并创出新高，多头也会变得更为小心，而空头会变得更为大胆。主导性群体凝聚力缺乏，反对者中乐观情绪不断增长，这使得上涨的趋势开始反转。不同的技术指标通过追踪一个叫作顶背离（见第4章）的形态来识别市场顶部。这种情况一般发生在，股价达到了一个新的高度而指标却到达了比前一波上涨低一些的高度的时候。顶背离表明了上涨趋势的终结和最佳的看空时机。

当市场倾向下跌时，空头仿佛好孩子因为聪明受到表扬和奖励一般。他们感到出离的自信，并不断进行卖空，这样下跌的趋势会持续下去，同时新的空头进入市场。人们都会尊敬胜利者，熊市中金融媒体也会聚焦看空者。

多头在下跌中受到损失，这使得他们感到沮丧。他们开始降低仓位，并开始转变加入到空头的阵营中去。他们的抛售推动市场进一步走低。

经历一段时间之后，空头的信心开始增长，多头士气大减。突然，股价波动开始了。一连串的买单消化了所有能够提供的卖单，这提高了市场的价格。现在轮到空头感到像孩子一样在一场欢乐的盛宴间被父亲扇了脸。

价格波动种下了下跌趋势最终反转的种子，因为空头变得更为恐惧而多头变得更为勇敢。当一个孩子开始怀疑圣诞老人存在的时候，他就再也不会相信圣诞老人了。即使空头恢复，价格创出新低，一些技术指标能够通过追踪名为底背离的形态识别出空头已经无力回天。这种情况一般发生在，股价已经创出新低，而技术指标并没有跌到比之前下跌更低的底部的时候。底背离能够识别一些绝佳的买入时机。

社会心理

个人的自由行为难以预测，而群体行为更为简单，且易于被追踪：当你分析市场的时候，你便是在分析市场行为。你需要识别群体移动的方向以及多空双方改变的速度。

群体将我们卷入其中，并影响我们的判断。分析师的问题正在于他们陷入了他们所要分析的群体的情绪拉扯之中。

持续上涨的时间越长，越多的分析师会被困在群体的无意识之中，忽视了危险的信号，并错失了最终的反转。持续下跌的时间越长，越多的分析师会被困在悲观看空的情绪之中，忽视了牛市的信号。这也就是为什么对市场分析而言，书面计划会更有帮助。我们要事先决定我们需要观测什么指标，我们怎样解读它们，它们会怎么表现。

专业人士会使用不同的指标记录群体情绪的强度。他们观测价格突破现有的支撑线和压力线时市场的可承受程度。场内交易商常常聆听交易大厅吼叫声音的音调和音量的变化。当场内交易逐渐退出历史舞台，你将需要一些特别的工具来分析群体行为。幸运的是，你的行情图和指标反映了活跃的群体心理。技术分析师是有电脑装备的、应用型的社会心理学家。

16. 管理和预测

我曾经在一次研讨会上遇到过一个非常胖的外科医生，他告诉我他在三年的股票和期权的交易中损失了 25 万美元。当我问他是怎么做出交易决策的时候，他不好意思地指向了他足够的胆量。他用他的直觉进行操作，使用工作的收入来支持他的操作习惯。对于直觉有两个可以替代的方法，一个是基本面分析，一个是技术分析。

主要的牛市和熊市反映了供求的基本面变化。基本面分析研究联邦储备委员会的行为、收入报告、谷物报告等。然而，即使你知晓这些因素，如果你脱离了中短期的趋势——这种趋势建立于群体的情绪之上——你也会在交易中产生损失。

技术分析师相信价格反映了市场上的所有公开信息，包括基本面的因素。每一个价格代表所有市场参与者对于价值的共识。这些市场参与者包括大的商业利益团体、小的投机者、基本面的研究者、技术分析师、内幕交易者和赌徒。

技术分析是一门融合了艺术和科学的关于群体心理的研究。技术分析者使用很多科学方法，包括数学概念中的博弈论、概率论等。他们用电脑来追踪这些指标。

技术分析也是门艺术。我们将行情图上的柱状图和蜡烛图整合成为形态。价格和指标的移动产生了一种流动和律动感、一种紧张感和美感，这些都会帮我们感受周围发生着什么，指导我们应该如何去交易。

个人行为是复杂多变而难以预测的，而群体行为是简单而原始的。技术分析者研究了市场群体模式。当他们识别到先前市场变化的形态时，他们开始交易。

民意调查

政治家想了解他们胜选或者连任的概率。他们对选民做出承诺，并开展民意调查来衡量群体的反应。技术分析和这种民意调查相类似，都旨在解读群体的意图。民意调查者通过这样来帮助他们的雇主赢得选举，而技术分析者是为了获得金融的盈利。

民意调查使用科学的方法：统计学、取样过程等。他们需要能力来采访和列出问题，他们也需要投入到他们党派情绪的暗流之中。民意调查是科学与艺术的融合体。如果民意调查者说他是一个科学家，你可以问他为什么在美国每一个主要的政治民意调查者都要依附于共和党或者民主党。众所周知，真正的科学是不分党派的。

一个市场的技术分析者必须超越派系的局限：不依附于多头或者空头的阵营，而仅仅是寻求真理。一个带着偏见的多头看着行情图会说："我在哪个位置买入呢？"一个带着偏见的空头看着同样的行情图会尝试去寻找什么地方可以卖空。一个顶尖的技术分析者是不受多空派系偏见影响的。

这儿有一个帮助你检测你的偏差的方法。如果你想买入，把你的行情图上下颠倒，观察是否像是卖出信号。如果仍然像是买入信号，在你再次翻转行情图之后，你就需要将多头的偏差移出你的系统。如果两张行情图都看着像是卖出信号，那你就需要将空头偏差移除你的体系。

一个水晶球

许多交易者相信他们的目标是预测未来的价格。大多数领域的业余人士寻求预测，而专业人士仅仅处理信息并根据概率做出决策。用吃药举个例子：一个病人因为刀伤被送入急救室，焦急的家人仅仅有两个问题："他会活下来吗？"和"他什么时候可以回家？"他们要求医生做出预测。

但是医生并不是在预测，而是处理出现的问题。他的首要任务是防止病人因为休克而死亡，所以他给病人止疼药并开始静脉滴注以替代流出的血液；接着他们缝合损坏的器官；接着，他还需要防止病人感染；他监控着病人的健康趋势，并采取措施防止一些并发症；他在处理而非预测。当家庭寻求一个预测时，他可能会给他们，但是这种预测的实际意义是很低的。

在做金钱的交易的时候，你不需要预测未来。你需要从市场提取信息，来寻求是否空头和多头处于控制之中。你需要衡量市场上占主导地位的群体的力量并以此来决定现有趋势有多大可能会持续下去。你需要练习保守的金钱管理，从而获得长期的生存和财富积累。你必须观测你的思维的运作，避免倾向于贪婪或者恐惧。如果能够遵守这些原则，交易者会比大多数预测者要成功。

解读市场，管理自我

巨大的信息量在交易时间从市场中倾泻而出，不断变化的价格反映了多空之间博弈。你的工作便是分析这些信息，然后在占主导的市场群体上下注。

每当我听到一个戏剧性的预测，我的第一反应是"这是一个市场手法"。咨询师发表这些预测来吸引关注，以此来筹集资金或者出售服务。好的预测吸引愿意付费的客户，而坏的预测则很快就会被遗忘。在我写这一章的第一稿的时候，我的电话响了。一个著名的大师遭遇不幸，他告诉我，他发现了一个玉米商品期货中"百年难遇的买进机会"，他让我为他筹集资金并许诺我在六个月的时间里百倍的回报。我不知道他骗了多少笨蛋，但是戏剧性的预测总是能够完美地欺骗大众。大部分人不会改变，当21年后开始更新这部分的时候，我在《华尔街日报》上读到一个同样的大师最近因为专业性的误导被美国国家期货协会惩处。

使用常识分析市场。当一些新的发展使你感到困惑时，尝试着拿它和市场之外的生活做个对比。比如，技术指标给你在两个市场中买入的信号，你是会买进在买入信号之前下跌很多的股票还是一点的股票呢？拿这个和一个人摔了一跤这件事做个比较。如果他从一个不高的台阶上摔下来，他可能拍拍灰就能再跑起来了。但是如果他从二楼的窗户上掉下来，他不可能立刻就跑起来，他需要时间去恢复。

成功的交易建立在三大支柱之上。你需要分析多空力量的平衡。你需要实践资金管理。你需要严格服从你的交易计划，避免在市场中过于兴奋或者沮丧。

| 第3章 |

经典图表分析法

在我购买自己人生第一只股票时,图表分析法是当时小镇上唯一的分析方法。我用格子纸和铅笔手工更新图表。几年之后便携计算器开始普及,我就增加了些简单移动平均计算。后来,德州仪器公司生产的可编程计算器,能够用在计算器插槽中插入微型磁条的方式,来实现更加复杂的运算,比如指数移动平均和趋势分析系统。

最后,苹果的个人电脑出现了。你能用操纵杆移动光标,来画出趋势线。可是今天的交易者只用花很少的钱就能够获得非常强大的分析能力。

虽然经典的图表分析法的核心概念依然有效,但很多画图工具已经让位于强大的计算机了。计算机化的分析方法最好的特质在于其客观性。移动平均或者其他任何指标,要么上升,要么下降,面对其趋势我们是没有异议的。你可能对如何解释这些指标感到困惑,但信号本身是明白无误的。

另一方面,经典的图表分析法又是相当主观的,会导致一厢情愿和自欺欺人。你可以画一条穿过极端价格的趋势线,或者经过密集区域的边缘从而改变趋势线的角度,也改变其传递的信息。如果你想买入股票,那么你可能会把趋势线画得更陡峭。如果你看空市场,并斜眼看一下图表,那么你会"发现"这是一个"头肩顶"。实际上这些模式没有一个是客观的。由于其主观性，我越来越怀疑那些传统图表分析法形态的作用，比如三角旗形、头肩顶等。

在看了成千上万的图表之后，我发现市场根本不认同斜线，市场能够记住价位，这就是为什么水平支撑位和阻力位有意义，而斜线趋势却是主观的甚至是自欺欺人的。

在我自己的交易过程中，我只用几个客观到足以让人信赖的图表模式。我关注基于水平的支撑区和阻力区、每日开盘价和收盘价的关系、蜡烛图高点和低点的关系，这些都是客观的。我认同"手指"或叫作"袋鼠尾"——一种冲出密集成交区的大柱形态。我们将在这一章中讨论这些以及其他一些图表的形态。

17. 图表

图表分析师们通过分析市场数据来识别价格模式，并从中赚钱。分析师大都使用柱线图或蜡烛图，它们能显示开盘价、收盘价、最高价、最低价以及成交量。期货交易者还关注持仓量的变动情况。点数图分析师只追踪价格的变动情况，并不在意交易时间、成交量以及持仓量等指标。

经典的图表分析师只需要一支笔和一张纸就够了。它们对以视觉为导向的人们有吸引力。用手工绘图，能培养出对价格的物理感觉。将数据用计算机转化成图表的一个代价，就是失去部分物理感觉。

经典图表方法最大的问题在于自以为是。交易者似乎能分辨是牛市还是熊市，但他们依靠的仅仅是他们想买或者想卖的心情。

20世纪初，有一位叫赫曼·罗夏克（Hermann Rorschach）的瑞士精神分析师，设计了一个能够探索人思维的测试：他在10张纸上滴上墨迹，然后把纸张对折，使得每张纸上都形成对称的墨迹。大部分看到这些墨迹的人都这样描述：这是骨架的一部分、动物、植物、建筑等。事实上这些只是墨迹罢了！每个人都看到了自己大脑里有的东西，大多数交易者使用图表，会把自己的希望、恐惧和幻想都投射到这些图表上。这就像一个巨大的罗夏克实验。

图表法简史

最早的图表分析师出现在19世纪和20世纪之交，包括查尔斯·道（Charles Dow，1851—1902）和威廉·汉密尔顿（William Hamilton）。道是著名的股票市场理论作家，而汉密尔顿接替了道在《华尔街日报》的编辑职位。道最有名的理论是"平均指数反映一切"。道说这句话的意思是工业和铁路指数反映了经济中的全部信息。

道除了作为《华尔街日报》的编辑外，从不写书。汉密尔顿在道去世之后接替了他的工作，并在自己的著作《股市晴雨表》（*The Stock Market Barometer*）中阐述了道关于股票市场的理论。在1929年股票崩盘之后，汉密尔顿写下了著名的社论"趋势的反转"（The Turn of the Tide）。1932年，通讯出版商罗伯特·雷亚（Robert Rhea）在他出版的《道氏理论》（*The Dow Theory*）中将道氏理论推向了顶峰。

20世纪30年代是图表法的黄金时代。在1929年之后，众多创新者都发现他们变得很空闲。于是这十年之间，夏巴克、雷亚、艾略特、魏考夫、江恩等人纷纷出版了书。这些人的理论走向了两个不同的方向。一些人将图表看成是供给和需求的记录，比如魏考夫和夏巴克。另一些人则在市场中寻找一种完美的秩序，比如艾略特和江恩。而这种秩序是虚幻的，寻找它的过程更是徒劳的（见第5节）。

1948年，爱德华兹（夏巴克的一个继子）和迈吉共同出版了一本书，名叫《股市趋势技术分析》（*Technical Analysis of Stock Trends*）⊖。他们在书中推广

⊖ 该书第10版中文版机械工业出版社已出版。

了诸如三角形、矩形、头肩顶等概念，以及支撑位、阻力位和趋势线等图表形态。其他图表分析师则用这些概念去赚钱。

自爱德华兹和迈吉的时代以来，证券市场已经发生了翻天覆地的变化。在20世纪40年代，纽约证券交易所中，交易活跃的股票每天的成交量只有几百股，而现在则要以百万股来计算。股票市场中原本平衡的力量已经转向多头。早期的图表分析师认为，股票价格会急速登顶，但会缓慢探底。在通货紧缩的年代的确是这样的，但是自从20世纪50年代以来，情况变得相反：股票价格会迅速探底，但要到达最高位却需要很长的时间。

走势图的意义

图表的形态反映了市场买卖的力量，以及投资者和交易者心中的恐惧与贪婪。本书中许多图表都是以日为单位的，每根棒线代表一个交易日。周线图、日线图或日内图表的法则是一样的。

记住一条关键原则："每一个交易价格都是所有的市场参与者价值认同瞬间达成一致的表现。"基于此，每根棒线都提供了多头和空头激烈博弈的重要的信息（见图17-1）。

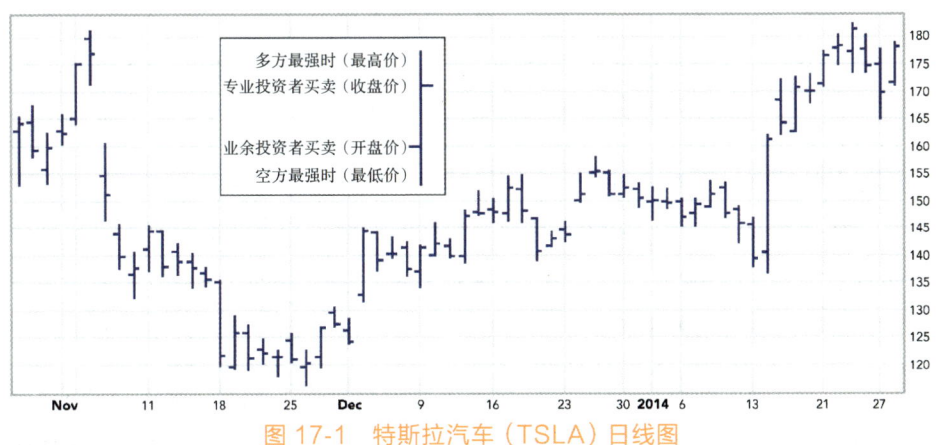

图17-1 特斯拉汽车（TSLA）日线图

资料来源：Stockcharts.com。

走势图的意义

开盘价是由业余者决定的,他们通常在晚上下指令。这些在夜间积累的指令,第二天早晨集中涌向市场。收盘价则主要是市场专业人员交易一天后的成果。通过观察收盘价和开盘价刚好出现在棒线两端的频率,你就可以发现业余者和专业者之间的对立。

棒线的最高价标志着多方的最大力量。最低价则标志着空方的最大力量。当你的入场点或退出点是在较短的棒线里时,滑点通常比较小。

每日**开盘价**往往反映了业余者对价值的看法。业余者每天阅读早报,看前一天发生了什么,也可能会去问妻子该买还是该卖,然后在开车去工作之前下订单。业余者总是在每天和每周的开始阶段异常活跃。

那些研究开盘价和收盘价之间关系的交易者会发现,开盘价总是接近于当日成交价的最高位或最低位。在每日交易开始时,业余交易者的买卖会造成市场的极端情绪,往往股票价格在之后的时间段内会发生反转。

在牛市中,市场通常在周一或周二时出现当周最低价——因为业余者会兑现前一周赚到的利润,然后市场会在周四或周五创出新高。而在熊市中,周一或周二通常会创出当周价格的高位,随后在接近周末时则会创出新低。

每天或每周的**收盘价**则往往反映了专业交易者的行为。他们全天都在盯着市场交易,对市场变化做出反应,并倾向于主宰最后 1 小时的交易。他们当中的许多人在那段时间兑现利润,以避免持仓过夜。

专业交易者作为一个集体通常与业余交易者做对手方。他们倾向于在低开时做多,在高开时做空,然后在后续交易时间里平掉头寸。交易者需要关注开盘价和收盘价之间的关系。当收盘价高于开盘价时,专业交易者比业余者更看好市场;当收盘价低于开盘价时,专业交易者对市场的预期比业余者更悲观。与专业交易者一起作为业余者的对手会让你赚到钱的。在很大程度上,蜡烛图

基于开盘价和收盘价之间的关系，当收盘价高于开盘价时，蜡烛图就是白色；当收盘价低于开盘价时，蜡烛图就是黑色的。㊀

每根棒线的最高点代表了最强多方的力量。当价格上涨时，多方就会赚钱。他们买入股票会推高股票的价格，每次价格的上涨又会增加他们的盈利，直到多方再也无力抬高价格——哪怕一个最小价格变动单位㊁都不行了。日棒线的最高点都代表当日多方的最强力量，同样，周棒线的最高点也代表当周多方的最强力量。

棒线中最高点代表着该棒线中多方的最强力量。

每根棒线的最低点代表了最强空方的力量。当价格下跌时，空方就赚钱。他们不断地卖出头寸，使得价格不断下降，而每一次价格下跌又会增加他们的利润。直到某一点，当他们没资金或没有看空的热情了，价格就止跌了。日棒线的最低点代表当天空方的最强力量。而周棒线的最低点代表当周空方的最强力量。

棒线中最低点代表着该棒线中空方的最强力量。

每一根棒线的收盘价都是当天多方和空方博弈的最终结果。如果收盘价接近棒线的高点，表示多方赢得了胜利。如果收盘价接近当日的最低点，表示空方赢得了胜利。每日收盘价对于期货交易更重要，因为你的交易账户每晚都要按"逐日盯市制度"结算。㊂

㊀ 国内通常当收盘价高于开盘价时，蜡烛图是红色；当收盘价低于开盘价时，蜡烛图是绿色。——译者注

㊁ 一个最小价格变动单位是指任何指定交易品种所允许的最小价格变化量，可能是一美分或者百分之一美分（视不同股票而定），标准普尔电子迷你期货是 0.25 个点，黄金期货是 10 美分等。

㊂ 意味着经纪商要根据每日的收盘价来决定某一交易账户是否要求追加保证金。——译者注

棒线图中最高点和最低点的距离反映了多方和空方冲突的激烈程度。一根平均长度的棒线表明市场相对冷静。如果棒线的长度只有平均长度的一半，说明市场疲软而冷清。如果棒线是平均长度的两倍，则说明市场火爆，多方和空方的博弈遍及各个战场。

滑点（见导论）在市场冷清的时候往往较小。在市场冷清的时候进场比较好。遇到很长的棒线是兑现利润的好时机。而试图在市场拉升的时候建立头寸，就像跳上一辆正在行驶中的火车一样危险。安全起见还是等待下一波上涨为妙。

日本式蜡烛图

在美国出现图表法之前大约两个世纪，日本的大米交易商就已经开始使用蜡烛图了。他们并不是用棒线图表，而是使用一排两端有"灯芯"的"蜡烛"形图表。蜡烛主体部分的长度代表开盘价与收盘价之间的差价。如果收盘价高于开盘价，蜡烛就是白色的；如果收盘价低于开盘价，蜡烛就是黑色的。

"灯芯"的最高点代表着当天的最高价格。相应地，"灯芯"的最低点代表当日的最低价格。根据《日本蜡烛图技术》（*Japanese Candlestick Charting Techniques*）的作者史蒂夫·尼森（Steve Nison）的说法，日本的交易者认为最高点和最低点相对而言并不重要。他们更关注开盘价和收盘价之间的关系，以及几个"蜡烛"之间的形态。

蜡烛图的主要优势在于它能反映控制着开盘价的业余交易者和控制着收盘价的专业交易者之间的博弈。遗憾的是，许多蜡烛图分析师忽略了西方的分析工具，例如成交量和技术指标。

蜡烛图已经在全世界范围内得到了广泛的应用，因此有人问我为什么还要继续使用柱线图进行分析。我对蜡烛图很熟悉，但是我是从柱线图开始学习交易的，而且我相信使用包含开盘价、最高价、最低价、收盘价的柱线图加上其他技术指标能够为我提供更多的信息。

到底选择棒线图还是蜡烛图只是个人偏好问题。这本书中所示的所有概念都能由棒线图或蜡烛图来表示。

有效市场、随机漫步、混沌理论和自然法则

有效市场理论是个学术概念，它认为没有人能够战胜市场，因为在任何时刻的任何价格都包含了所有可以获得的信息。沃伦·巴菲特（Warren Buffett），21世纪最成功的投资者之一，这样评价这种理论："我很好奇当初那些正统观点竟然是让人们相信世界是平的。在一个投资者都相信有效市场理论的市场中进行投资就好比和那些认为不用看牌就能打好桥牌的人一起打桥牌一样。"

有效市场理论的逻辑缺陷在于，它将知识等同于行动。人们可能有足够的知识，但群体的情感经常驱使人们进行非理性的交易。好的交易者能够从图表中考察出大众行为的重复模式，并利用这些模式来赚钱。

随机漫步理论的创立者奥斯本认为，市场中的价格是随机的。当然，市场中的确有很多随机性或者"噪声"，正如在任何群体中都有一定的随机性。但一个聪明的观察者依然能够分辨出群体的重复行为模式，并且做出敏锐的判断：顺势而为或者逆势狙击。

人是有记忆的，人们记得过去的价格，而这些记忆会影响他们做出买或卖的决定。人们的记忆创造出市场价格之下的支撑位和市场价格之上的阻力位。随机漫步的拥趸们并不相信记忆会影响人们的决策。

正如米尔顿·弗里德曼（Milton Friedman）所指出的，价格包含了有关卖方供给量充足性和买方需求量紧迫性的信息。市场的参与者就是根据这个信息来决定自己是卖还是买。比如，消费者在商品打折的时候买的量较多，而在商品价格较高时买的量较少。金融市场的参与者与持家的主妇有着相似的逻辑。当价格低的时候，市场投机者会大举进场。短缺会引发恐慌性抢购，而高价格

则会遏制需求。

混沌理论在最近的几十年来得到了推广。市场大部分时间段是混沌的，你只能在那些有序的时间段里才能取得一定优势。

在我看来，市场大部分时间是处于混沌状态的，但是在混沌之外，秩序和结构之岛也会在市场的潮汐中时隐时现。市场分析的本质就在于能够辨认出这些固定的模式，并且有勇气和信心利用它们进行交易。

如果你在混沌时间进行交易，那么唯一赚钱的就是你的经纪商，因为他们可以从你那儿拿到佣金，还有那些专业的日内交易者，他们可以从你那儿赚取微小的利润。你要时刻牢记的关键点是：一旦混沌中出现某种模式，你的交易系统应该能够迅速识别这种变化，这就是你入市交易的时候。之前我们说过，相对于专业的交易者，个人交易者的最大优势在于可以等待好的时机进行交易，而不必每天都保持活跃的交易。混沌理论恰恰证实了这一点。

混沌理论告诉我们，从混沌中浮现出来的有序结构是一种分形结构。就像海岸线一样，无论从飞机上看还是从宇宙飞船上看，又或是跪在那里通过放大镜去看，它都会呈现出锯齿状。市场模式也具有分形结构，如果我向你展示同一市场的一些图表，一旦去掉了时间标签后，你就无法分辨出这些图表到底是月线图、周线图、日线图还是五分钟线图。下文（第39节）我们将回到这个主题，届时你就会发现为什么使用不同频率的时间进行分析如此重要。我们要确保在不同时间频率的图表中市场传达出的买卖信息能相互印证。如果不是如此，那么说明市场依然处在混沌之中，而我们则要保持观望。

自然法则是一小撮神秘主义者鼓吹的法则。他们认为市场处在一种完美的法则之中（你可以付费让他们来为你展现它）。他们说市场的运动像钟表一样，和亘古不变的自然法则相对应。R. N. 艾略特的最后一部作品甚至直接叫作《自然法则》。

"完美法则"混合了占星术、数字命理学、权谋术以及其他迷信的法则。

下次如果有人和你谈论市场中的自然法则，你就向他请教占星术。他可能会飞奔过来和你大谈如何利用星辰占卜。

完美市场的拥护者声称他们可以预测遥远未来的价格顶部和底部。业余交易者喜欢预测，而神秘主义是市场中有效的骗人花招，它对出售培训课程、交易系统和股评通信十分有帮助。

神秘主义、随机漫步理论、有效市场理论有一个共同的地方，那就是它们都与市场的真实状况相去甚远。

18. 支撑位和阻力位

球掉到地上就会弹起来。把球扔起来，球触及天花板后又会掉下来。支撑位和阻力位就像地板和天花板一样，而价格就像三明治一样夹在其间。理解支撑位和阻力位对于理解价格趋势非常重要。评估其力量能够帮你确定趋势是会突破还是会反转。

支撑位是这样一个价格位，在这个价格上多方的力量足够强，能够干扰甚至逆转下跌的趋势。当下跌的趋势到达支撑位时，价格就会反弹，就像潜水者触及水池底部然后远离它一样。在图表中，支撑位是一条连接两个或者多个底部的水平线（见图18-1）。

阻力位是这样一个价格位，在这个价格上，空方的力量足够强，能够干扰甚至逆转一个上涨的趋势。当上涨的趋势触及阻力位时，就像一个在爬树的人的头撞上了树枝一样，他得停下来，甚至可能摔下去。在图表上，阻力位是一条连接两个或者多个顶部的水平线。

在画支撑位线和阻力位线时，让其经过成交密集区的边缘，最好是众多柱状线主体的边缘，而非那些极限价格。交易密集区是大量交易者想法发生改变的位置，而极限价格仅仅是那些心理最脆弱的交易者恐慌的反映。

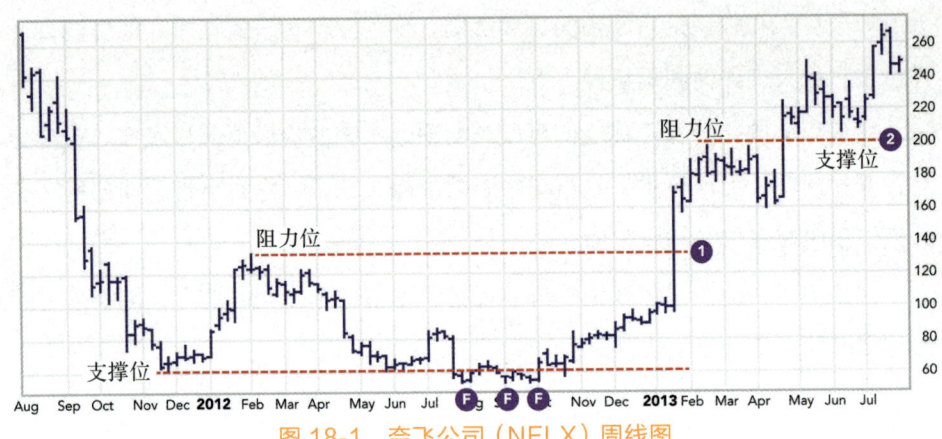

图 18-1 奈飞公司（NFLX）周线图

资料来源：Stockcharts.com。

支撑和阻力

画水平线穿过密集区间的上边缘和下边缘。下边的线是支撑位，在这个位置买方将战胜卖方。上边的线是阻力位，在这里卖方的力量将压倒买方。支撑和阻力区域经常转换角色。图中，一次坚定的向上突破冲过区域1后，到达了另一个阻力位区域2。但一旦价格突破了区域2这个阻力位，这个价位就变成了支撑位。每次价格触及这些界线又弹开，这些界线的力量会得到加强。

要警惕支撑和阻力位附近的假突破。在图中以字母"F"标识。业余者通常会跟随假突破方向，而专业者通常使其原形毕露（反方向交易）。在图18-1右边界，奈飞公司股价从原是阻力位，现在是支撑位的地方进一步上涨。

小的支撑位或者阻力位会导致趋势的暂停，而主要的支撑位和阻力位则会造成趋势的反转。大量的交易者们在支撑位买入，在阻力位卖出，使得支撑位和阻力位的有效性变成了一种自我实现的预言。

我们如何识别趋势呢？不是通过**趋势线**。我最喜欢的工具是指数移动平均，我们将在下一章中谈到这种方法。趋势线是非常主观的，它是最自欺欺人的一种工具。在趋势识别领域，计算机分析远胜于经典的图表分析方法。

记忆、痛苦和悔恨

我们对于市场之前的趋势转变的记忆会促使我们在特定的价位买卖股票，正是大众在这些价位的买卖行为创造了阻力位和支撑位。**阻力位和支撑位正是依赖于人们的记忆而存在的。**

如果交易者们记得最近一次的止跌反弹的价位，那么当价格再次逼近这一点时，他们很可能又会买进股票。同理，如果他们记得当价格在某个特定的价位达到其峰值，在股票价格逼近这一价位时，他们可能就会卖出。

比如，1966～1982年间，美国市场的几次主要上涨都止步于道琼斯工业平均指数涨到950～1 050点之间。这一阻力位如此之强，以至于交易者们将其称为"天空中的墓地"。一旦一波牛市突破了这一水平位，它就变成了一个重要的支撑位。从图18-2中我们可以看出，近年来在黄金市场上出现了类似的情况。行情四度冲击1 000美元/盎司水平，但每次突破都失败了。在第五次上涨时，黄金价格终于突破这一水平，而1 000美元/盎司的价格位就变成了重要的支撑位。

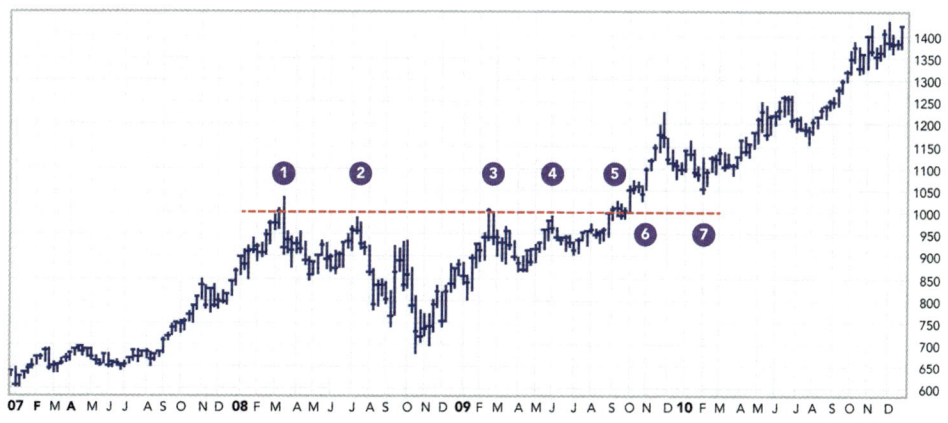

图 18-2　黄金（Gold）周线图

资料来源：Stockcharts.com。

阻力位变成支撑位

黄金冲击上方的1 000美元/盎司附近的阻力位多达五次。通常，在第一、二和三次冲击都会反转。当市场冲击一个价位达到四次，说明市场真的想突破那个水平。黄金在第五次冲击后，突破到了1 000美元/盎司水平之上。

后来，黄金两次试图拉回到这个阻力线之下，如图中6和7标记的区域。未能跌到这个水平之下，说明做空的力量已十分微弱，标志着黄金大的牛市即将启动。

支撑位和阻力位之所以能够存在是因为大量交易者感到了痛苦和悔恨。在买卖中赔了钱的交易者会感到非常痛苦。失败者们下定决心只要一有机会就尽快出场。而那些错过了买卖机会的交易者会感到后悔，因此也等着市场再给他们一次机会。当交易价格在小范围内波动时，后悔和痛苦的感觉相对较小，失败者也不会觉得太受伤。一旦突破这个区间则往往会产生巨大的痛苦和后悔。

当市场在横盘整理时，交易者们习惯在这个接近价格波动区间低位时买进，在接近波动区间高位时卖出甚至做空。当上升趋势开始时，卖掉股票的空方会感到巨大的痛苦，与此同时多方又会因为自己买得太少而感到极度悔恨。双方都下定决心，一旦价格回落到这个突破点，给了他们第二次机会时，要大量买入，平掉空仓或建立多仓。空方的痛苦和多方的悔恨会让他们有买入的渴望，从而形成了上升趋势中的**支撑位**。

当价格跌破一个区间时，之前买进的多方就会感到痛苦。他们感觉被困住了，想等待价格回升，回本之后马上卖出股票。空方则相反，后悔自己卖出的太少。他们等待市场回升，有第二次做空的机会。多方的痛苦和空方的后悔就会形成**阻力位**——那是市场下降趋势中的天花板。支撑位和阻力位的强度取决于大量交易者感受的强度。

支撑位和阻力位的强度

价格在密集交易区波动越久,空方和多方投入的感情成本就越大。当多次趋势触及同一反复震荡区时,这一区域就成了一个布满弹坑的战场:防御者有大量的防御能够减弱任何攻势。当价格从上方跌落到这一区域时,它就变成了支撑位,当价格从下方上涨到这一价位时,它又扮演了阻力位的角色。密集成交区可以在这两种角色之间转换,成为支撑位或者阻力位。

这些区域的力量取决于三个因素:区域的长度、高度,以及在区域内的成交量。你可以将这些因素作为交易区的长、宽、深进行可视化处理。

阻力区或者支撑区持续时间越长——它持续的时间越长或者期间被冲击的次数越多——**阻力或者支撑力度就越强**。支撑位和阻力位就像好酒一样,时间越久越好。持续两周的反复震荡区只会产生一个微小的阻力位或者支撑位;持续两个月的阻力位或者支撑位会让人们习惯这个价位,并且产生一个中等强度的支撑位或者阻力位;而一个持续两年的反复震荡区则会让人接受该价位是股票的真实价值,从而成为重要的阻力位或者支撑位。

随着支撑位和阻力位变得过于久远,它们的力量就会逐渐减弱。由于失败者被不断洗出市场,由其他新进者代替,这些新进者并没有在老的价位上投入那么多感情。赔钱的人只会很好地记住最近发生的事情。他们可能还留在市场,感到痛苦和后悔,试图回本。那些在多年之前做出错误决定的交易者,很可能已经离开市场,因此他们的记忆影响就不大了。

每次股票价格触及这一区域时,支撑位和阻力位的力量就会增强。当交易者们看到价格会在某一价位发生反转,那么当价格再次触及这一价格时,他们就会打赌价格依然会在这一点反转。

支撑和阻力区域越高,它的力量就越强。高大的密集成交区就像保护财产的高墙大院一样。如果一个密集成交区的高度仅有现在市场总价值的1%,那就只能提供一个弱小的支撑位和阻力位；如果有3%那么高，就会形成一个中等强度的支撑位或者阻力位；如果是7%或者更高，那么这个密集成交区能碾碎一个大的趋势。

支撑区和阻力区的成交量越大，其力量越强。大成交量表示了交易者参与程度活跃——这是高的感情投入的信号。低成交量意味着交易者对在这个价位交易的兴趣不大，标志着支撑或阻力较弱。

如果用股票在密集交易区的天数乘以成交的平均价格和平均成交量，你就可以测算出支撑力量或阻力的总金额。当然，在做对比的时候，我们只能在同一只股票的支撑和阻力区间之间进行比较。你不能把苹果和橘子进行比较，所以也不能把苹果公司的股票和一家股价10美元、在活跃交易日也只有百万股票成交的小公司股票进行对比。

交易规则

（1）无论何时，当大盘走势逼近支撑位或者阻力位时，设定好你的保护性止损位。

保护性止损是这样一种指令：当你有多仓时，在现在市场价格之下设定止损价格，一旦触及将卖出你的股票；而当你有空仓时，在市场价格之上设定止损价格，一旦触及将平掉你的空头头寸。保护性止损单能使你在趋势反转的时候不至于损失过大。

趋势在阻力位和支撑位的表现显示了其健康程度。如果走势足够强，能突破阻力区或支撑区，你的保护性止损单将不会被触发。如果走势在阻力区或支撑区开始反转，说明趋势较弱。在这种情况下你的保护性止损单就会保住你的一大笔利润。

（2）阻力位和支撑位对于长期图表比对短期图表分析更重要。

好的交易者会用不同的时间周期图表来监控市场，但会在长期图表分析中花更多的精力。周线图比日线图更重要。如果周线图的趋势很强势，那么日线图触及阻力位也并不用太担心。当周趋势线逼近阻力位或者支撑位时,你就应该考虑退出了。

(3)支撑位和阻力位意味着交易的机会。

密集交易区的底部意味着支撑线的底部。当价格下降到这一价位时,要敏锐地留意买入机会。技术分析中最重要的模式之一是**"假突破"**,如果价格微降至支撑位一下,然后又重回支撑区域,这意味着空方已经失去他们的机会。当出现向下假突破后,线柱的收盘价收回在密集成交区之内时,标志着这是买入的机会。你应该在近期假突破点底部附近设置一个保护性止损单。

类似地,真正的向上趋势突破之后不会重新跌落入之前的密集交易区,就像火箭不应该在发射之后又落回发射台一样。当价格的蜡烛图又重回密集交易区时,向上的假突破发出了卖出的信号。你在做空时,在向上假突破的顶部附近设置一个保护性止损单(见图18-3)。

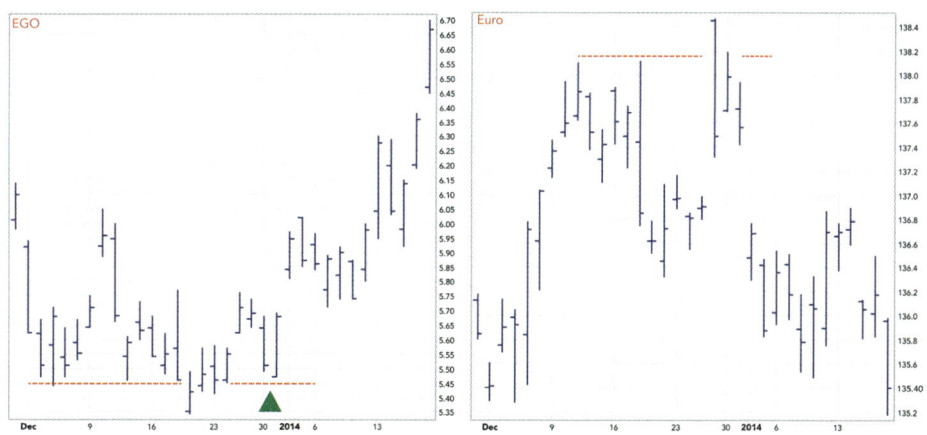

图18-3 埃尔拉多黄金公司(EGO)和欧元(Euro)日线图

资料来源:Stockcharts.com。

假突破

图18-3左边为埃尔拉多黄金公司(EGO)的图表,显示的是2013年

12月，黄金空头最后一次试图将黄金价格进一步推低的向下假突破。开盘价突然开在支撑位之下，与前一日收盘价产生一个跳空缺口。从这里，市场开始反弹。注意一周之后，市场再一次回撤到支撑线（图中绿色箭头所示）。这样的回撤并不常见，但一旦出现，这是在一轮新趋势中跳上车的绝佳机会。

图18-3右边为欧元（此处以欧元为代表）的图表，显示的是上升趋势在向上假突破中达到极点。股价向上跳空高开在阻力线之上，引发了止损单，抖落了较弱的空头，而这正是向下趋势开始的时候。从此再没有第二次拉升的机会了。

如何设置保护性止损单　有经验的交易者总会避免在整数价格处设置保护性止损单。如果我以52美元买入一只股票，想把我的保护性止损单设置在51美元，那么我会把保护性止损单设得低于51美元几美分。如果我在一次日间交易中，在33.7美元的价位做多一只股票，并且想把保护性止损单设在33.5美元附近，我会把价格设置得比33.5美元低几美分。人们习惯使用整数，在这些整数价位会积累很多订单。我更喜欢让自己的订单远离这些订单的密集区。

真假突破

市场大部分时间是在区间震荡而不是在趋势中。从密集交易区形成的突破大多是假突破。在价格上升还没有落回正常密集交易区时，大量的业余交易者会跟进买入。假突破会让业余交易者造成损失，但专业交易者却热爱它们。

专业人士希望价格在大多数时间内是波动的，只要不是太剧烈就行。他们会等到停止向上突破并创新高或者停止向下跌破并创新低后，猛然扑进——终结突破（逆势买卖）并且在最近的极限价附近设置保护性质的止损单，并且往往止损价位与现价隔得很近，因此他们的资金风险很小，但是在价格返回密集交易区时潜在利润巨大，风险收益比是如此诱人，以至于专业交易者即使在一半的时间内判断错误也要抢先出手。

在日线图上买入向上突破的最佳时机，是当你发现**周线图**出现新的上升趋势时。真正的突破一般伴随有巨额的**成交量**，而假突破则成交量很少。真正的突破时技术**指标**会在新的趋势方向上达到新的极限价位，而假突破则常令价格与技术指标直线出现背离。以上所述我们都将在本书之后的章节讨论。

19. 趋势与交易区间

趋势指价格持续上涨或者下跌一段时间。在一个完美的**上升趋势**中，每一次上涨的高位都会突破之前的高位，而每一次下跌都会高于之前下跌的低位。而在完美的**下跌趋势**中，每一次下跌都会击穿上一次的低位，而每一次反弹又无法高于上一次反弹的最高点。在**震荡区间**内，每一次上涨都会抵达之前的高点，而每一轮下跌也回到以前的低位。当然，完美的模式在金融市场里也没那么常见。各种各样的偏差让交易者和分析师的工作更加艰难（见图19-1）。

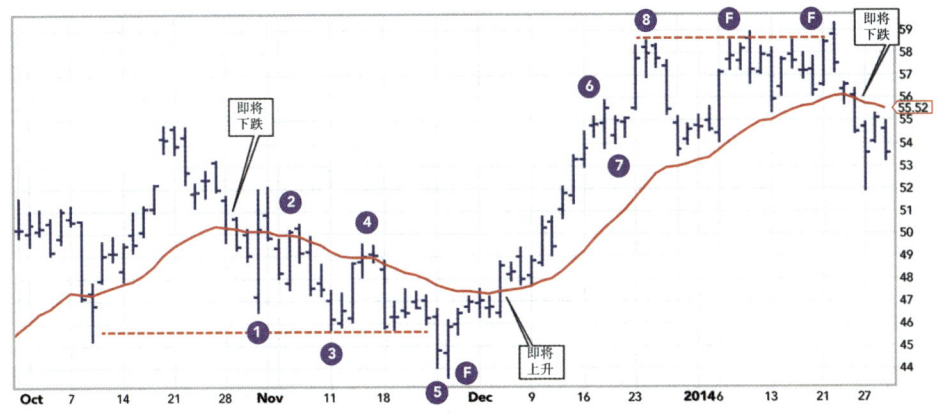

图 19-1　Facebook 日线图和 22 日指数平滑移动平均线（EMA）

资料来源：Stockcharts.com。

趋势和交易区间

上升趋势是底部和顶部都逐步抬高，下降趋势则是底部和顶部都逐级下降。在 Facebook 公司图表中间，你能看到由三个低点（第 1、3、5 点标示）和两个高点（第 2、4 点标示）组成的下降趋势。注意 22 日指数平滑移动平均线的下降趋势（我们将在第 22 节讨论）确认了价格的下降趋势。它的翻转是向上反转的信号，在价格高点第 6、8 点得到确认。

我们在前面的章节看到了假突破，这里你能再次看到它们的运动。当价格穿过了支撑或阻力线，在线外待一两天后又返回线内，标志着突破的失败，此后价格往往向反向运动，这即是假突破。在这里，向下假突破之后跟着出现了指数平滑移动平均线反转向上，出现了很强的买入信号。

到最高位第 8 点之后，我们看到了相反的模式。这里出现了两次向上的假突破。在第二次假突破之后，指数平滑移动平均线反转向下，出现了卖出信号。在图表的右边缘，价格重新拉到出现下降趋势的指数平滑移动平均线之上，这样的形态往往是做空的好机会。

即使只是粗略地扫一眼图表你也能发现，市场在大部分时间都处在震荡盘整中。趋势和震荡行情需要不同的交易技巧。当你在上升的趋势中做多或者在下降的趋势中做空时，你会因为对趋势的怀疑而损失一部分利润，此外你还得灵活运用宽松的保护性止损单，以免被迫出局。另外在震荡行情中，你必须收紧保护性止损，时刻警惕着，一旦发生行情反转的微弱迹象，立即抛售手中的仓位。

趋势和交易区间中另一个交易技巧的区别在于如何看待强势和弱势。在趋势之中你得跟着强势的一方走——在上升趋势中看多，在下降趋势中看空。当你处在交易区间中，你就得做反向操作——买入弱势的一方，卖出强势的一方。

大众心理

当趋势向上时,多方比空方更急切,他们的买单推高了价格。此时若空方成功将价格打压下来,多方又会重回市场,价格止跌回升。但如果空方远比多方激进,下降的趋势就会形成,空方会把价格持续压低,不论何时多方聚集力量让价格止跌回升,空方都大肆卖出股票,止住反弹并将价格推向新低。

当多空双方势均力敌时,价格就进入了震荡区间,如果多方推高价格,空方就卖出股票把价格打下来,一旦价格下跌,投机者冲入市场开始买进,然后当空方轧平头寸,他们的买入又将助推上涨。这样的循环会持续很长一段时间。

震荡区域就像两个实力相当的黑帮街头火拼。他们来回争夺地盘,但没人完全掌控整个城市。而趋势就像实力强的黑帮追着实力弱的一方痛打,偶尔较弱的黑帮停下来聚集力量反击随后再次被迫掉头逃走。

大众在大部分时间内都在漫无目的地乱转,这也就是为什么市场的大部分时间都处在震荡区间而不是趋势中。大众必须被煽动起来才能创造出一种趋势。但是大众不会兴奋太久,他们很快就会回到漫无目的的状态。专业者信念不坚定时倾向于相信市场处于震荡区间。

难解的右侧

趋势和震荡在图表的中部很容易认出来,但是当你接近图表的右侧时,情况就越来越模糊了。过去是确定而清晰的,但是未来却是流动而不确定的。在历史的图表中趋势很容易分辨,但不幸的是经纪商不允许我们回到过去交易——我们得对右侧做出艰难的决定。

当趋势变得完全清晰起来时,趋势中一大部分赚钱的好时光已经过去了,当市场趋势消解变为震荡时,没人会为你拉响警报铃。

许多图表的模式和技术指标会在右侧彼此矛盾。你必须在不确定的氛围中依靠概率做出决定。

许多人在处理不确定性时都会感到不舒服。当趋势未如他们所料时，他们就会死死抱住赔钱的仓位，等待市场的反转让他们回本。试图保持正确所需要的代价是不可承受的。专业交易者会很快从失败的交易中撤出。当市场和你的判断相反时，你应该毫不犹豫立刻止损。

方法和技术

你要牢记没有任何一种简单的魔法能够清晰明确地辨认出所有的趋势和震荡区域，你得将几种分析工具联合起来使用。没有方法是完美的，但是假如它们可以相互印证，传递出正确信息的概率上升。当它们彼此矛盾时，你最好还是别进行交易了。

（1）分析高点和低点的模式。当价格回升总是能达到更高的高位，而下跌总能停止在更高的低位，那就是一个上升的趋势。而更低的高位和更低的低位则意味着一个下降的趋势。而不规则的高点和低点则意味着震荡区域（见图19-1）。

（2）画一条20～30日的指数移动平均线（见第22节）。斜率的方向就显示出了趋势。如果移动平均曲线没有在月内达到一个新高或者新低，那么市场就可能处于震荡区间内。

（3）当震荡指标，比如MACD（指数平滑异同移动平均线）柱状线（见第23节）创下新高，那就预示着一个强力的趋势，表明市场上最近一次顶部要被试探或者被超过。

（4）几种市场指标，比如趋向系统（directional system，见第24节），也能帮助你判断市场趋势。趋向系统在捕捉新趋势的早期阶段尤为灵敏（见图19-2）。

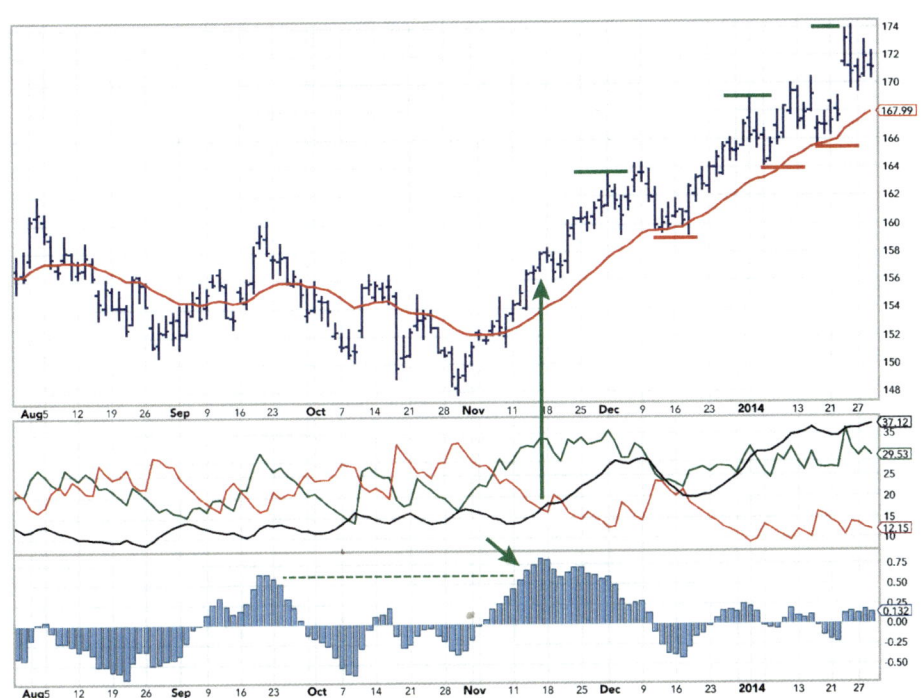

图 19-2 联合太平洋公司（UNP）日线图，22 日 EMA，趋向系统，MACD 柱状线

资料来源：Stockcharts.com。

趋势的识别

任何趋势确认的唯一标识是其高点和低点的模式。例如图 19-2 的联合太平洋公司日线图，一旦突破了震荡区间，其高点（绿色水平线标示）逐步抬高，同样的，其低点（红色水平线标示）底部也在抬高。试图画趋势线是很主观的，因为联合太平洋公司的低点不在一条直线上。

22 日指数平均线（EMA）是一条叠加在价格线上的红色线，此时平稳的抬升确认了上升趋势。注意这里，当价格快速下降到移动均线时，出现了一次极佳的买入机会（我们在第 22 节将讲到这种模式）。

趋向系统（详见第 24 节）发出新趋势开始的信号的模式是，当平均趋向指标（ADX）跌落到 20 以下后又反弹到这个水平之上，向上穿透红色趋向线

（以垂直绿色箭头标示）。MACD 柱状线（详见第 23 节）能识别非常强有力的趋势，当其上涨达到数月内的最高值（以绿色斜箭头标示），在图 19-2 的右边缘趋势是向上的，而价格略低于其前期高点。价格跌到 EMA 时很可能又是一次新的买入机会。

交易还是等待

当你已经认出一个上升趋势时，你要决定是立刻买进还是先等待一个回调。如果你快速买进，你就能跟上大盘，但是这样做不利的一面是，你的保护止损价位可能设置得很远，这就增加了你的风险。

如果你等到了一次回调再入场，你的风险可能变小，但是你的对面将出现四组竞争者：想要加仓的多方，试图打平离场的空方，还没入场的交易者（比如你自己）和那些卖得太早、现在急切地想买回来的人。回调的等候区域是相当拥挤的。而且，一个深度回调可能预示着趋势开始反转而非买入的机会。同样的理由也适用于下跌趋势中的卖空情形。

如果市场正处在震荡区间而你正在等待着突破，你得决定是在预期会突破时买入，还是在正突破的期间买入，又或者是在突破后的回调当中买入。如果你不确定，你可以分以下几个步骤买入：在突破迹象出现的时候买入三分之一，突破的时候再买入三分之一，回调时再买入三分之一。

无论你使用什么方法，一定要记住关键的风险控制的法则：你买入价格与保护性止损单的差距与你买入量的乘积不能超过你账户资产总价值的 2%（见第 50 节）。无论一笔交易多么有吸引力，如果其风险超过你账户资产总价值的 2%，那么你就应该放过这笔交易。

在处于震荡区间时，找准买入点尤其重要。你必须非常敏锐细心，因为利润空间是很有限的。而处于趋势中时，市场会原谅你草率的买入决定的，只要你买对方向。老交易者们总会开玩笑说："别把智慧和牛市弄混了。"

在趋势中和震荡区间中所需要的风险管理技巧是不同的。在趋势中进行交易时，在宽松的保护性止损单上保持较小的头寸能帮你赚钱，你在控制好风险的同时也不太可能因反向波动而出局。在震荡区间时，你得设置十分谨慎的止损策略，同时持有较大的头寸规模㊀。

不同时间周期下的指标冲突

市场同时在几种不同的时间周期下运行（见第 32 节）。它们一起运动，有时候在 10 分钟线、小时线、周线和月线的趋势上朝相反的方向运动。市场可能在一种时间周期里显示买入而在另一个时间周期里显示卖出。甚至同一只股票的技术指标在不同的时间周期里相互对立，那么你到底应当遵循哪个呢？

大多数交易者无视这样的事实：市场同一时刻在不同的时间周期下，向着不同的方向在运动。他们选择一种时间周期，比如日线或者小时线，并在这些交易线上寻找交易机会。而就在此时，别的趋势正在其他的周期里悄然形成，大肆破坏他们的计划。

同一个市场在不同时间周期下的指标冲突是市场图表分析中的困惑之一。日线图上看似形成了趋势，可能却只是平缓周线图上的一个波动。而在日线图中的相对平缓的震荡区域却可能在小时线上显示出大量的向上或者向下的趋势，如此反复。

明智的做法是这样的：在用你最喜欢的图表检验趋势前，先将图表上的时间周期提高一个尺度以验证趋势。从更高视角进行研究是三重交易系统的关键原则，这一系统我们将在后面章节中进行讨论。

当专业交易者对市场产生怀疑时，他们会以长期视角来看市场，而业余的交易者往往关注短期图表。研究时视野放得越长效果越好——而且越轻松。

㊀ 因为利润微薄。——译者注

20. 袋鼠尾

当你还以为正在运行中的趋势将会继续存在时——"砰！"——三根棒线形成了一个袋鼠尾，标志着市场猝不及防地发生了反转。袋鼠尾[1]由单根长棒线及分布其两边的普通棒线组成。长棒线从紧密交织的震荡区间中突破出来。向上指的袋鼠尾尖端是要在此时市场顶部卖出的信号，而向下指的袋鼠尾尖则是要在市场触底时买入的信号[2]（见图20-1）。

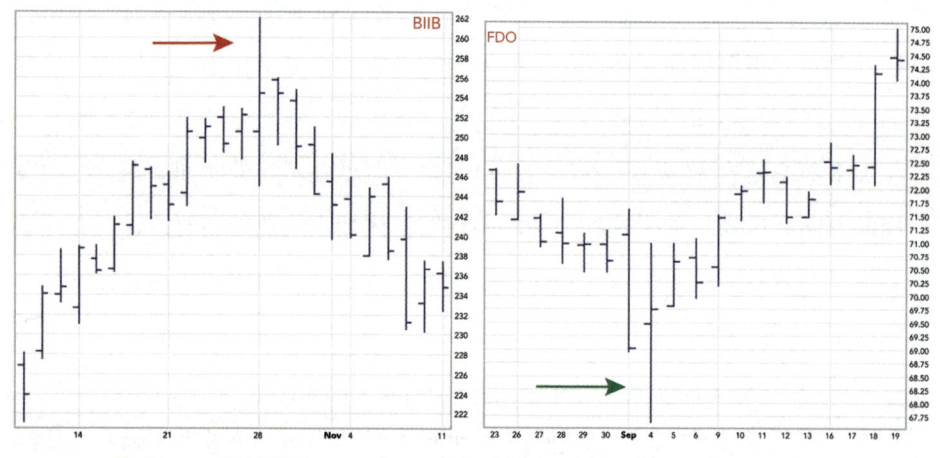

图20-1　百健艾迪公司（BIIB）和家庭美元百货（FDO）日线图
资料来源：Stockcharts.com。

袋鼠尾

百健艾迪公司（BIIB）股价在出现向上翘的袋鼠尾之时，还处于稳定的上升趋势中。当日开盘价略低于前收盘价但走出了一根很高的线柱，是平时正常高度的三倍。当股价达到创纪录高位后开始回落，收盘在接近开盘的位置。第二天线柱高度是正常的高度——这样袋鼠尾的形态就完成了，趋势也反转了。

---

[1] 我对我在莫斯科的翻译玛格丽塔·沃尔科娃（Margarita Volkova）表示感谢，是她帮我想出这个名字的。

[2] 袋鼠总是朝着其尾巴相反的方向跳跃。——译者注

家庭美元百货（FDO）股价在下跌途中，突然加速下跌，出现了一根头朝下，且高度数倍于正常水平的线柱。注意当日开盘价和收盘价都在前一日的交易范围内。这根向下刺的线柱标志着下行趋势的结束；接着的一根线柱恢复到正常的高度。接下来趋势转而向上。

图 20-1 中显示的是日线图中的袋鼠尾，你可以在所有的时间周期内找出袋鼠尾。时间周期越长，其信号就越有用：周线图里的袋鼠尾比五分钟线里的更有用。

袋鼠尾，也称"手指线"，是少数几种我认为可信的图表信号。它们很有吸引力，也很容易辨认。如果你不能确定这是不是一个真正的袋鼠尾，那你就假定它不是，因为真正的袋鼠尾是不会出错的。它们既会出现在大盘指数中，也会出现在个股、期货和其他交易品种的图表中。

市场总是在波动，寻找产生最大成交量的价位。如果价格上涨却没伴随着足够的成交量，市场很快就会反转，在更低的价格上寻找更多的交易。如果成交量在下降过程中萎缩，价格就会上涨，在更高的价位上寻找成交量。

袋鼠尾反映了这种失败的突破。

朝上的袋鼠尾反映了多方推高价格的努力失败。它们就像一队士兵，想要从敌人手里夺取一座山头，结果发现主力没有跟上来。所以他们就逃到半山腰以求保命了。而一旦丢失了山头，军队就会撤退到别处。

朝下的袋鼠尾反映了一次失败的空方突袭。空方激进地做空，打压价格——但是低价并没有吸引足够多的成交量，于是只能撤回震荡区间。在继续下跌的尝试失败之后，你觉得市场下一步会往哪儿走呢？既然低价位附近没有什么成交量，那么就上升回调吧。

当价格从袋鼠尾反弹，交易的机会再次来临。J. 彼得·史代梅尔（J. Peter Steidlmayer）数年前曾指出，从密集波动的图表中突出像手指一样的线柱对短期交易者有着重要的参考价值。袋鼠尾意味着市场拒绝了某一价格。它通常会引导趋势的反转。一旦你发现了袋鼠尾，就马上朝相反方向操作吧（见图20-2）。

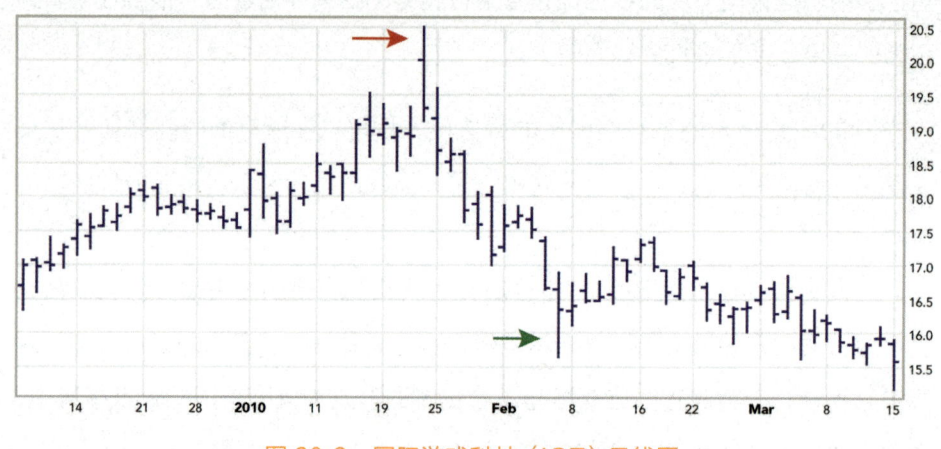

图 20-2　国际游戏科技（IGT）日线图

资料来源：Stockcharts.com。

袋鼠尾交易方式

袋鼠尾标志着牛市或熊市最后的一击。图中袋鼠尾（以红色箭头标示）是国际游戏科技（IGT）上升趋势结束的标志。注意该线柱的高度是超过正常水平的两倍，并且被两条短线柱包围。如果在第三条线柱是进行做空交易，将止损位设置在尾巴的约一半位置即可。将止损位设置在尾巴的顶部意味着承受了过多的风险。

留意向下的袋鼠尾（图中标示为绿色箭头），是向下趋势的结束，并且预示着长达一周的反弹。

一个有经验的交易者能在第三条蜡烛线结束前辨认出袋鼠尾。比如说从日线图来看，可能你会发现价格已经波动了几天，但是在下周一，股票爆发出一根很长的阳线。如果周二股票开在周一线柱的底部位置，并且没有上涨，那你就应该考虑在周二收盘之前做空股票。如果市场已经在震荡区间内持续了一周并在周三的时候收出了一根长阴线,那你就要在周四做好准备:如果交易价格在周三线柱的顶部附近小幅震荡,那就在周四收盘前大胆买入。

记住逆袋鼠尾方向操作是一种短期策略。在日线图中,这些信号往往几天之后就会消失。你要在当前的市场背景下正确评估袋鼠尾。比如当你长期看多一只股票时,一定要警惕袋鼠尾。向上的袋鼠尾意味着应该在当前的价位上兑现盈利,而向下的袋鼠尾则是一个加仓的好机会。

在市场中使用保护性止损单来防止损失和取得盈利是非常重要的。在袋鼠尾的末端设置保护性止损单会让保护性止损单太宽,承担过多风险。当你逆袋鼠尾方向交易时,将你的保护性止损单设置在袋鼠尾的中间价位。如果市场开始逼近这个价位,你就该离场了。

| 第4章 |

计算机化的技术分析

在我最初写《以交易为生》时，计算机还是个新鲜事物。我的第一台用来做技术分析的计算机是苹果2E台式机，带着一个盒状的调制解调器和两个软盘驱动器，每个软盘驱动器中装有一张300KB的软盘：一张用来存储分析程序（Computrac，第一款用来做技术分析的软件），另一张用来存储市场数据。当第一代硬盘面世的时候，市面上有2MB、5MB、10MB可供我选择（没有GB级别的可选！），10MB的容量对于任何人来说都太大了，我选了一个5MB的硬盘。技术变化多快啊！

不用计算机进行分析的交易者就像骑着自行车旅游的人一样。他的腿越来越壮而且能看到很多沿途风景，但是他的进展太慢。当你出差时，想快点到达目的地，你就得开车去。

现在，很少有人不用计算机进行交易。机器能够帮助我们更有深度地同时追踪和分析更多的市场。它们将我们从每日更新图表的烦琐工作中解放出来，让我们腾出时间去思考。计算机能让我们使用更加复杂的指标，标示出更多的交易机会。交易是有关信息的游戏。计算机能为你提供更多的信息。使用计算机分析的不利的一面是，我们无法再通过铅笔和纸质图表感受价格的物理运动。

21. 计算机在交易中的运用

计算机化的技术分析比传统的图表分析更加客观。你可能会说支撑位和阻力位只是暂时的，但你无法否认技术指标指示的方向。当然，在你辨认出某种指标的信息之后，你依然得决定你该做什么。

工具箱

当你做木工或金属加工有关的活计时，你能到五金店买到各式各样的工具来帮助你巧妙高效地工作。技术分析工具箱为处理市场数据提供了一系列电子工具。

当你决定使用计算机做技术分析时，你该首先列出一张单子，写明你想要计算机帮你实现的任务。这需要你花些功夫认真地思考，但这也要好过开始时什么都做，之后又迷惑地抓脑袋，想要找出计算机到底能为你干什么。确定你到底想跟踪哪个市场，想看哪种类型的图表，想用哪些指标。

工具箱能画出周、日以及日内的交易图表。它可以将计算机屏幕分成几个窗口描绘价格和指标。好的工具箱包含许多流行的指标，如移动平均线、通道、MACD 指标、随机指标、RSI 指标以及其他数十个（如果不是数百个的话）指标。它允许你修正所有的指标，甚至创建自己的指标。

好的工具箱能够让你比较任意两个市场并且分析它们的价差。如果你进行期权交易，你的工具箱必须包含期权定价模型。高级工具箱能够让你回测自己的交易系统。

好工具箱的另一个特征是其具有扫描股票的能力。比如说你想找出纳斯达克 100 指数成分股中，指数平滑移动平均线正在上升的股票，并且其价格与其指数平滑移动平均线指标值的差不超过该指标值的 1%。你的软件能找出这些股票吗？它允许你把一些基本面数据加入到搜索条件中去吗，比如每股收益上升？想想你到底需要哪些指标，然后问问哪些软件开发者能够满足你的要求。

各个价位都能找到好的工具箱。交易新手起步时可能会和在线服务商签订合约，获得免费的计算机工具。后续你可以升级到付费版本。这本书中的大部分图表都是用这种免费服务做出来的，如 Stockcharts.com，因为我想让你们看到即使花费很少也可以做到很多。部分人觉得这样已经足够了，但我们中的许多人会购买付费版的安装软件，这样能更多地定制化。随着软件的价格稳步下跌，你不必太过担心。你可以先买一些简单便宜的软件使用，以后再逐步升级到其他的——这只是约会，并不是婚姻。

一旦你决定要使用哪种工具包，你可能希望一些能熟练使用该软件的人来帮你安装到电脑上。这会为没有经验的用户节约大量的时间和精力。

越来越多的经纪商为他们的客户提供免费的分析软件。虽然价格合理，但它们通常有两个严格的限制。首先，出于法律原因的考虑，他们提供的软件非常难以修改；其次，只能在线使用。交易者经常问我如何把我自己的指标加入到他们的软件中，但通常得到的答案都是——你无法做到。

大多数经纪商的软件让你能够用同一款分析软件下单或者改变你的订单。这对于那些日内短线交易者来说非常方便，但对于做长线的人就没那么重要了。一定要确保你关闭了能够实时显示持仓股票盈亏的功能。时时刻刻盯着资金的增加或者减少会给你带来压力并让你分心。就像歌里唱的那样："别在交易的时间数你的钱，交易结束后有的是时间。"关注技术指标和价格，而不是盯着你的资金，思考你能用它买什么。

技术分析软件在不断得到改进，在一本书里推荐某种特定的软件是不适合的。但作为一种公共服务，我的公司 Elder.com 维护着一份简要的软件指南，我们会定期更新其中的内容并通过电子邮件发送给任何有需要的交易者。

正如在这本书前面提到的那样，大多数用于技术分析的交易软件都能分成三类：工具箱、黑箱和灰箱。工具箱是为认真的交易者准备的，黑箱是为那些还相信圣诞老人的交易者准备的,而灰箱则介于两者之间。当考虑一种新的软件包时,首先要确定这种软件到底属于哪种类型。

黑箱和灰箱

黑箱软件纯粹是一种魔法:它告诉你买卖的时间和品种,却不告诉你为什么。你把数据下载进软件然后按一个按钮,灯亮了,齿轮一响然后一条信息浮现出来告诉你该怎么做。多么神奇!

黑箱总是有令人印象深刻的盈利曲线,展示着过去的盈利能力。但每个黑箱最终都会自毁,因为市场一直在变。即使内置了自我优化功能的系统也无法生存,因为人们并不知道什么样的优化方式是我们将来需要的。没有什么可以替代人类的判断。用黑箱赚钱的唯一方式就是卖掉它,大部分的黑箱都是由骗子卖给那些缺乏安全感而又轻信别人的交易者。

每个黑箱都是注定要失败的,即使是一个诚实的开发者卖给你的。复杂的人类活动,比如交易行为,是无法自动化的。机器只能帮助却无法取代人类。

用黑箱进行交易意味着你在使用某个人的一小点智慧,而且是过去某个时点的智慧。市场总是在变化,专业者的观点也在变。但是黑箱却在不断地鼓捣出买卖指令。对于失败的交易者来说,如果不是代价如此"昂贵"的话,倒也是件有趣的事情。

灰箱基于其独特公式产生买卖指令。与黑箱不同,它公开其基本的原理并且允许你在一定程度上调整它的系数。灰箱越接近于工具箱就越好。

计算机

在线软件可以在任何一台电脑上运行,但是大多数单机软件需要Windows环境才能运行。有些交易者在Mac电脑上运行相仿的软件。也有为平板电脑开发的软件,比如专门为iPad开发的软件。

技术分析的软件往往不需要强大的处理能力，但使用最先进的机器依然是有意义的，因为这样的机器可以用许多年。

许多短线交易者喜欢使用多屏幕来获得对于市场多维度的观点，而且看重其能同时查看多个交易品种的能力。因为我喜欢旅游，我会随身带着一个小型外接屏幕来监测市场，使我在路上也能进行交易。它的尺寸和笔记本差不多大小，但要比笔记本薄很多，只有一个 USB 插口而且没有电源线。

市场数据

波段交易者或者长线交易者会在几天内或者几周内进入并退出市场，而短线交易者如果不是几分钟的话，会在几个小时内进出一次市场。收盘后的数据对长线交易者已经足够了，但是对于日内的短线交易者来说，他们需要实时数据。

当你下载每日数据用于研究时，最好包含两轮牛市和熊市的周期，或大约十年的周期。无论何时当我要研究一只股票时，我都喜欢回溯其12年的交易历史，来判断它在12年的交易范围内是便宜还是昂贵。

无论何时你想交易时，你必须知道你的优势——是什么能让你赚钱。辨认图形模式的能力就是我的一种优势，但是如果一只股票的交易历史太短，就没有模式供你辨认。这就是我避免交易新近上市（上市时间短于一年）的股票的原因。

收集和分析数据时，不要在同一时间追踪太多的市场。要关注数据的深度和质量而不是数量。首先从关注重要市场指数开始，比如道琼斯指数、纳斯达克指数以及标准普尔指数。许多专业交易者专注于相对较少的几只股票。他们了解了这些股票并且开始熟悉它们的交易模式。

你可以从关注12只股票开始。许多专业交易人员都把他们关注的股票限制在100只以内，他们每周末都复盘这些股票并且在笔记本上记下关于它们的笔记。他们可能从这个股票池中选取不超过十只看起来在下周会有一波行情的股票，然后集中精力关注它们。你可以从年度热门股票中逐渐建立自己的关注清单。再加入一小部分最有前途的行业中的股票以及一些你之前交易过的股票。像园丁打理花园一样建立你的清单：你不可能在一个季度就打理出一座漂亮的花园，但你可以通过几个季节的努力来完成这一工作。

尝试着在你自己的时区内追踪数据。当我在海外授课时，交易者们经常问我，我是否在他们国家的市场进行交易。我提醒他们说，无论何时做交易都是试图从别人的口袋中拿钱，同时别人也试图从你的口袋里拿钱。这个游戏即使在你清醒的时候也够难的了，在不同的时区进行交易风险会更大，那意味着让当地人趁你熟睡时从你的口袋里拿钱。这也就是为什么我基本上把自己的交易都限制在美国市场内。许多海外交易者抱怨说他们发现自己国家的市场太小了，问我在巨大的流动性良好的美国市场做交易情况会不会变好。答案取决于他们的时区和美国的时区相差是不是太大。比如，从欧洲做美国市场的交易就很容易。以欧洲时间来看，美国股市在下午3：30开盘，晚上10：00收盘。但是你要是从亚洲或者澳大利亚做美国市场的交易就很难。不过如果你是长线投资者并且要抓住长期趋势的话，这样做也行。

新手应该避免日内交易。日内交易要求瞬时决策的能力，如果一旦停止思考你就死定了。学着在一个稍慢的环境里做交易决策。在你考虑做日内交易前，首先要成为一个有竞争力的趋势交易者或者中长线交易者。如果你把趋势交易和日内交易做比较时，你会发现它们的区别就像玩电子游戏的一级难度和九级难度的区别一样。你在相同的迷宫奔跑，要躲开同样的怪物，但是游戏的九级难度是如此之快，你的反应几乎是下意识的。学着从一级难度开始分析市场——在成为日内的超短线交易者之前先做一个长线交易者吧。我们会在第33节"交易的时间周期"中，再次回到这个话题。

趋势交易是个很好的起点。比如说，持有某个仓位几天。挑选那些趋势很好、成交量又不错的热门股票。开始时只买上几手。一些趋势交易者的仓位只持有几天，但是用实时数据来确定入场和出场的时间，而其他的趋势交易者只使用每日收盘后的数据也能做好。

三组主要的技术指标

技术指标能够帮助你识别趋势和反转。它们比图表模式更加客观，而且能够提供空方和多方之间力量是否均衡的洞见。

一个巨大的挑战就是许多指标会相互冲突。一些指标在趋势已经形成的市场中有效，而一些指标则在波动的市场中有效。一些指标擅长抓住反转的点，而另一些指标则更擅长确定趋势的持续。这就是为什么从那么多指标中挑选出少数几个指标并将其联合使用是非常有必要的。

许多新手寻找着一颗"银色子弹"⊖——一种独一无二的神奇指标，但是市场太复杂了，根本无法用一个指标来衡量。其他人试图考察多个指标，然后取信号的平均值。这样的"考察"可能是有严重偏差的，这取决于你的指标选取。

大多数指标是基于5个相同的数据的：开盘价、最高价、最低价、收盘价和成交量。价格是最基本的，其他指标都是从中衍生出来的。用10个、20个、50个指标并不能让你的分析更深入，因为它们都是基于相同的东西。

我们可以把所有指标分成3类：趋势跟随指标、震荡指标和其他指标。趋势跟随指标在大盘上涨或者下跌时最有效，但在大盘震荡区间效果急剧下降。震荡指标在震荡区间的市场中能判断出拐点，但是在大盘趋势逐渐形成时，它给出的信号是不成熟和危险的。其他指标能够提供有关大众心理的洞

⊖ 银色子弹往往被描绘成具有驱魔功效的武器，是针对狼人等超自然怪物的特效武器。后来也被比喻为具有极端有效性的解决方法，作为撒手锏、最强杀招、王牌等的代称。——译者注

见。在使用任何指标之前，确保自己理解这些指标是测量什么用的，它的工作原理是什么。只有这样你才能对指标发出的信号充满信心。

趋势跟随指标包括移动平均线（MA）、MACD（moving average convergence-divergence，指数平滑异同移动平均线）、趋向系统、能量潮（on-balance volume）以及收集派发指标等。趋势跟随指标属于同步或者滞后指标，它们在趋势反转之后才反转。

震荡指标有助于识别反转点。它们包括 MACD 柱状线（MACD-histogram）、强力指数指标、随机指标、变化率、动能指标、相对力量指标、埃尔德射线指标（Elder-ray）、威廉指标（Williams %R）以及其他指标。震荡指标是先行指标或者同步指标，常常比 K 线先反转。

复合型指标能够提供多空双方强度的信息。它们包括新高－新低指标、看跌/认购期权比（put/call ratio）、一致看涨（bullish consensus）、交易者指数以及其他指数。它们可以是先行或者同步指标。

将不同组中的不同指标结合起来是很有用的，可以抵消各个指标的缺点同时保留它们的优点。这正是"三重滤网交易系统"的目标所在（见第39节）。

当我们开始探索技术指标时，我们最好谨慎行事。有时候它们的信号是非常明确的，有时候又很模糊。多年之前我就学会了，只有当我非常确定指标发出的信号时，我才会选择进场。如果我发现自己一直盯着图表试图理解其中的信号，那么我会翻到下一页去看另一只股票。

如果你看到一个熟悉的指标，但不理解其中的意思，最可能的原因是你试图分析的这只股票正处在混乱阶段（见第17节）。如果指标信号不明确，那就不要试图理解其中的意思，也不要求助于其他指标，而仅仅只需要把股票放在一边然后去找下一只股票。个人交易者最大的好处就是没有人逼着你交易——我们能够等待最好和最清晰的信号。

当你看到不同的指标的信号时，记住你不能把交易建立在一个单一的指标之上。我们要挑选几个我们理解并信任的指标，把它们结合到一个交易系统中。下一章我们将要考察这些指标，本书的后面我们会看到如何从这些指标中构建自己的交易系统。

22. 移动平均线

华尔街的老前辈们说移动平均线是在二战之后才引入金融市场的。二战时，高射炮手们用移动平均的方法设置大炮瞄准敌机，战后又用这种方法来计算价格。两位使用移动平均方法的早期的大师分别是理查德·唐奇安（Richard Donchian）和 J. M. 薛斯（J. M. Hurst）——两位显然都不是炮手。唐奇安是美林证券的雇员，他发明了基于移动平均线交叉的交易方法。薛斯是一位工程师，他在自己的经典著作《股票交易时机的获利法宝》（*The Profit Magic of Stock Transaction Timing*）中介绍了移动线平均的方法。

移动平均线反映了数据在时间窗口上的平均价格。一个 5 日 MA 显示了过去 5 天的平均价格，20 日 MA 则是过去 20 天的平均价格，以此类推。连接每天的 MA 值就得到了一条移动平均线。

$$简单移动平均 = \frac{P_1+P_2+\cdots+P_N}{N}$$

式中　P_N——第 N 日的价格；

　　　N——移动平均天数（由交易者自主决定）。

移动平均值的大小取决于股票的价格和时间周期的长度。假设你想要计算 1 只股票 3 天的简单移动平均值，如果在连续的三天内它的收盘价是 19，21 和 20，那么 3 天的简单移动平均收盘价就是 20（即 19+20+21 然后再除以 3）。假设在第 4 天价格收于 22，那就使得 3 天的移动平均值到达了 21——最后 3

天的平均值（即 21+20+22 再除以 3）。

有 3 种主要的移动平均方法：简单移动平均、指数移动平均和加权移动平均。简单移动平均法曾经很流行，因为在没有电脑的时代它们容易计算，唐奇安和薛斯都用这种方法。但是简单移动平均有一个致命的缺陷——每一个价格都会使得移动平均值发生两次变动。

报警两次

首先，当一个新的价格包含进来时，简单移动平均值会发生变动。这很好——我们想要我们的移动平均值反映最新的价格。但坏事情是我们去掉过去的一个价格时，移动平均值会再次变动。当一个高的价格去掉时，简单移动平均值就会变小。当一个低价格被去掉时，这个值又会上升。而这些变化和现在市场的变动的真实情况毫无关系。

想象一只股票，其价格一直在 80 ~ 90 美元之间波动，它的 10 日简单移动平均值是 85 美元，但是包含了一个 105 美元的价格。当这个高价点排除到 10 天之外的那天，移动平均值会出现跳水，就像处于下跌的趋势一样。但这种跳水和当前的趋势毫无关系。

当一个旧的数据被排除之后，简单移动平均值会发生跳跃。在较短的时间段内这种现象更加严重，但长期移动平均值不会有明显的跳跃现象。比如，如果你计算一个 10 天的移动平均值，那么每个去掉的值都占 10% 的份额，而当你计算一个 200 天的移动平均值时，每个值只占 0.5% 的比重，去掉其中的一个值并不会产生多大影响。

同时，简单移动平均值就像一个会叫两次的看门狗——当有人接近房子的时候叫一次，当有人离开的时候再叫一次。几次之后，你就不知道什么时候该相信那只狗了。这就是为什么现代计算机化的交易者更青睐指数移动平均值，我们将在这章的后文中探讨这种方法。

市场心理

每一个成交价格都是所有的市场交易者当前对股票价值达成的一致意见（见第 11 节）。然而，仅仅一个价格并不能告诉你市场会变得更牛或更熊。就像你从一张照片中没法看出一个人是乐观主义者还是悲观主义者。但是如果你每天给某个人拍照片，持续十年，把照片带到实验室，将这些组合照片排序，那就可以揭示一个人的典型特征。你可以通过每天更新这些照片来追踪这个人的情绪的趋势。

移动平均就是市场的一组摄影照片——它能把几天的价格结合起来。市场由大量的群体组成，而移动平均的斜率能够辨认出大众惯性的方向。**移动平均代表着股票价格在一段时间内平均一致的价值。**

移动平均值中最重要的信息就是其斜率的方向。当斜率上升时，表示大众正在变得乐观——倾向于看多。它的斜率下降意味着大众开始变得悲观——倾向于看空。当价格升至移动平均值之上时，大众比之前乐观；当价格降至移动平均值之下时，大众比之前更悲观。

指数移动平均

指数平滑移动平均线（以下简称 EMA）是一种更好的趋势跟随指标，因为它为最近的价格分配了更大的权重而且对价格的反应也比简单的移动平均更灵敏。同时，EMA 也不会因为去掉旧的数据而发生突变。这只"看门狗"的耳朵更灵敏，而且只有当有人靠近房子的时候才会叫。

$$EMA = P_{tod} \times K + EMA_{yest} \times (1-K)$$

式中　P_{tod}——当日收盘价；

　　EMA_{yest}——前一日指数平滑移动平均值；

　　K——$\dfrac{2}{N+1}$；

N——EMA 的时间参数（由交易者选定）。

技术分析软件允许你选择 EMA 的时间参数。相比简单 MA，EMA 有两个主要的优势。首先它为最近的交易价格分配了更大的权重。大众最近的情绪更加重要。在一个 10 日的 EMA 中，最新一个收盘价占 EMA 值比重的 18%，但是在简单的 MA 中所有的天数所占比重都一样。其次，EMA 并不像 MA 一样简单地去掉旧的数据。旧数据是逐渐消失的，就像组合摄影中前期的照片一张张慢慢隐去的感觉。

选择 EMA 的时间参数

监控 EMA 的斜率是很有益的，因为上升的斜率意味着上涨趋势，而下降的斜率意味着下跌趋势。相对较短时间周期的 EMA 对价格变化的反应很敏感。它能够很快地抓住新趋势，但也会导致很多双重损失[⊖]。双重损失是由于交易信号快速反转导致的。较长周期的 EMA 导致的双重损失比较少，但是会错过反转点后的很大一部分收益。

你可以用几种方法确定你要选择多长时间周期的 EMA 或其他的指标。如果你可以发现市场价格运行的周期的话，根据市场价格运行的周期来确定 EMA 的周期长度是再好不过了。EMA 的时间周期长度应该是主要市场周期长度的一半。如果你发现市场有 22 日为一个周期的规律，就用 11 日作为 EMA 的时间参数。如果市场周期是 34 日，就用 17 日作为 EMA 的时间参数。麻烦的是市场的周期长度总是在变化，甚至消失。

并没有一个神奇的"最佳"时间参数来计算 EMA。好的指标是稳健的——当系数有微小改变时，指标并不会有大的变化。当你想抓住长期趋势时，就用更长时间周期的 EMA。要抓大鱼就得用更坚韧的渔竿。对于想要抓住大趋势

⊖ 指开仓的同时设置止损指示。当市场变动走低，触及止损价后即转向。在此情况下，交易者将蒙受两面的损失。——译者注

的人，可能需要使用 200 日的 EMA。

　　大多数的交易者可以使用 10 日～30 日之间的 EMA。EMA 的天数一般都不短于 8 日，太短的话就违背了它们作为趋势跟随指标的目的。我喜欢 22 和 26 这两个数字，因为一个月大概有 22 个交易日，而 26 恰好是一年交易周数的一半。

　　为每个交易品种创造个性化系数的做法，只有当你关注很少几只股票或期货时才是可行的。一旦数量达到两位数，个性化的指标就会让人困惑。最好有个标准尺度，然后在同一个时间周期下，所有交易品种的 EMA 都使用相同的时间参数。

　　在寻找交易机会的时候不能改变指标的时间参数。通过改变时间参数来创造出你想看到的信号恰恰会让你的指标失去其最具价值的特征——它们的客观性。最好的做法是设定一套参数，然后一直用它们。

交易规则

　　初级交易者试图预测未来。专业交易者不做预测，他们评估空方和多方力量的相对变化，监测趋势，并管理好他们的头寸。

　　移动平均帮助我们顺着趋势进行交易。移动平均中最重要的信息是其斜率的方向（见图 22-1）。它反映了市场的惯性。当 EMA 上涨时，最好是买入。当斜率下降时，卖空则会给你带来利润。

　　（1）当 EMA 上涨时，作为多头进行市场交易。当价格下降到移动平均值附近时买入。一旦你成为多头，一定要在最近的低点下面设置保护性止损单。一旦价格接近高点时，就把保护性止损单移至盈亏平衡点。

　　（2）当 EMA 下跌时，作为空头进行市场交易，当价格回升接近移动平均值时卖出，然后在最近的高点之上设置保护性止损单，当价格下跌时，将保护性止损单下移到盈亏平衡价位。

（3）当EMA走平，只是小幅波动时，那意味着一种漫无目的、没有趋势的市场。这种情况下不要使用趋势跟随方法。

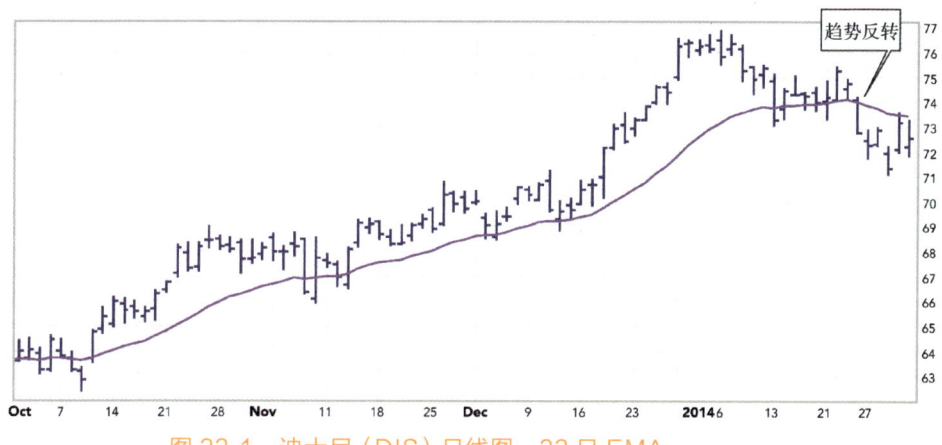

图22-1　迪士尼（DIS）日线图，22日EMA

资料来源：Stockcharts.com。

EMA

EMA的倾斜方向能帮助确定该交易品种的趋势方向，如迪士尼公司（DIS）。

老一辈交易者以前常使用短期和长期MA的交叉。这是唐奇安最喜欢方法——他是用移动平均线进行交易的开创者之一——他常用4日、9日和18日MA。交易信号是，所有三条MA的斜率同时朝向同一个方向。像许多其他交易方式一样，他的方法只有在市场处于很强的趋势时才能使用。

想通过机械方式过滤掉假突破的尝试通常会失败——过滤器减少的收益会和损失一样多。举一个过滤器的例子，制定一个规则：要求价格两次收于MA的另一侧，而不是一次；或者穿过MA达到一定的比例。机械方式的过滤器减少了损失，但是它们也丢失了移动平均最好的特性——它在趋势的初始阶段就锁定趋势的能力。

交易者必须接受这样一个事实：像其他工具一样，EMA 有它好的一面也有它不好的一面。EMA 能帮助你分辨并追随趋势，但是它们也会在震荡区间内发出很多假突破信号。我们将在"三重滤网交易系统"那一节中找到这个困境的解决之道。

移动平均的拓展

移动平均值也能用来作为**支撑位和阻力位**。上升的 MA 可以作为价格的地板，而下降的 MA 可以作为价格的天花板。所以上升时，要在 MA 附近买入；下降时，要在 MA 附近卖出。

移动平均除了用于价格上，还可以用到**其他指标**上。比如，有些交易者喜欢用 5 日移动平均成交量。当成交量低于其 5 日平均成交量时，意味着人们对这只股票当前趋势的兴趣在减弱，也就是说其趋势可能会反转。当成交量超过其移动平均量时，表明大众对这只股票的兴趣很强烈，因此确认了价格的趋势。当我们考察强力指数（第 30 节）时，我们会用到指标的移动平均值。

画简单移动平均线的正确方法是画在**滞后**于价格的时间长度一半距离的位置。比如，10 日简单移动平均值应该属于 10 天周期的中间位置，所以应该画在第 5 日或者第 6 日的位置。EMA 在最新的数据上分配了更多的权重，所以 10 日 EMA 应该画在向左移 2～3 天的位置。大多数软件都允许你设置指标线的位置。

移动平均不但可以基于收盘价计算，也可以基于**最高价和最低价的中间价**来计算。这对日内交易者十分有用。

EMA 为最新的数据分配了较大的权重，而**加权移动平均**（WMA，weighted moving average）允许你为任何一天分配任意的权重，取决于你觉得哪天更重要。WMA 太复杂了，所以交易者们最好使用 EMA。

两条 EMA 线

我无论何时分析图表，都喜欢用两条而不是一条 EMA 线。长期 EMA 显示长期价值的连续变动，而短期 EMA 显示短期市场价值的连续变动。

我用 2∶1 的比例为两个 EMA 设置参数。比如，使用 26 周和 13 周的 EMA 来分析周线图，或者 22 日和 11 日的 EMA 来分析日线图。要理解，并不存在一组特别神奇的数字。你可以随意设置这些参数，然后选一组属于自己的。记住，保持两条 EMA 之间参数的比例大致为 2∶1。想要更简单和高效，则最好在所有时间周期的走势图——周线图、日线图甚至分时图上，都用相同的一组参数（比如 26/13 或 22/11）。

因为短期 EMA 代表着短期内市场对价值的一致认同，而长期 EMA 代表着长期内市场对价值的一致认同，我相信价值就存在于这两条线之间。我将两条 EMA 之间的空间称为**价值区间**（value zone）。

移动平均和通道

通道是由两条平行于移动平均线的曲线组成的。通道上边界和下边界之间的距离有时被称为"高度"有时又被称为"宽度"，其实两种叫法都用的是同一种测量方法。

好的通道应该将过去 100 根线柱中的大概 95% 数量的线柱完全包含在内。较长周期市场的通道更宽，因为 100 周内价格的波动幅度要比 100 天的波动幅度大。剧烈波动的市场比平静的、死气沉沉的市场的通道要更宽（或者更高）。

通道在交易和追踪股票表现时非常有用。我们将在第 41 节（通道交易系统）中考察它对于交易的作用，和在第 59 节（交易日志）中考察它对追踪股票表现的作用。

价格、价值以及价值区间

市场分析有一个重要概念是——我们所有人直觉上都理解,但几乎从未说出口——价格和价值并不相同。当我们觉得股票的价格低于它的价值时我们就买进,期望价格上涨;当我们认为其价格高于其价值时,就卖空股票,期待价格下跌。

我们买入价值被低估的股票,卖出价值被高估的股票——但是如何定义价值呢?

基本面分析师会研究它的资产负债表和年报,但是这些数据完全不像它们表面看起来那样客观。公司会粉饰它们的财务数据。并不只有基本面分析师才能使用"价值"这个概念。技术分析师可以通过跟踪短期 EMA 和长期 EMA 之间的差价来定义价值。其中短期 EMA 反映短期的市场价值变动,另一个长期 EMA 反映长期的市场价值变动。价值就存在于两条移动平均曲线之间(见图 22-2)。

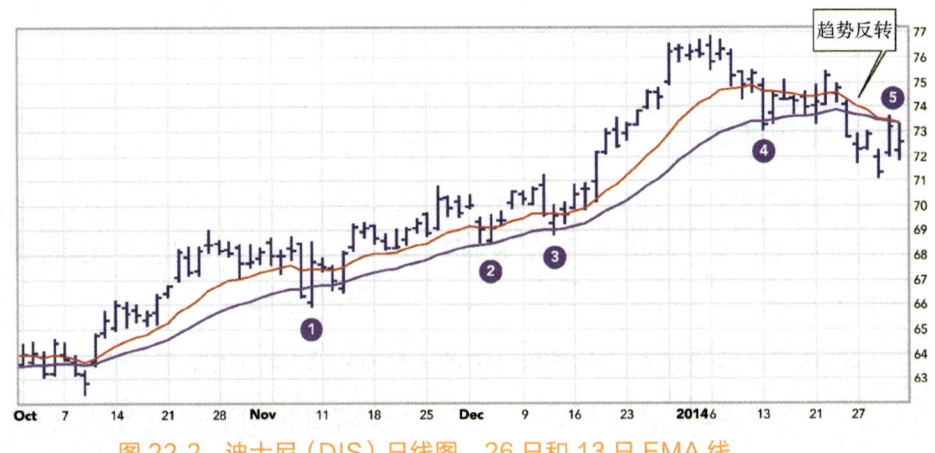

图 22-2　迪士尼(DIS)日线图,26 日和 13 日 EMA 线

资料来源:Stockcharts.com。

指数移动平均线(EMAs)和价值区间

短期移动平均(MA)是短期内对于价值的一致认同,长期移动平均反映的是长期对于价值的一致认同。价值"存在于"两条移动平均线之间的区域。选择特定的参数，使长期 EMA 线近似为短期 EMA 线的两倍。观察图表，你能立刻判断出哪一条 EMA 是长期的哪一条是短期的——快的一条线对价格线的缠绕更紧密，而慢的线移动更缓慢。慢的 EMA 线能帮助识别趋势，而快线能确定价值区间的边界。

若准备买入一只股票，当其在价值区间时买入是比较有利的，而不是在价值区域之上多花钱去买。类似地，若是做空，待其反弹进入价值区域时再建立空头头寸，而不是在价格崩溃时卖空。

在图中上升区域之中时，你能看到有回落到价值区域，在标识为 1、2、3 和 4 点的区域附近有诱人的买入机会。慢 EMA 反转向下标志着上升趋势的结束。在图 22-2 右边缘，趋势是向下的，此时拉升到价值区域（5 点的区域）是做空的好时机。

非常重要的一点是：仅仅使用单一的指标或者一对移动平均指标是没法进行成功的交易的。市场是如此复杂，你不可能用一个单一的工具从其中赚钱。我们需要用多个指标来建立一个交易体系，并用多个时间周期来分析市场。当我们在不同指标之间查看时，一定要记住一点——它们都是我们交易体系大厦的一砖一瓦，我们会在后面的章节中回到这个话题。

记住这点能帮助你成为一个理智的交易者。一旦你懂得了如何定义价值，你就能低买高卖了。当我们在第 41 节（通道交易系统）仔细介绍价格通道，或者说包络线时，我们会回过头来继续寻找市场低估和高估时的交易机会。

23. 指数平滑异同移动平均线：MACD 线和 MACD 柱状线

移动平均能帮助我们识别趋势和反转。杰拉德·阿佩尔（Gerald Appel）是一位纽约的分析师和基金经理，他发明了一种更高级的指标——指数平滑异同移动平均线（moving average convergence-divergence，MACD）。MACD 是以三个指数移动平均值为基础，以两条曲线的形式出现在图表中，其两条线的交叉点，是一种交易信号。

如何画出 MACD

最初的 MACD 指标由两条线组成：一条实线（叫作 MACD 线）和一条虚线（叫作信号线）。MACD 线由两个指数移动平均（EMA）计算而来，其对价格的反应相对较快。信号线是以 MACD 线为基础，通过对 MACD 线以 EMA 的方式进行运算，实现对 MACD 线的平滑，其对价格变动的反应相对较慢。在阿佩尔最初的体系中，较快的 MACD 线穿过较慢的信号线上升或者下降，为买入或者卖出的信号。

大多数技术分析软件都提供 MACD 指标。手工做出 MACD 指标的步骤如下：

（1）计算 12 日收盘价的 EMA；

（2）计算 26 日收盘价的 EMA；

（3）用 12 日收盘价的 EMA 减去 26 日收盘价的 EMA，将其差值画成一条实线，这就是较快的 MACD 线；

（4）计算这条实线的 9 日 EMA，将其结果画成一条虚线，这就是较慢的信号线。

市场心理

每一个价格都反映了所有的市场参与者那一刻对股票价值的共识。移动平均值反映了一段时间内的市场价值共识的平均水平——它像是所有的市场参与者共识的连环照。较长的移动平均反映的是较长时间周期内市场价值共识的平均水平，而较短的移动平均则反映了较短时间周期内市场价值共识的平均水平。

MACD 线和信号线的交点表明了市场中空方和多方实力变换的平衡点。较快的 MACD 线反映的是短期内大众的心理变化，而较慢的信号线则反映了大众心理在较长期的变化。当较快的 MACD 线上升超过信号线时，表示多方主导了市场，这时候最好做多方；当较快的线落到较慢的信号线下面时，表示空方主导了市场，做空方比较有利。

MACD 的交易规则

MACD 线和信号线的交叉意味着市场趋势发生了变化。顺势的方向是沿着交叉的方向进行交易。这个方法产生的假突破比基于简单移动平均的方法产生假突破要少很多。

（1）当较快的 MACD 线穿越到较慢的信号线上方时，为买入信号。这时候要买多，然后在近期的次低点位置设置一个保护性止损单（见图 23-1）。

图 23-1　巴里克黄金（ABX）周线图，26 周和 13 周 EMA 线，12-26-9MACD 线

资料来源：Stockcharts.com。

MACD 线

巴里克黄金（ABX）——全美最大市值的上市黄金公司，被黄金市场熊市拖累，2012 年和 2013 年股价连续下跌。注意图中的卖出信号，即当快速线穿越到慢速线下面，图中以红色垂直箭头标识。该信号一年多以后才反转，即快速线穿越到慢速线上方，图中以绿色垂直箭头标识。

注意该图表中其他几个形态。当 ABX 股价下跌到历史低点——图中 B 点，MACD 线没有去确认：没有跌到新低而是走出了个双底。于是新低 B 点变成了向下假突破，是牛市来临的信号。在 C 点，空头试图最后一次把 ABX 股价压低，也没得到 MACD 线的确认，该线维持了稳定的上升趋势。在图表的右边缘，MACD 线达到了上行运动的新高点，表现很强劲。两条 EMA 线都在上行，确认了牛市的趋势。

（2）当较快的 MACD 线穿越到较慢的信号线下方时，为卖出信号。这时候要卖空，然后在近期的次高位位置设置一个保护性止损单。

ABX 的底部 A、B、C 可以看成是反转的头肩顶的底部。我们的技术指标比传统图表分析包含更多更客观的信息。

MACD 的拓展

老练的交易者往往会用自己的参数来定制自己独特的 MACD，而不是使用标准的（12、26、9）为参数。但一定要警惕，不要过于频繁地优化你的 MACD。如果你反复调整 MACD，总能得到你想要的任何信号。

对于那些软件中不包含 MACD 指标的交易者，他们可以用一种**快捷但不十分完美**的方法来做出 MACD 图。一些软件工具包允许你画出两条 EMA。在这种情况下，你可以利用两条 EMA 线，比如 12 日和 26 日 EMA 来近似替代 MACD 线和信号线。

MACD 柱状线

相比原始的 MACD 线，MACD 柱状线能够提供更深刻的关于多空力量均衡的信息。它不仅能分辨出哪种力量处于主导地位，而且能够分辨其力量是在逐渐增强还是在减弱。MACD 柱状线是技术分析师最好用的工具之一。

MACD 柱状线 =MACD 线 – 信号线

MACD 柱状线测量的是 MACD 线和信号线之间的差值。它将差值画为一根根柱状线——为一系列垂直的线条。它们的长度可能很短，但电脑可以重新调整其尺寸以在屏幕中较好地显现（见图 23-2）。

图 23-2　道琼斯工业平均指数（DJIA）日线图，26 日和 13 日 EMA 线，12-26-9MACD 线

资料来源：Stockcharts.com。

MACD 柱状线

当两条 MACD 线交叉时，由两线衍生而出的 MACD 柱状线会穿过 0 线。你能在图中看到 MACD 线指示的买入和卖出信号（图中标识为绿色和红色箭头）。这些信号通常是滞后的，而 MACD 柱状线能给出很好的信号。我们在本节后面部分会提及，但现在我们先看一个例子。

比较道琼斯指数的低点 D 和 F，指数的第二个底部只是稍稍更低（事实形成了一个向下假突破），但同时第二个底部附近的 MACD 柱状线比前一个底部的 MACD 柱状线高多了，说明空头已经很虚弱，很可能会发生向上的反转。

如果较快的 MACD 线走到了较慢的信号线之上时，柱状线为正值，画在 0 线以上。如果快线在慢线以下，柱状线就是负值，画在 0 线以下。当两条线相交时，柱状线为 0。

当 MACD 线和信号线的差值扩大时，柱状线会同时变得更高或更深，方向取决于它的正负。当两条线逐渐接近时，柱状线的长度会变短。

MACD 柱状线的斜率取决于相邻的两根柱状线之间的高低关系。如果后面一根柱状线比较高（就像字母"m-M"的高度关系一样），MACD 柱状线就是向上倾斜的。如果后面一根柱线图比较低（就像字母"P-p"的深度关系一样），MACD 柱状线就是向下倾斜的。

市场心理

MACD 柱状线揭示了市场长期价值和短期价值之间的差异。较快的 MACD 线反映的是短期内市场对价值的共识，而较慢的信号线反映的是长期市场对价值的共识。MACD 柱状线对两者之间的差异进行了跟踪。

MACD 柱状线的斜率方向揭示了市场中的主导力量。向上倾斜的 MACD 柱状线表示多方的力量在增强，而向下倾斜的 MACD 柱状线则意味着空方的力量在增强。

当较快的 MACD 线上升得比较慢的信号线快时，MACD 柱状线会上升。说明多方的力量比之前更强——这是做多的好时机。当较快的 MACD 线下降得比较慢的信号线快时，MACD 柱状线会下降，说明空方的力量在增强——这是做空的好时机。

当 MACD 柱状线的斜率方向和价格的变动同向时，趋势就是稳定的。当 MACD 柱状线的斜率方向与价格的变动方向相反时，趋势的稳定程度就值得怀疑了。

MACD 柱状线的斜率方向比柱状线的正负重要得多。最好是根据 MACD 柱状线的斜率方向来进行交易，因为它能告诉你在空方和多方中，到底是谁在主导市场。最好的买入信号是当 MACD 柱状线低于 0 值，而它的斜率方向是朝上的，表明空方的力量已经是强弩之末了；最好的卖出信号发生在 MACD 柱状线高于 0 值，而它的斜率方向是朝下的，表明多方已经耗尽了最后的力量。

交易规则

MACD 柱状线能够发出两种交易信号。一种是普通信号，发生在每一根价格蜡烛线上；另一种信号很稀有——在一只股票的日线图上一年里可能只会出现几次，但是是非常强烈的信号。这种信号在周线图上更少见，但在日内图表中出现得相对比较频繁。

普通信号是 MACD 柱状线的斜率。当最新的 MACD 柱状线高于前一根 MACD 柱状线时，斜率为正，表示多方控制着市场，是买多的时机；当最新的 MACD 柱状线低于前一根 MACD 柱状线时，斜率为负，表示空方控制着市场，是卖空的时机；当价格向一个方向走，而 MACD 柱状线的倾斜方向相反时，表明主导的力量正在失去热情，趋势没有看起来那么强势了。

（1）当 MACD 柱状线停止下跌开始上升时就买多，在近期的次低点下方设置保护性止损单；

（2）当 MACD 柱状线停止上升开始下跌时就卖空，在近期的次高点上方设置保护性止损单。

MACD柱状线在日线图中频繁地上升下降，所以每次转向都进行交易是不切实际的。在周线图上MACD柱状线斜率的变动更有意义。这也是这个指标被纳入三重滤网交易系统（见第39节）的原因。将指数移动平均和MACD柱状线结合起来使用能帮你创造出"动力系统"，在第40节会详细介绍这一系统。

什么时候预期市场探出新高或新低

如果日线的MACD柱状线创出了三个月内的新高，说明多方的力量很强，价格还可以再创新高。如果日线的MACD柱状线创出了三个月内的新低，说明空方力量很强，价格可能会再次试探甚至突破之前的低点。

如果在价格上升的过程中，MACD柱状线创出新高，说明上升的趋势是健康的，可以预期市场会继续上涨，再次试探甚至超过之前的高点；如果在价格下降的过程中，MACD柱状线创出新低，说明空方力量很强，价格可能会再次试探甚至突破之前的低点。

MACD柱状线就像汽车的车头灯一样——能让你看清前面的道路。需要提醒的是，虽然MACD柱状线不能照亮你回家的全部的路，但足以让你以适当的速度安全行驶了。

MACD柱状线的拓展

MACD柱状线在各时间周期内都能用：周线、日线及日内数据。较长时间周期的MACD发出的信号，价格的变动更大。比如说，相比日线或日内MACD柱状线，周线MACD柱状线发出的信号预示着价格变动幅度更大。这个原则适用于任何技术指标。

当你在周线图上使用MACD线和MACD柱状线时，不必等到周五再去寻找信号。趋势可能在周中就已经发生了反转——市场可不会去盯着日历。因此，最好每天都去做周线的研究。我用软件以传统方法从周一到周五，做周线图。但会存在扭曲，因为最近一根蜡烛线反映的是从本周周一开始的交易。在周一闭市之后，我最新一根周蜡烛线和周一的日蜡烛线是一模一样的。而周二的周蜡烛线则反映两个交易日的情况，以此类推。因此，周一时，我会把最新的周蜡烛线的可信度打一个大大的折扣，但到周二时，我会增加一点点对该最新周蜡烛线的信任度。

背离

背离是技术分析中最强有力的指标之一。在这一节中我们将关注MACD柱状线，但背离这个概念可运用于其他许多指标。

MACD柱状线和价格出现背离的情形并不常见，但是它们却传达出了某些最强有力的信号。它们往往标志着重要的转折点。它们并不一定会出现在每个重要的顶部或底部，但是一旦你看到一个，你就知道一次大的反转可能即将到来。

底背离发生在下降趋势的终止阶段——它标志着市场底部。经典的底背离发生在价格和震荡指标都创出新低，开始回升，接着震荡指标穿过零点，接着价格和震荡指标又再次下降。这一次，价格跌到新的低点，但是震荡指标的底部则比前一次下跌的底部高。这样的背离经常发生在猛烈的上涨之前（见图23-3）。

现在我展示给你们的道琼斯平均指数（DJIA）的周线图和其周线MACD柱状线，是一个完美的背离的案例。你值得将其订在桌子旁边的墙上，时常看它一眼。你不会总是得到这样完美的图形，但是你看得越仔细，它就越可靠。

要注意，两个底部之间有一个**穿越回0值线的部分**是真正的背离所必须具备的因素。在第二次探底之前，MACD柱状线必须穿越回0值线。如果没有与 0 值线的交点，那就不是真正的背离。

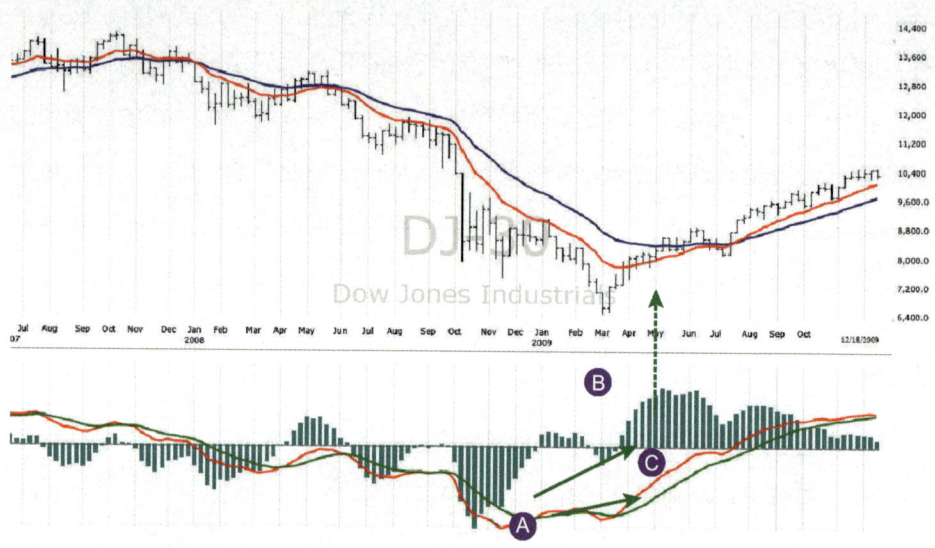

图 23-3　道琼斯工业平均指数（DJIA）周线图，26 日和 13 日 EMA 线，12-26-9MACD 线和柱状线

资料来源：《未选择的路：背离交易》（*Two Roads Diverged: Trading Divergences*），由 TC2000 软件绘制。

底背离

这里你看到的背离信号标志的是 2007～2009 年期间熊市的底部。这个背离信号在低点附近给出了非常强烈的买入信号。在 A 区域，当时雷曼兄弟破产了，一浪接一浪的卖出冲击着市场，道琼斯指数像自由落体一样下跌。MACD 线柱图创出历史新低，说明空头极端强大，A 区域的底部价格很可能会被重新试探甚至突破。在 B 区域，MACD 线柱图反弹到 0 值线之上，"打破了这个熊市"。要注意这个短暂的反弹触及到了两条移动平均线之间的"价值区间"——这是熊市反弹时一个比较常见的目标。在区域 C，道琼斯指数滑向了一个新的熊市低点，但 MACD 柱状线的底部则浅得多。而之后的回升，完成了一次底背离，这是非常强烈的买入信号。

另一个关键点是，当 MACD 柱状线**从第二个底部开始反转时，它就发出了买多的信号**。它不必再次穿过 0 值线，在 MACD 柱状线低于 0 时，只要停止下降，负值开始缩小，就是买多信号了。

在图 23-3 中，MACD 线在底部 A 和底部 C 之间，出现第二次的底部比第一次要浅，MACD 线也出现了底市背离形态，于是 MACD 柱状线的背离就得到了增强。这样形态的 MACD 线是很少见的。它们预示之后的上涨可能会非常剧烈。虽然我们不能称其为真正的背离，因为 MACD 线并没有 0 值（没有返回 0 值之上的阶段）。在 2009 年出现的那波回升直到第一次正式回调之前持续上涨了一年时间。

同样地，我们不能把底部 C 之后的较低的顶部称为背离。较低的顶部反映了随着时间的流逝，上涨的趋势在减弱。但要称其为背离，MACD 柱状线必须两次穿过 0 值线。

顶背离发生在上涨趋势中——意味着市场的顶部。经典的顶背离发生在价格创出新高后回落的时候，同时震荡指标落到 0 值以下。价格逐渐平稳，然后上升到新高，但是震荡指标仅上升到比之前的峰值要低的高点。这样的顶背离通常预示着剧烈的下跌。

顶背离显示出多方的能量在耗尽，价格还在惯性上涨，但空方已经准备入场接手。有效的背离很容易被看出来——它们就像从图表中跳到你眼前一样。如果你需要用尺子来量一量看这是不是一个背离，那么你可以假定它不是（见图 23-4）。

前面的图展示的是在 2009 年市场底部时一个显著的底背离。现在为了看到一个同样显著的顶背离，让我们把时间调回到 2007 年牛市正处在顶部的时候。

要注意指标两个顶部之间的**对 0 值线的突破**，是真正背离所必需的因素。MACD 柱状线在达到第二个顶点之前，必须低于 0 点。

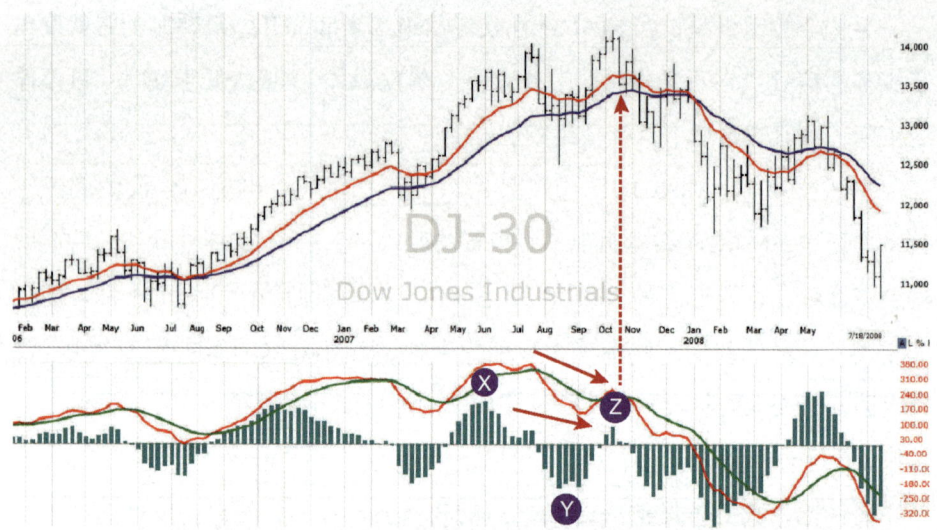

图 23-4　道琼斯工业平均指数（DJIA）周线图，26 日和 13 日 EMA 线，12-26-9MACD 线和柱状线

资料来源：《未选择的路：背离交易》（*Two Roads Diverged: Trading Divergences*），由 TC2000 软件绘制。

顶背离

在 X 区域，道琼斯指数和其 MACD 柱状线同时上升到牛市的新高点，说明多头的力量十分强大。这意味着未来很有可能会再次试探甚至突破顶部 X 点的价格。注意，MACD 柱状线的 X 部分，其形态很复杂，但并不是一个背离，因为它的中间部分并未沉到 0 值线之下去。

在 Y 区域，MACD 柱状线跌落到 0 值线之下了，"打破了这个牛市"。要注意，价格穿透到了两条移动均线之间的"价值区间"的下方。这是牛市中断时一个相当普遍的信号。同样要注意到在底部 Y 处，有一个"袋鼠尾"。在 Z 区域，道琼斯指数上升到一个牛市新高，但 MACD 柱状线的上升有点缺乏活力，反映出牛市的虚弱。在峰值 C 处开始的跳水，完成了顶背离，给出了强烈的卖出信号，预示着近 30 年最严酷的一个熊市。

另一个关键点是，当 MACD 柱状线**从第二个顶点开始下降时，就已经是卖空的信号**了。我们不必等到它再次穿越 0 值。虽然 MACD 柱状线仍然高于零点，只要停止上涨，并且新柱线长度比之前的柱线长度更短时，就发出了卖空信号了。

在图 23-4 中，当 MACD 线在顶点 X 和顶点 Z 出现顶背离形态时——MACD 线第二次的顶部比第一次要浅，图中的顶背离信号得到了加强。这种形态的 MACD 线告诉我们，将要来临的下降趋势会格外剧烈。

"无右肩"背离（"missing right shoulder" divergences）是指，当第二次探新高时 MACD 柱状线还没有穿过 0 值。这种情况很罕见，但是是非常强烈的信号。有经验的交易者可以找到这些信号，但这对新手来说太难了。这在一本叫作《未选择的路：背离交易》（*Two Roads Diverged: Trading Divergences*）的电子书中有详细的描述和说明。

克里·洛沃恩做了大量的研究发现，最有交易价值的背离发生在 MACD 柱状线的两个顶部或者底部之间相隔 20 到 40 根柱状线时——而且越接近 20 根柱状线越好。也就是说，两个顶部或者底部之间不能相隔太远。克里还发现当第二个顶部或者底部的长度不超过第一个顶部或者底部的一半时，是最好的信号。

三重底或顶背离由三组价格和震荡指标的底部或者三组价格和震荡指标的顶部组成。它们比普通的背离更加强烈。要产生三重背离，普通的底背离或者顶背离首先要出现失效。这也是需要做好审慎的资金管理的又一个理由！如果你在假突破时只损失了一小部分钱，那你能保持充足的资金和良好的心态再次入场交易。震荡指标第三次探顶或者探底一定比第一次浅，但并不一定要比第二次浅。

巴斯克维尔的猎犬

这个信号产生在，当可信赖的图表或者指标的模式出现，但价格并没有走向你期望的方向时。比如，当背离模式出现，显示上升的趋势可能要结束了，但是价格却还在持续上涨，这种情形称为"巴斯克维尔的猎犬"。

这个名字源于柯南·道尔爵士的一个故事。在这个故事里福尔摩斯被叫到一座乡间别墅里去调查一桩谋杀案。他发现的关键线索是：他意识到当谋杀案发生时，家里的狗并没有叫。这意味着那条狗认识罪犯，所以谋杀犯就是内鬼。之所以能发现这一线索是因为预期的应该发生的现象并没有发生——狗没有叫！

当市场对一个完美的信号无动于衷时，那就是"巴斯克维尔的猎犬"的信号。这就表示在表象之下有更基础的东西在发生变化。这时候要做好准备，迎接一波新的大趋势。

我并不是抛物线止损指标（stop and reverse）的拥趸，但"巴斯克维尔的猎犬"是个例外。在某些罕见的场合中，当熊市背离失效时，我会做多。同样，在牛市背离失效的罕见机会里，我会卖空。

24. 趋向系统

趋向系统是一种趋势跟随的方法，由威尔斯·威尔德（J. Welles Wilder, Jr.），在 20 世纪 70 年代中期提出，又经过其他几位分析师的改进。它能指明趋势，并显示什么时候趋势的运动值得去追逐。它能帮助交易者在大趋势的主体部分获利。

如何构建趋向系统

趋向运动可以定义为，今天价格波动区间超出前一天波动区间的比例。趋向系统能够检查出今天的波动区间是高于还是低于前一日的区间，然后将一段时间区间内的数据进行平均。这些复杂的运算最好在计算机上进行。大多数分析软件中都包含趋向系统。

（1）确定"**趋向运动**"（directional movement，DM）：比较今天和昨天交易价格波动区间。趋向运动是今天的交易波动区间超过昨天交易波动区间的最大值。有四种类型的趋向运动（见图24-1）。趋向运动总是正数（+DM和−DM仅仅表示今天的波动区间是高于还是低于昨天的区间）。

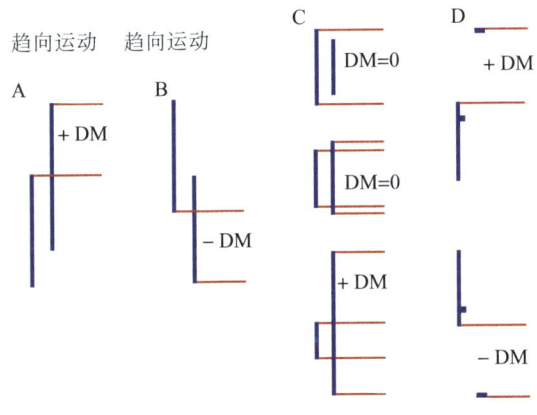

图24-1　趋向运动

趋向运动是当日交易区间超过前一日交易区间的最大值。

1. 如果当日的交易区间延伸高于前一日区间，趋向运动为正（+DM）。

2. 如果当日的交易区间延伸低于前一日区间，趋向运动为负（−DM）。

3. 如果当日交易区间被包含在前一日区间之内，或者包含前一日区间但延伸高于和低于前一日区间的幅度相等，此时没有趋向运动（DM=0）。如果当日区间包含前一日区间但延伸高于和低于前一日区间的幅度不相等，视哪一部分幅度更大，决定DM为正或负。

4. 在涨停日，+DM为当日收盘价与前一日高点之间的距离。在跌停日，−DM为当日收盘价与前一日低点之间的距离。

（2）确定市场的"**真实波幅**"（true range，TR）。TR总是正值，它是以下三者中的最大值：

a. 今天价格最高价与最低价之间的差值

b. 今天价格最高价与昨天收盘价的差值

c. 今天价格最低价与昨天收盘价的差值

（3）计算每日"**趋向指数**"（directional indicators，+DI 和 −DI）。通过计算 DM 占 TR 的百分比——从而可以比较各个不同市场的趋向指数大小。每个 DI 都是正值：当市场在某天没有向上的趋向运动时，+DI 等于零；当某天市场没有向下的趋向运动时，−DI 等于零。

$$+DI = \frac{+DM}{TR} \qquad -DI = \frac{-DM}{TR}$$

（4）计算"**平滑趋向线**"（smoothed directional indicators，$+DI_{13}$ 和 $-DI_{13}$），通过移动平均来平滑 +DI 和 −DI。大多数软件包能够让你随意选择需要平滑的时间段，比如 13 日的移动平均。你能得到两条指标线：正的和负的平滑趋向线，$+DI_{13}$ 和 $-DI_{13}$。两者的数值都是正值，一般用不同的颜色标注。

正平滑趋向线和负平滑趋向线的关系能够确定趋势。当 $+DI_{13}$ 在上面时表示趋势是向上的，当 $-DI_{13}$ 在上面时，就说明趋势是向下的。$+DI_{13}$ 和 $-DI_{13}$ 的交点就释放出了买入或者卖出的信号。

（5）计算"**平均趋向指标**"（average directional indicator，ADX）。这个指标是趋向系统独特的组成部分，它能显示什么时候趋势是值得我们参与的。ADX 测量了 $+DI_{13}$ 和 $-DI_{13}$ 之间的价差。由以下两步进行计算得到。

a. 计算**日线趋向指标** DX：

$$DX = \frac{(+DI_{13}) - (-DI_{13})}{(+DI_{13}) + (-DI_{13})} \times 100$$

举个例子，若 $+DI_{13}=34$，$-DI_{13}=18$，那么

$$DX = \frac{34-18}{34+18} \times 100 = 30.77（约为 31）$$

b. 通过移动平均来平滑 DX，计算得到平均趋向指标 ADX。例如可以通

过 13 日 EMA 来进行平滑。

在趋势持续的区间，如果两条平滑趋向线之间的差值增大，ADX 则会上升；当趋势反转或者市场进入了震荡区间时，ADX 则会下降。在 ADX 值上升时，最好只用趋势跟随指标。

群体行为

通过测量多空双方使今天价格波动区间超出昨天的程度，趋向系统能够跟踪群体看多和看空的变化。如果今天比昨天的高点要高，那么市场群体对市场的情绪更趋向于乐观。如果今天比昨天的低点更低，则表示市场群体的情绪更趋向于悲观。

通过趋向线的相对位置能够识别出趋势。当 $+DI_{13}$ 在 $-DI_{13}$ 之上时，表示多方力量主导市场。当 $-DI_{13}$ 升高超过 $+DI_{13}$ 时，表示交易者中，空方力量更强。根据较高的趋势线判断多空主导力量的方式进行交易比较有利。

当两条趋向线的距离增大时，ADX 会增大，表示市场的主导力量——比如上涨牛市中的多头——正在变强，而较弱的一方在变弱，所以趋势很可能会持续。

当两条趋向线的距离变窄时，ADX 会下跌，表示市场的主导力量正在变弱，而之前较弱的一方正在变强。这说明市场将要反转，因此最好不要使用趋势跟随工具进行交易。

交易规则

（1）当 $+DI_{13}$ 高于 $-DI_{13}$ 时，做多头；当 $-DI_{13}$ 高于 $+DI_{13}$ 时，做空头。同时，ADX 上升的时候是最佳的交易时机，表示主导力量正在增强。

（2）当 ADX 下降时，表示市场的趋势正在减弱。这时可能产生很多假突破。当 ADX 下降时，最好不要用趋势跟随指标。

（3）当ADX降到两条趋向线之下时，表示市场是平静、死气沉沉的。此时不要用趋势跟随系统交易。但要做好交易的准备，因为这是暴风雨之前的平静，大趋势将会从这种平静中出现。

（4）当ADX落到两条趋向线之下时，则出现了趋向系统的最佳信号。它在此区域待得越久，那么下一次趋势的基础就越强。当ADX从两条趋向线下方开始回升时，意味着市场从平静中觉醒了。当ADX从趋向线下方的低点上升了4步（比如从9到13），这就是一个新趋势的号角（见图24-2）。那表示新的牛市或者熊市正在形成，到底是熊市还是牛市取决于在上面的是哪条趋向线。

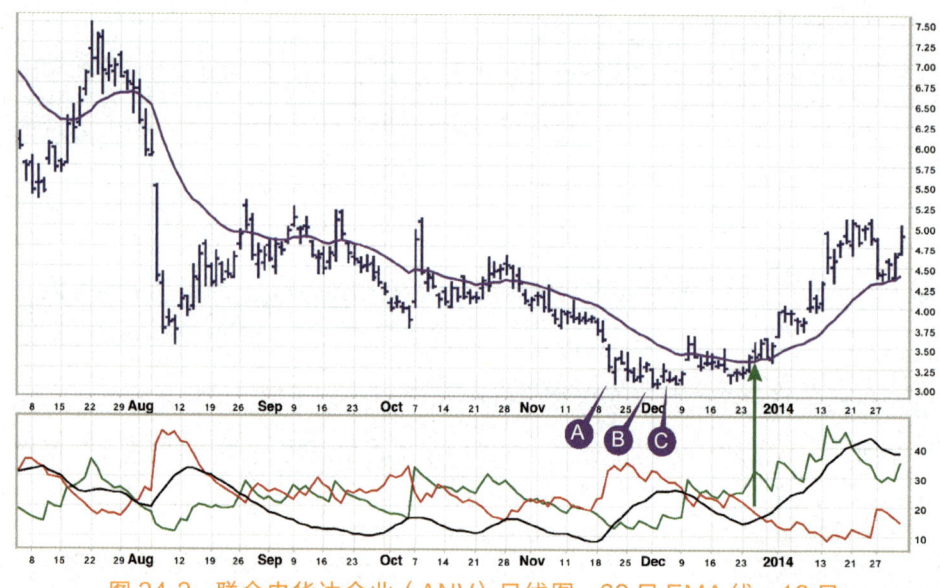

图24-2　联合内华达金业（ANV）日线图，22日EMA线，13日趋向系统

资料来源：Stockcharts.com。

趋向系统

在强劲和虚弱之间摇摆是市场典型的特征。强势股票变弱时弱势股票会变强，然后它们的角色又重新转换。黄金和白银股票是2013年表现最弱的两个行业，但在 12 月时它们开始筑底。联合内华达金业（ANV）是那时候我开始买入的几只股票之一。

低位 A 点的价格是 3.07 美元，股价在 B 点跌到 3.01 美元后开始反弹，形成一个向下假突破。股价在 C 点跌到 3.08 美元，重新试探了支撑位——股价从此处开始启动了，EMA 转头向上。趋势系统在图中绿色垂直箭头所示位置发出了买入信号：绿色牛市趋向线在红色熊市趋向线之上，同时 ADX 穿透到红线上方。

你或许发现了图中字母区域也发现了类似的做空信号，但一名严谨的交易者不会对每个见到的信号都去交易：在 3 美元价格附近做空一只从 45 美元掉下来的股票，意味着去追已经严重老化的趋势。在右边缘附近，你能看到价格回落到价值区间，提供了很好的多头加仓时机。

（5）当 ADX 回升超过两条趋向线时，表示市场过热了。当 ADX 从高于两条趋向线的地方掉头向下，表示主要的趋势受到了阻碍，这正是趋势交易兑现利润的好时机。如果你是重仓的话，一定要先兑现一部分利润。

市场指标既会给你一些硬指标，也会给一些软指标。例如，移动平均值改变方向就是一个硬指标，而 ADX 的下跌就是一个软指标。一旦你看到 ADX 下降，此时要加仓就应该非常小心。应该先兑现盈利，减轻仓位，然后再寻找出场的机会。

平均真实波幅——来自波动率的帮助

平均真实波幅（ATR）是真实波幅（TR，在"如何构建趋势系统"一节提及过）在某一时间段内的平均值，常用的为 13 日均值。因为波动率是交易的重要指标，你可以通过画出一系列高于或者低于 EMA 线的 ATR 线来追踪波动率的变化。它能够将当前的波动率可视化，你也可以根据它来做决定。

克里·洛沃恩喜欢在 EMA 线附近画三组线：在高于和低于 EMA 线 1 倍、2 倍和 3 倍 ATR 的位置。它们能用于设定入场点、保护性止损位和盈利目标（见图 24-3）。

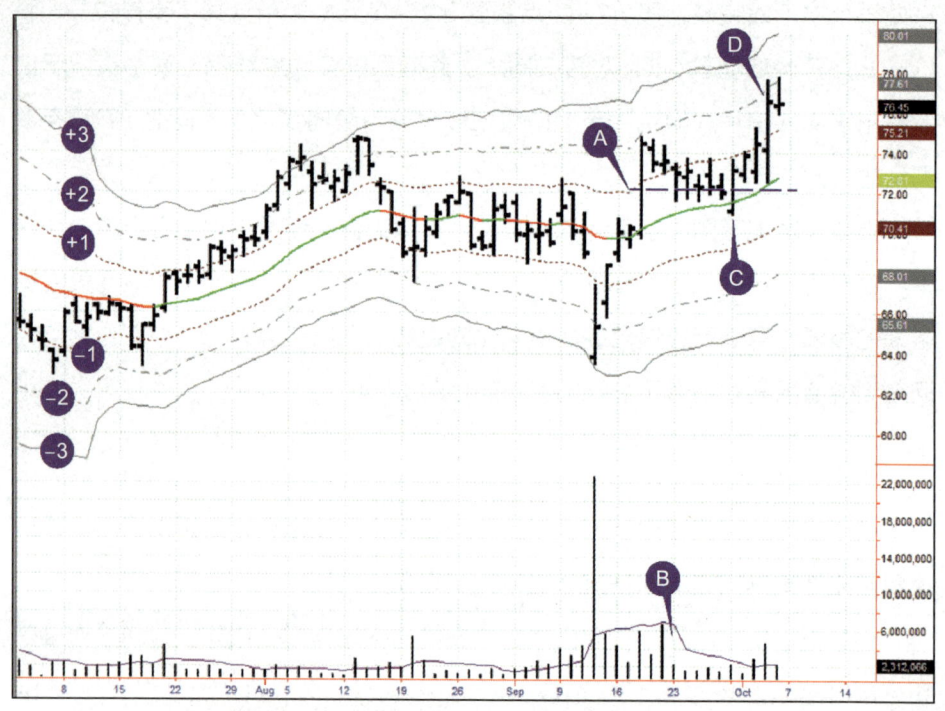

图 24-3　露露柠檬（LULU）日线图，21 日 EMA 线，成交量的 8 日 EMA 线，ATR 通道线

资料来源：TradeStation。

ATR 通道线

这份露露柠檬（LULU）的交易日志来自 Spiketrade.com 的克里——我们常在那里公布自己的交易日志。这份日志显示了如何利用 ATR 通道线获利。

9 月 18 日，LULU 股价在公布盈利情况后，出现了大幅下跌。但是股价并没有进一步继续下跌，而是开始反弹。克里在长 A 点的线柱中间画了一条水平线，作为短期的支撑位。

当 LULU 股价开始回调，在区域 B 日线幅度收窄，成交量收缩。克里在 9 月 30 日星期一以 72.02 美元的价格买入了 LULU，即线柱 C，此时股价从向下假突破中反弹向上。他在当日稍晚以 73.70 美元价格兑现了 1/3 的仓位，此时 LULU 股价离 1 倍 ATR 仅差几美分。星期三，在线柱 D 时，LULU 股价触及 2 倍 ATR 即 76.63 美元价格，克里又退出另一个 1/3 的仓位。他在线柱 D 中间位置兑现了剩下的 1/3 仓位。

入场点：在"移动平均"那一节中，我们知道在价格低于价值的时候买入——低于 EMA 的时候，是一个好主意。但是要低于价值多远的距离？如果是普通回调往往会在负一倍的 ATR 处见底。

保护性止损位：最好让你的保护性止损位在至少离入场点一倍 ATR 距离的地方。如果小于这个距离，会让你的保护性止损价位落入市场噪声区间之中，很可能被短期的随机波动所触及。所以把你的保护性止损位设置得远一点，使得只有真正的反转才能触及你的保护性止损单。

盈利目标：你买入一只股票之后，可以根据那只股票的强势程度，在 1 倍、2 倍甚至 3 倍 ATR 的位置，来设置你兑现利润的止盈价位。克里喜欢分几步兑现利润并退出，比如在 1 倍 ATR 处挂三分之一持仓量的卖单，在 2 倍的地方再挂三分之一，其余的挂在 3 倍 ATR 处。

在任何市场中，长时间价格波动超过 3 倍 ATR——3 倍的平均真实波幅——都非常少见。这通常意味着行情非常极端。无论何时你看到市场波幅超出 3 倍 ATR 之外，不论是上升还是下跌，你都有理由相信会出现一波回调。

ATR 通道的方法不仅在价格方面有用。我们也可以将它和其他指标结合起来，来判断趋势有可能在哪些极端价位出现反转。我在周线图的强力指数上会结合使用 ATR 通道。

25. 震荡指标

趋势跟随指标能帮助我们辨认趋势——比如 MACD 线或者趋向系统，而震荡指标则能帮助我们抓住反转点。无论何时市场大众被恐惧或贪婪的情绪攫住时，人们都会蜂拥而上，但是过一阵子这种强烈的情绪又会逐渐消散。震荡指标就是测量这种冲击的速度的，并能显示出何时它的能量开始减弱。

震荡指标能识别市场大众的极端情绪，能够帮助你发现市场中乐观或悲观情绪难以持续的价位。专业交易者总会逆着极端情绪而来，他们会在衍生品上对赌价格将回归理性。当市场上涨，大众由于贪婪而激动地高喊，争先恐后地追随着市场时，专业交易者已经开始准备卖空了。当市场下跌，大众陷入恐慌时，专业交易者则已经准备好买多了。震荡指标能帮我们找到这样的交易时机。

超买和超卖

超买意味着市场点位太高，随时可能回调。当震荡指标到达前期的高位水平时，就形成了**超买**。超卖意味着市场点位太低，随时可能反弹。当震荡指标到达前期的低位水平时，就形成了**超卖**。

一定要记住，这些高低位水平并不是绝对的。当一波强力的上升趋势开始后，震荡指标可以持续几个星期的超买状态，这样给出的卖出信号是过早的。同样，在急剧的下跌趋势中，也可能保持几周的超卖状态，这样给出的买入信号是过早的。知道什么时候使用趋势跟随指标，什么时候使用震荡指标是成熟分析师的标志（见第 39 节）。

我们可以通过水平参考线来标记超买和超卖的震荡指标。我们选择画线的位置时，应该使得在过去 6 个月的震荡指标仅最高点和最低点超出线段之外。画这些线的正确方法是让震荡指标只有 5% 的时间超出这些线之外。每 3 个月重新调整线的位置。

当震荡指标上升或者下跌超出这些参考线时，它帮你识别出这种极端情况不可持续，可能后续会形成一个顶部或者底部。震荡指标在震荡区间内的效果非常好，但是当一个新的趋势在震荡区间内形成时，它会发出过早的甚至是危险的信号。

我们已经考察过一个重要的震荡指标了——MACD 柱状线。我们之所以提前考察 MACD 柱状线，因为它是从趋势跟随指标——MACD 线中衍生出来的。马上我们将会探讨几个非常流行的震荡指标：随机指标（stochastic）和相对强弱指标（relative strength index，RSI）。

26. 随机指标

随机指标（即 KDJ 指标）是由已故的乔治·蓝恩（George Lane）推广开来的一种震荡指标。现在它被预装在许多交易软件中为广大的计算机化交易者使用。随机指标考察的是每个收盘价和最近的高低价区间之间的关系。它由两条线组成：快速线 %K 和慢速线 %D。

（1）计算随机指标的第一步是计算"原始随机指标"或者叫 %K：

$$\%K = \frac{C_{tod} - L_n}{H_n - L_n} \times 100$$

式中　C_{tod}——今日收盘价；

L_n——n 个交易日中的最低价；

H_n——n 个交易日中的最高价；

n——交易者所选定的，计算随机指标所用的交易日天数。

随机指标的标准时间跨度是 5 天，虽然有些交易者会用更多的天数。短的时间周期能帮你抓住更多的转折点，但较长的时间周期却能帮你识别出比较重要的转折点。

（2）第二步是计算 %D。可以通过平滑 %K 来得到——通常按 3 天周期来平滑。可以通过很多方法做到这一点，比如：

$$\%D = \frac{3日（C_{tod}-L_n）之和}{3日（H_n-L_n）之和} \times 100$$

有两种随机指标——快速随机指标和慢速随机指标。**快速随机指标**由两条线组成——画在同一张图表中的 %D 和 %K。它很灵敏但会导致许多双重损失。许多交易者更青睐在快速随机指标中再增加一层平滑，得到**慢速随机指标**。快速随机指标中的 %D 线就成为慢速随机指标中的 %K 线，然后重复步骤 2 来平滑，得到慢速随机指标中的 %D 线。慢速随机指标能够更好地过滤掉市场噪声，并且导致的双重损失也较少（见图 26-1）。

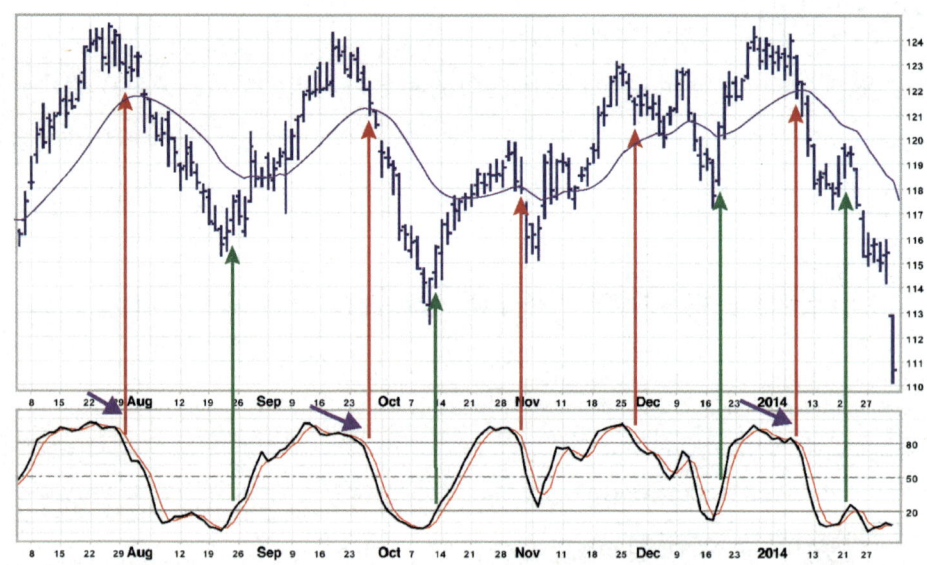

图 26-1　雪佛龙公司（CVX）日线图，26 日 EMA 线，5 日慢速随机指标

资料来源：Stockcharts.com。

随机指标

这张雪佛龙公司（CVX）的图表展现出随机指标既有有利的一面，也有危险的一面。只要股票在横向盘整区间之中——图中大部分时间都是如此，随机指标能明确标出短期高点和底部。当随机指标上升到下参考线之上时，给出买入信号（以绿色垂直箭头标示）；当随机指标下降到上参考线之下时，给出卖出信号（以红色垂直箭头标示）。随机指标宽的、向下倾斜的顶部强化了这些卖出信号（以紫色斜箭头标示）。

细心的读者会发现图 26-1 中有多个假突破，这些也强化了随机指标的信号。在震荡区间使用随机指标信号就像用自动取款机一样。当趋势突然脱离震荡区间，这台机器会失效并且吞掉你的银行卡。在图表右边缘附近，一个急剧的下跌趋势践踏了随机指标的买入信号。

交易者在震荡区间内可能依靠随机指标交易，但必须使用保护性止损位，因为震荡区间内的最后一笔交易往往会在趋势开始时造成损失。我们将在第 54 节集中讲如何使用止损位。

随机指标的取值范围是 0 ～ 100。通常在 20% 和 80% 的地方画参考线，标识出超买和超卖的区域。

大众心理

每个价格都是市场参与者在某一交易时刻对价值达成的一致看法。每日的收盘价格之所以重要，是因为账户的结算是根据收盘价来确定的。任何时期价格的最高点都表示了那一时期多方最强的力量。同样，那段时期价格的最低点也表示了当时空方最强的力量。

随机指标计算的是多方或空方使价格收在一段时期内价格高点或低点附近的程度。当在价格上升趋势中时，价格往往收在最高点附近。如果多方能在盘中将价格推高，但是收盘时无法使价格收在高点附近，随机指标就会转向为下跌。这表明多方力量并没有看起来那么强，因此是卖出的信号。

在价格下降的趋势中，收盘价往往是在最低点附近。如果当期线柱反而收在其高点附近，表明空方只能把价格暂时打压下来，却不能让价格保持在低位，随机指标就会转向为上涨。随机指标向上转折表明空方的力量并没有看起来那么强大，因此是买入的信号。

交易规则

随机指标能够显示出多方或空方在什么时候变强或变弱。你能根据这个来判断多方或空方谁将赢得眼前战役的胜利。与胜利者同向交易、与失败者逆向交易比较有利。

随机指标能够给出三种类型的交易信号，按照其重要程度从大到小依次为：背离、随机指标线的位置及其方向。

背离

随机指标最强烈的买入或卖出信号为该指标和价格出现背离。

（1）底背离发生在当价格下跌到新低，但随机指标的低点却比前一个低点位置高时。这说明空方力量在减弱，价格只是惯性下跌了。一旦随机指标从其低点位置开始掉头向上时，就是强烈的买入信号：此时可以买入并在价格的最新低点之下设置一个保护性止损单。最好的买入信号为，随机指标的第一次底部低于下参考线而第二次底部高于下参考线。

（2）顶背离发生在当价格上涨到新高，但随机指标的顶部高度却低于前一个顶部的高度。它表明多方力量在减弱，价格只是惯性上涨了。一旦随机指标从其第二次顶部位置开始掉头向下时，就是强烈的卖出信号：此时可以做空并在高于最近顶部的位置设置一个保护性止损单。最好的卖出信号为，随机指标在第一次顶部高于上参考线而第二次顶部低于上参考线。

超买和超卖

当随机指标上涨超过其上参考线时，表明市场超买了。它表明股票甚至是整个市场都处于不可持续的高点而且已经做好回调的准备了。当随机指标落到其下参考线以下时，表明股票甚至整个市场都处在超卖的阶段，此时市场价格太低了，已经随时准备好上涨。

上面这些信号在市场处于震荡区间时很有效，但当市场形成趋势时是失效的。在上涨趋势中，随机指标会很快到达超买位置，会持续给出卖出的信号，但市场会一直上涨。在下降趋势中，随机指标会很快到达超卖位置，持续给出错误的买入信号。因此最好把随机指标和长期的趋势跟随指标（见第39节）结合起来使用。三重滤网交易系统只有当周趋势向上时，随机指标给出的买入信号才会被采用。而当周趋势下降时，则只会向交易者显示随机指标发出的卖空信号。

（1）当你在周线图中识别出上升趋势时，等到日线图中随机指标降到其下参考线下方时，不用等到随机指标曲线相交或者掉头向上，就可以在最近一根柱线的最高价上方挂多单。一旦成交为多头，在今天的价格低点和前一交易日价格低点二者中取较低值，然后在这一价格下方位置设置保护性止损。

随机指标的底部形态通常预示着这波上涨是强是弱。如果底部又窄又浅，就表明空方力量比较弱，上升的势头可能比较强。如果底部又深又宽，表明空方力量很强，这波上涨可能很弱。最好还是只采用那些强烈上涨形态的买入信号。

（2）当你在周线图中识别出下降趋势时，等到日线图中随机指标上升超过其上参考线时，不用等到随机指标曲线相交或者掉头向下，在最近一根柱线的最低价的下方挂空单。到随机指标曲线相交时，市场通常已经处在自由落体式下跌中了。一旦成交为空头，在当日或前一交易日价格的高点位置上方设置一个保护性止损。

随机指标的顶部形态通常预示着下降的趋势是陡峭还是缓慢。随机指标顶部很窄，表明多方力量很弱，可能会有剧烈的下跌。而随机指标的顶部又高又宽，则表明多方的力量比较强——最好还是忽略此时的卖出信号。

（3）当随机指标超买时不要买入，当它超卖时也不要卖出。这条法则能过滤掉大部分的错误交易。

随机指标线的方向

当两条随机指标线都向同一方向运动时，肯定了短期的趋势。当价格升高的同时两条随机指标线上升时，上升的趋势可能会继续。当价格下跌的同时两条指标线也下跌时，短期下降的趋势可能会继续。

随机指标的拓展

你可以在任意的时间周期下使用随机指标，包括周度、日度或者日内。**周度**随机指标通常在 MACD 柱状线之前的一周改变其方向。如果周度随机指标转向了，就警告你 MACD 柱状线可能要在下周转向了——这时候就该在现有的仓位上用偏紧的保护性止损单或兑现利润。

选择随机指标的时间周期是很重要的。短期的震荡指标更敏锐。而长期的震荡指标只有在重大的顶部或者底部出现时，才会发生转折。如果你把随机指标当成一个独立的震荡指标使用，那么长期性指标更有用。如果你把随机指标当成你的交易系统的一部分，把它和其他趋势性指标结合起来，那么短期性指标更有用。

27. 相对强弱指标

相对强弱指标（RSI）是由威尔斯·威尔德发明的一个震荡指标。它通过监测任意一种交易产品的收盘价变动来测量其强度。它是一个先行或者同步指标——从不滞后。

$$RSI = 100 - \frac{100}{1+RS}$$

$$RS = \frac{\text{选定期间内上涨收盘价的涨幅均值}}{\text{选定期间内下跌收盘价的跌幅均值}}$$

RSI 的波动区间是 0 ~ 100。当它到达顶点开始下降时,就确定了市场价格的顶部。当它下跌然后开始掉头向上时,就确定了一个底部。RSI 底部和顶部的模式不会随着时间跨度增大而有所改变。交易信号在短期内的 RSI 上看得更清楚,比如 7 ~ 9 天的 RSI(见图 27-1)。

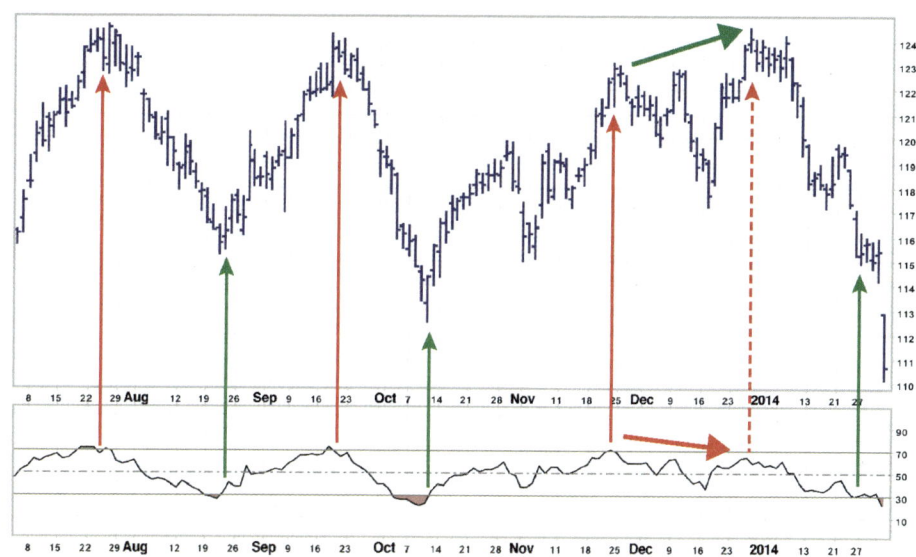

图 27-1　雪佛龙公司(CVX)日线图,13 日相对强弱指标

资料来源:Stockcharts.com。

相对强弱指标(RSI)

这里我们运用 13 日相对强弱指标来分析雪佛龙公司——我们在随机指标一节已经在图 26-1 中分析过该公司。相对强弱指标和随机指标在震荡区间都很有用,但在趋势开始时也都会给出草率而具有危险的信号。

相对强弱指标仅仅基于收盘价,相比随机指标其噪声较小。当其上升到下参考线之上时，预示要上涨（图中以绿色垂直箭头标示）；当其下跌到上参考线之下时，预示要下跌（图中以红色垂直箭头标示）。比较两张图表，你能发现相对强弱指标的信号出现要早一些。

图中以倾斜实线箭头和虚线红色箭头标出的是相对强弱指标出现熊市背离给出的非常强的卖出信号。股价上升到新高，但相对强弱指标并没有触及其上参考线，显示这次上涨隐藏着的虚弱。

图中右边缘处的突然大幅跳空，不顾相对强弱指标发出的买入信号，将价格推向更低位。要避免受到伤害，我们必须使用保护性止损，因为震荡区间里最后一笔交易，很容易在新趋势开始时造成亏损。

超买和超卖的 RSI 位置随着市场的不同而不同，甚至在同一个市场中每年的情形也不相同。并没有一个神奇方法能够判断所有的顶部和底部。超买和超卖信号就像用窗口的温度计判断冷热一样，同样的温度在冬天和夏天有着不同的意义。

水平参考线一定要能够穿过 RSI 的最高点和最低点。这些线通常是在 30% 和 70% 的地方。一些交易者在牛市中将其设置在 40% 和 80% 的水平上，或者在熊市中将其设置在 20% 和 60% 的地方。使用 5% 法则：每一条线都要保证 RSI 在过去的 4～6 个月中，位于参考线之上的时间少于 5%。每 3 个月就调整一次参考线。

大众心理

每一个价格都代表着所有的市场参与者在交易的一瞬间对价值形成的一致认同。收盘价是最重要的一个价值认同，因为交易者账户的结算要依靠这一价格。当收盘价升高时，多方赚钱，空方赔钱；当收盘价收低时，空方赚钱，多方赔钱。

相比其他任何时间的价格，交易者更关注收盘价。在期货市场中，每个交易日收盘后，现金从失败者的账户转移到胜利者的账户。RSI 表明在收盘时是空方还是多方的力量更强——这是一天中最关键的计算盈亏的时刻。

交易规则

RSI 能够提供三种类型的交易信号。按照其重要程度排列分别是：背离、图形模式以及 RSI 水平。

牛市和熊市背离

RSI 和价格的背离往往发生在重要的顶部和底部。它们表明趋势什么时候变弱并且准备反转了。

（1）底背离发出买入信号。当价格创出新低，而 RSI 指标的底部比其前一次下跌的底部要高。一旦 RSI 从第二次底部开始上扬，马上可以买进并且在近期底部的价格最低点的下方设置保护性止损。如果 RSI 指数的第一次底部低于下参考线，而第二次底部高于下参考线，那么这就是一个非常强烈的买入信号。

（2）顶背离发出卖出信号。当价格上涨创出新高，但是 RSI 的顶部却低于其前一次上涨的顶部的时候。一旦 RSI 从第二次顶部下跌就马上可以卖空，同时在最近的新高价上方设置保护性止损。如果第一次 RSI 顶部超过了上参考线而第二次的顶部低于上参考线，那么卖出的信号就非常强烈。

图表的模式

RSI 通常比市场价格早几天突破阻力位或者支撑位，表现出了趋势可能要改变的迹象。RSI 趋势线通常会比价格趋势线早 1~2 天被反转。

（1）当 RSI 的下降趋势反转时，在最近的价格高位上挂一个多单来抓住这一次向上的突破；

（2）当 RSI 的上升趋势反转时，在最近的价格低位上挂一个空单来抓住这一次向下的突破。

RSI 水平

当 RSI 上升超过其上参考线时，表明多方很强势，但是市场已经超买了而且已经进入了应该卖出的区域。当 RSI 下跌到其下参考线以下时，它表明空方力量很强，但是市场已经超卖了而且已经进入了应该买入的区域。

只有当周趋势上涨时，根据日线 RSI 指标发出的买入信号进行买入才比较有利。同样地，只有当周趋势下降时，根据日线 RSI 指标发出的卖空信号进行卖空才比较有利。（见第 39 节）

（1）当 RSI 击穿其下参考线，又回升到下参考线上方时买入；

（2）当 RSI 上升到上参考线上方，又回落到上参考线下方时卖出。

当我们分析市场时，我们只能处理很少的数字——每条蜡烛图的开盘价、最高价、最低价和收盘价，加上成交量和衍生品的开盘利率（比如期权期货）。一个典型的新手会犯的错误就是"采购各种指标"。交易者可能感觉股票市场会上涨，但是他却发现道琼斯指数和标准普尔指数的移动平均线还在下跌。但他并不相信这些下跌的信号，他开始浏览软件里的菜单，然后找到了几个震荡指标，比如随机指标或者 RSI。它们确实看起来已经超卖了（这在下跌的趋势中是常见的现象），这个急切的交易者就把它们看作买入的信号。下跌还在继续，他就赔钱了——然后他就开始抱怨技术分析没什么用。

用少数几个指标（包括多个时间周期），并有一个严格的分析体系，效果会好很多。我们会在"三重滤网交易系统"那一节再次回到这一重要的主题。

| 第5章 |

成交量和时间

很多交易者只把注意力放在价格行情上,尽管价格行情十分重要,但市场所包含的远远不只有价格一个维度,成交量给我们提供了另一种极具价值的参考维度。约瑟夫·格兰维尔(Joseph Granville)是研究成交量的先驱。他常常挂在嘴边的一句话就是:"成交量是驱动市场这辆列车的动力。"

另一个在市场分析中十分重要的因素是时间。市场在同一时刻按照不同的时间周期同时存在并发展着。不管你多么仔细地分析某个日线图,它的趋势都很可能被另一个时间周期的运动所颠覆。

在本章我们将聚焦成交量以及基于成交量的各种指标,同时,我们将尝试着将所有决策与其时间周期相关联。

28. 成交量

成交量反映了交易者和投资者的市场活动。每单位成交量代表着两个个体的行为:一方卖出一股或一份合约,另一方买入该股份或该合约。日成交量指的是单个交易日内股票或者合约成交量的总额(见图28-1)。

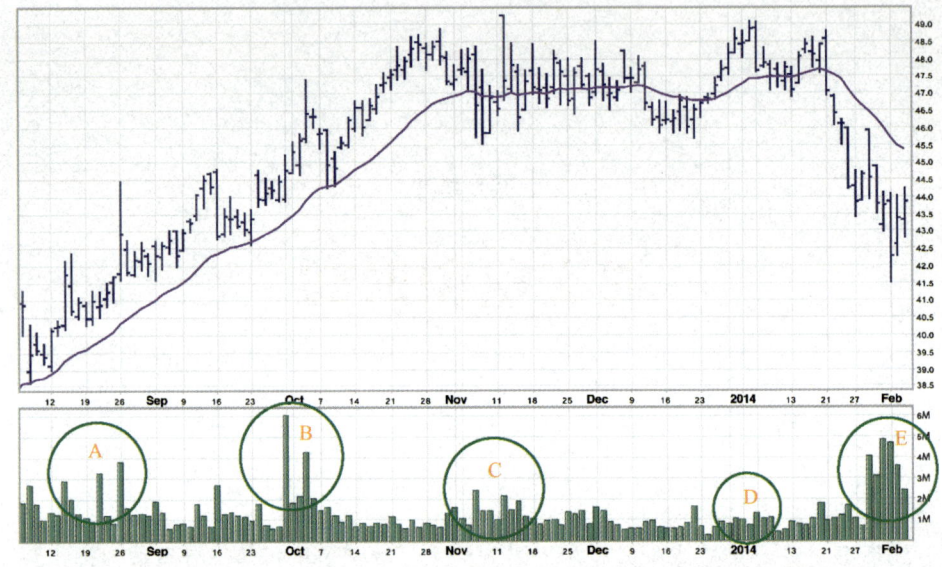

图 28-1　苏富比控股（BID）日线图、22 日指数移动均线、成交量

资料来源：Stockcharts.com。

成交量

苏富比控股股份有限公司（BID）是世界上最大的公开交易拍卖商，它提供了一个窗口来观察世界上有钱人炫耀性消费的情况。2013 年在来自亚洲的新财富的支持下，该公司的业务得到了提升，但是其股价在该年最后一季度达到了顶部。

在 A 和 B 区域内，成交量在反弹期间上升，确认了上升趋势并预示着未来更高的价格。在 C 和 D 区域内，成交量在多方的每个反弹过程中显示其势力在减弱的预警信号，可以看到这些区域内的假突破和 C 区域内不规则的袋鼠尾图形。右边不断增加的成交量表明了空方的力量。

交易者们常常将成交量绘制成线柱图——其竖线的高度代表每个交易日的成交量，通常将其画在价格的下方。成交量的变化体现出多空双方对价格波动的反应，并且蕴含着趋势是持续下去还是发生反转的线索。

一些交易者忽视成交量这一指标，他们认为价格已经反映了被市场知晓的一切信息。他们常说："你赚的是价格，而不是成交量。"

然而，专业投资者知道分析成交量可以帮助他们更深刻地理解市场并更好地交易。

成交量取决于交易人群的规模以及买卖方的活跃水平。如果你比较两个市场的成交量，你就可以从中看出哪个市场更加活跃，流动性更好。相对于流动性差、成交量清淡的市场，你的买卖需求在流动性好、成交量高的市场上，将更可能得到满足并且承担的价差损失更少。

这里有三种测量成交量的方法：

（1）股票或合约的实际成交量。比如纽约证券交易所就采用这种方式来报告成交量，这也是测量成交量最客观的方法。

（2）发生的交易笔数。一些国际商品交易采用这种方式来报告成交量，这种方法比较不客观的原因是它只考虑了交易笔数，对于100份额的一笔交易和5 000份额的一笔交易之间不做区分。

（3）跳动量是指在某一选定时段内——例如10分钟或者1小时内，价格的改变量。它之所以被称为跳动量是因为大部分改变是在跳动的一瞬完成的。一些交易场所并不报告一天内的成交量，这样便驱使交易者使用跳动量作为真实成交量的近似值。

给外汇交易者的一条建议是：由于外汇市场是十分分散的并且不报告成交量，可以用货币期货的成交量作为其近似。所有以美元计价的主要货币期货都在芝加哥以及电子交易平台交易，我们可以假定那儿的成交量趋势和外汇市场的很接近，因为它们都受同样的市场力量影响并做出反应。

群体心理学

成交量还反映了众多市场参与者之间金钱和情感的卷入程度，就像疼痛一样。交易开始于两个人之间财务上的投入。买或者卖的决策或许是理性的，但是买或卖的行为却引起了大部分人情感上的投入，买方和卖方都渴望自己是正确的，他们对着市场尖叫、祈祷或者运用幸运符，成交量水平也反映了交易者们的情感投入程度。

每一次价格的跳动都夺走了失败者的金钱并将其转移到了胜利者的腰包。当价格上升时，多头挣钱而空头赔钱；价格下降时，多头赔钱而空头挣钱。胜者总是兴高采烈，而败者则懊恼沮丧。不管价格何时跳动，总有一半左右的交易者要因其而受伤。当价格上升时，空头痛苦不已；当价格下降时，多头黯然神伤。成交量越大，市场里包含的痛苦就越大。

交易者对于损失的反应就像青蛙对于热水的反应一样。如果你将青蛙丢到开水里，它会由于烫伤的疼痛感而产生本能的避害反应，立马跳出来；然而如果你将青蛙放到冷水里然后将冷水慢慢加热，你就可以活活将其煮死。如果一个突然的价格巨变袭击了交易者，他们会立马远离危险并斩仓止损。反之，失败者会对于损失的缓慢增加很有耐心。

在不活跃的股票或期货市场上你也可能会损失一大笔金钱，比如玉米期货市场，在这个市场上，玉米价格变化1美分只会引起每份合约变化50美元。如果玉米价格朝你预期的相反方向每天只变化几美分，这种损失带来的疼痛是很容易忍受的。如果你去坚持，那些几美分能累积成上千美元的损失。反之，价格的剧烈变化，会使得参与者在恐慌中斩仓止损。一旦市场中不坚定者被洗出局，留下巨大的成交量，市场就到了将要趋势反转的时刻。趋势可以在相对温和的成交量的支撑下持续很久，也可以在成交量骤增后逐渐消失。

谁会从割肉止损的多头手中接货呢？可能是想要兑现利润的空头，也可能是因为价格已经太低而入场的投机商。抄底者接过止损出局的输家手中的头寸，他要么成功抄底，要么成为下一个输家。

谁卖货给那些想要了结自己空头头寸损失的交易者呢？可能是想兑现自己

多头头寸盈利的精明老练的交易者,也可能是认为现在价格"过高",从而卖空的顶部做空者。他承接了那些做空失败者的空头头寸,只有未来的结果才能证明他的判断是否正确。

当空头在上涨过程中认输时,他们的买入将推动市场进一步高涨。价格上升又会冲洗掉更多的空头,反弹便不断自我加剧。当多头在下跌过程中放弃抵抗时,他们的卖出将加剧市场下跌。价格下降又会扫除更多的多头。同样,下跌趋势也不断自我加强。输家放弃自己的头寸推动着趋势。有稳定成交量支撑的趋势更有可能持续下去,显示不断有新的输家替代那些出局的交易者。

成交量降低意味着输家供应变少了,趋势即将发生反转,这经常发生在足够多数量的输家知道他们判断错误了之后。老的输家持续出局,但是越来越少的新的输家加入他们。成交量的降低是趋势即将发生反转的信号。

成交量的暴增同样显示一段趋势即将到头。它表明大量的输家被洗出局。你或许能想起有过这样的经历,持有某一亏损头寸时间过长了,一旦亏损带来的疼痛变得无法忍受,你最终选择清仓出局,而趋势随后便发生反转,向符合你之前预期的方向发展,但是你已不在其中。这种情况一再出现,因为大部分人类对压力的反应模式类似,并且在大致相同的时间被洗出局。专业投资者在被市场打败后,从来不会继续跟市场作对。他们迅速了结错误的交易,转向或在场外等待,时刻做好再进来的准备。

在下降趋势中的成交量迅速上升相比于上升趋势中的成交量迅速上升更有可能意味着趋势即将反转。下降趋势中的成交量骤增反映出恐惧情绪的爆发。恐惧是一种极具力量但持续时间又较短的情绪——人们飞快逃离,丢弃手中的筹码,然而这时趋势很可能反转。上升趋势中的成交量骤增往往由贪婪驱动,而贪婪是一种缓慢变化并且带来快感的情绪。上升趋势中的成交量骤增或许会使得趋势短暂停止,但之后趋势更可能继续上涨。

成交量在震荡区间内常常相对较低,因为在该区间段里的疼痛较少。小幅度的价格波动会让人们感觉到舒服，所以平缓的市场能够持续很长一段时间。成交量的骤增通常会带来市场的爆发，因为成交量骤增时输家仓促逃离。在低成交量下的市场爆发往往意味着新趋势下的人们的情感付出不足，意味着此时的价格也更倾向于回归到原来的波动区间内。

在上涨过程中成交量的增加表明更多的买家和卖空者大量涌入市场。买家急切渴望买入即使他们必须全额现金支付，卖空者也急切渴望着将筹码卖给买家。上升的成交量表明那些离开的输家们正被另一批新的输家替代。

当成交量在上涨过程中缩水时，这意味着多头的买入意愿不再强烈，同时空头也不再逃跑。那些精明的空头们很早之前就逃离了市场，跟在他们后面的是那些无法忍受亏损痛苦的脆弱空头。成交量的降低表明支撑上升趋势的燃料不足，趋势将发生反转。

若在下行趋势成交量中枯竭，这表明空头不再急切地卖空，同时多头也不再仓促逃离市场。精明的多头们很早之前就已清仓走人，脆弱的多头们也已被消灭。成交量的降低表明留下来的多头对于亏损的容忍力极高，或许是因为他们不缺钱，或许是因为他们买入的价位较低，或者二者都有。萎缩的成交量暗示着下降趋势将有可能得到反转。

以上的论证适用于所有的时间周期。作为经验法则，如果今天的成交量高于昨天，那么今天的趋势将很可能会持续。

交易指针

"高成交量"和"低成交量"这两个概念都是相对而言的。对于亚马逊这一热门股票来说，其某一低成交量放在另一只冷门股票上就是极高成交量，就像对于黄金来说一个很低的成交量对于铂来说却很高一样，如此等等。我们比较不同股票、期货、期权之间的成交量高低时，只选取各类型中成交量大的品种进行比较。大部分时间，我们将股票当下的成交量与其历史平均成交量来进行比较。作为经验法则，在任何一个市场上，"高成交量"意味着高于其过去两周成交量平均值 25% 以上的成交量，而"低成交量"意味着低于其过去两周成交量平均值 25% 以上的成交量。

（1）高成交量可以确认趋势。如果价格和成交量同时达到新的顶峰水平，价格将很可能保持高位或超过前期顶部后再创新高。

（2）如果市场价格创下新低但成交量却创下新高，则该底部将再次确认或者创新低。一个极高成交量的底部后面常常会跟着一个较小成交量的底部，这时便是绝佳的买入机会。

（3）如果在趋势持续的过程中成交量缩水，那该趋势将发生反转。市场达到新顶峰时，其对应的成交量却不及达到上一个顶峰时的成交量，你就应该兑现多头头寸上的盈利或者抓住做空的机会。但这一技巧并不一定在市场处于下降趋势中时管用，因为下降趋势可能以一个很低的成交量来持续下去。华尔街流传着这样一句话："将价格拉上去需要大家来买入，但价格会自行下降。"

（4）观察趋势中反弹的成交量情况。当上升趋势出现回落时，由于慌张的获利了结盘，成交量会增加。当这种回落持续但成交量缩水时，表明多头不再逃跑或者抛压被消耗。当成交量耗尽时，下跌带来的抛售效应已经接近其尽头，上升趋势将重新开始。此时便是一个很好的买入机会。主要下降趋势也常常被高成交量的反弹所打断，一旦脆弱的空头被消灭干净，随后成交量缩水便是卖空的信号。

29. 以成交量为基础的指标

一些指标是以成交量为基础发出交易信号的。比如，成交量的 5 日 EMA，可以帮助我们看清成交量变化的趋势，成交量的 EMA 处于上升趋势，可确认现在的价格趋势，而成交量的 EMA 下降，意味着价格趋势在变弱。

种种基于成交量的指标相对于成交量柱来说提供了更加精确的时机信号。这些指标包括下面将介绍的能量潮指标（OBV）和集散指标（A/D）。强力指数指标将价格和成交量数据结合起来，帮助我们发现在哪个区域价格可能发生反转。

能量潮指标

约瑟夫·格兰维尔发明了**能量潮指标**并在他的《股票市场时机的新策略》（*New Strategy of Daily Stock Market Timing*）一书中详细介绍了这一指标。他将能量潮指标作为股市的领先指标，不过别的分析师将其运用到了期货市场上。

能量潮指标将成交量进行滚动加总，每日的成交量会被加入或减去，这取决于当日价格比昨天价格高还是低。若股票当日收盘价高于前一日收盘价，这意味着当日多头在与空头的交战中取得了胜利，那么当日的成交量就会加到OBV上；若股票当日收盘价低于前一日收盘价，这意味着当日空头在与多头的交战中取得了胜利，那么当日的成交量就会从OBV中减去；若股票当日收盘价与前一日收盘价持平，那么OBV保持不变。OBV常常在价格变化之前先行变化，起到领先指标的作用。

群体心理

当期的价格代表着市场短期内价值的共识，而成交量代表了众多市场参与者的情绪，它反映了交易者们在金钱和情绪上卷入的紧密程度，还有输家感受到的疼痛，这也是OBV指标要去监测的。

一个创新高的OBV表明多头势力强大，空头受到重创，价格将会上升；一个创新低的OBV表明空头势力强大，多头受到重创，价格将会下降。当OBV的走势偏离了价格的走势时，这意味着大众的情绪和大众对价格的共识相偏离，人们将更可能跟随直觉而不是理性的思考，这也是为什么成交量经常先于价格变化而变化。

交易信号

OBV 顶峰或者底部的形态比其绝对值重要，因为 OBV 的大小取决于计算的基准日。根据 OBV 确认的趋势方向进行交易会更加安全（见图 29-1）。

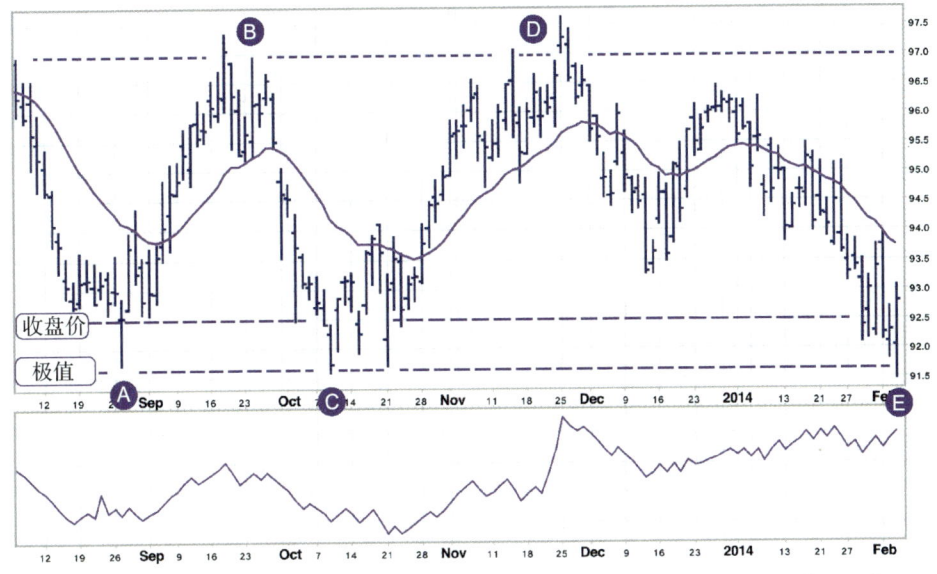

图 29-1 麦当劳（MCD）日线图，22 日指数移动均线，能量潮指标（OBV）
资料来源：Stockcharts.com。

能量潮指标

麦当劳（MCD）是一只变化缓慢且走势稳定的股票。你可以看到它的交易价格波动区间很窄，该区间被几条虚线标示了出来。(底部有两条虚线，一条低一些，一条高一些）注意到 MCD 的假突破倾向（图中底部的 A、C 区域以及顶部的 B、D 区域），A 区域形成了袋鼠尾。

在图形的右边，股票市场处于自由下跌阶段，然而当 MCD 股票在其近期的低价区域交易，其能量潮指标却达到高水平时，此时你应该选择买入而不是卖出。

（1）当 OBV 达到新高时，便确认了多头的力量，表明价格将很可能持续上涨，并给出买入的信号；当 OBV 跌穿上一个底部值时，便确认了空头的力量，价格将可能继续创新低，给出了卖出信号。

（2）当 OBV 与价格相背离时，便是强烈的买入或卖出信号。如果价格上涨趋势出现了回调，随后反弹创新高，但 OBV 却没有创新高，这便产生了熊市背离，是卖出信号；如果价格在下降趋势中出现了反弹，之后再创新低，但 OBV 却没有创新低，这便产生了牛市背离，是买入信号。长期背离比短期背离更加重要，一个长达几周的熊市背离比起短短数日的熊市背离来说给出的卖空信号强度更大。

（3）当价格在震荡区间，但 OBV 却突破新高时，便出现了买入信号；反之，当价格在震荡区间内，但 OBV 却创新低时，便出现了卖出信号。

更多关于 OBV 的信息

格兰维尔之所以能在股市中成功择时的另一个原因是他将能量潮指标（OBV）和净趋势指标（net field trend indicator）以及峰值指标（climax indicator）结合了起来，他将道琼斯工业指数里每一只成分股的 OBV 计算出来并将这些指标划分为上升、下降、持平三类，他将其称为个股的净趋势值，该值可取 1，0，-1。峰值指标是所有 30 只道琼斯工业指数成分股的净趋势值之和。

当股市反弹并且峰值指标达到新高时，此时便出现了很强的买入信号；当股市反弹但峰值指标却没有创新高时，便出现了卖出信号。

你可以将道琼斯工业指数看成一支马队，这支队伍由 30 匹马组成，并拉动着市场这辆马车。峰值指标可以让我们知道往上拉、往下拉以及在休息的马各有多少匹,如果其中24匹马将市场往上拉,1匹往下拉,另外5匹在休息,此时市场这辆马车将会向上移动;如果只有9匹马在往上拉,7匹往下拉,14匹马在原地休息,则市场这辆马车用不了多久将滚下山坡。

不同寻常的是,格兰维尔完全靠手工计算这些数据[○]。如今,OBV、净趋势指标以及峰值指标都可以很轻松地通过编程在计算机上算出来。将这些指标运用到涵盖所有标普500指数成分股的数据库中是很值得的。用这种方法可以帮助交易标普500股指期货以及期权的交易者们很好地进行交易信号确认。

集散指标(A/D)

拉瑞·威廉姆斯(Larry Williams)开发了集散指标,他在《我如何赚取100万美元》(*How I Made One Million Dollars*)这本书中详细描述并介绍了这一指标,这一指标是作为股票的领先指标设计的,但是也有一些分析师将其运用到期货交易中。集散指标的独特之处在于,除了成交量之外,它追踪的是开盘价和收盘价之间的关系。其概念很接近于日本蜡烛图,在拉瑞·威廉姆斯写书时日本蜡烛图及其使用方法还并未被西方交易者所知。

集散指标比OBV指标得到更好的调整,因为它只用当天交易量的一定比例归入到多头或空头势力中去,按照双方当日获胜的程度作为其比例。其公式如下:

$$A/D = \frac{收盘价 - 开盘价}{最高价 - 最低价} \times 成交量$$

○ 2005年在堪萨斯城,我拜访了格兰维尔。他不仅仅是靠手工做所有的计算工作,甚至还避免上网,因为他对无处不在的偷窥怀有戒心——那时还没有披露政府监控。他将他的电脑与互联网隔离,直到他需要发送新闻通讯稿时才联上。格兰维尔监控日内价格时,会将他的电视调到CNBC台,关闭声音,并且用毛巾盖住屏幕的上面一半,这样他所能看到的就只有一条带子在屏幕下面部分移动了。

如果收盘价高于开盘价，当日多头获胜，则 A/D 值为正；如果收盘价低于开盘价，则当日空头获胜，A/D 值为负；如果收盘价和开盘价一致，则当日多空双方打成平手，A/D 值为 0。所有日 A/D 值的滚动计算创造了累计 A/D 的指标。

比如说，如果当日最高价与最低价之间差距是 5 个点，开盘价与收盘价之间的差距是 2 个点，则当日成交量的 2/5 归功于获胜方。就如同 OBV 一样，A/D 高低的形态十分重要，而它的绝对值水平主要受计算基准日影响。

当市场处于上升过程中，大部分人都聚焦于新高的到来，但若开盘价低于收盘价，则追踪开盘价与收盘价之间关系的 A/D 值将下降，警示人们上升趋势不再像它原先看上去那样强势了。反之，若价格下降时 A/D 值有所上升，则表明多方正在逐渐积聚力量。

群体行为

开盘价反映了市场闭市期间在价格上积累的压力，开盘价更有可能被那些晚上读新闻、早上交易的业余投资者们所主导。

专业投资者全天都十分积极活跃，他们经常和业余投资者对着干，进行反向交易。随着交易不断进行下去，业余投资者和动作较慢的机构投资者买卖行为所引起的市场波澜也逐渐消退。在临近收盘时，专业投资者此时更可能主导市场。收盘价显得尤为重要，因为交易账户的结算都以收盘价为准。

A/D 值追踪了业余投资者和专业投资者当日对战的结果，当收盘价高于开盘价时，即专业投资者比业余投资者更倾向于看多时，A/D 值将上升；当收盘价低于开盘价时，即专业投资者比业余投资者更倾向于看空时，A/D 值将下降。与专业投资者同方向下注、与业余者反方向下注比较有利。

交易准则

当市场中开盘价低于收盘价时，表明市场由弱转强，这时候 A/D 值上升，并给出专业投资者比业余投资者更倾向于看多的信号，此时上升将很可能持续；当 A/D 值下降时，表明专业投资者比业余投资者更倾向于看空，市场将在当日持续走低，第二天将很可能继续走低。

最好的交易信号出现在 A/D 值背离价格走向时。

（1）如果价格上涨创新高但 A/D 值却没有随之创新高，则出现了卖出信号。这种熊市背离表明市场上专业投资者在上涨过程中卖出。

（2）牛市背离发生价格创新低但 A/D 值却没有创新低时，表明了市场上专业投资者在下跌过程不断买入并逐步建仓，反弹即将到来（见图 29-2）。

图 29-2　谷歌公司（GOOG）日线图，集散指标

资料来源：Stockcharts.com。

集散指标

"大事发生之前总会有其征兆"是一句古老的谚语，这句话对于技术分析派来说意义重大。谷歌公司的股票 GOOG 持续下跌已经数月了，但是其上升的 A/D 值表明大资金正在不断地买入。该股票在 B 处创造了比 A 处更低的底部价格，但是其 A/D 值的底部却抬高了。同样重要的是，A/D 值在价格暴涨之前还创了新高（在图中由垂直箭头标出），紧接着公司就公布了好得出人意料的业绩报告。一些人之前便知道了接下来将要发生的事，他们大规模的买入被累积 A/D 值形态和向上的突破所确认。技术分析有助于减少外部投资者和内幕信息知情人之间的信息地位差距。

更多关于 A/D 值

当你根据 A/D 值与价格之间的背离为依据，进行做多或做空的时候，记住就算是市场上专业的投资者也会犯错。你需要设置止损单并用**巴斯克维尔的猎犬法则**（见第 23 节）来保护自己。

在 A/D 和日本蜡烛图之间有很强的类似性，它们都关注开盘价和收盘价之间的差异。A/D 比蜡烛图更深入的一点是，它还将成交量考虑了进去。

30. 强力指数指标

强力指数指标是由本书作者创造并发展的一种指标，它将价格和成交量相结合来发掘每一次上涨或下降过程中多头或空头的力量。强力指数指标可以应用于所有有成交量数据的价格图中，包括周度、日度或日内数据。它将三条至关重要的信息汇集到一块：价格改变的方向、程度以及在其改变过程中所对应的成交量。它提供了一个实际可行的根据成交量来进行交易决策的方法[一]。

强力指数指标可以以其最原始的形式使用，但若我们将其用移动均线平滑化，其信号将会显示得更加清晰。使用短期 EMA（指数平均数指标）的强力指数指标可以精确定位进入和退出点。使用期限长一些的 EMA 能帮助确认趋势以及重要的反转。

㊀ 记住，我们所说的是市场群体的力量，而不是物理学中的方程式。

如何构造强力指数指标

市场每一次变化的力量都被划分为三个因素：方向、距离以及成交量。

（1）如果当日收盘价比前一日收盘价高，力量值便为正；如果收盘价比先前的收盘价低，力量值便为负。

（2）价格变动幅度越大，力量值越大。

（3）成交量越大，力量值越大。

$$强力指数指标 = 今日成交量 \times （今日收盘价 - 昨日收盘价）$$

原始的强力指数指标可以被绘制成线柱图，并有一条 0 值的水平中心线，若市场的收盘价高于前一个收盘价，强力指数指标值便为正，并在中心线之上；若市场收盘价低于前一个收盘价，强力指数指标值便为负，并在中心线之下；若市场收盘价不变，强力指数指标值便为 0。

由原始强力指数指标做成的线柱图是锯齿状的，将其用移动平均（见第 22 节）进行平滑化后显示出的交易信号更好。

2 日强力指数指标 EMA（在本节以下简称为 "2 日 EMA"）则进行了很小程度的平滑化，其在寻找市场进入时机时很有用。只要你沿着趋势的方向交易，可以当 2 日 EMA 为负时买入，当 2 日 EMA 为正时卖出。

13 日强力指数指标 EMA（在本章以下简称为 "13 日 EMA"）追踪的是较长期间内多空双方力量的改变。当 13 日 EMA 穿越到中心线上方时，表明多头占据优势，此时是买入时机；当 13 日 EMA 变负时，表明空头占据上风，此时是卖出时机。13 日 EMA 的强力指数指标与价格走向相背离是重要的趋势转折点。

交易心理学

当市场收涨，表明多头在当日的多空之战中取得了胜利；当市场收跌，则表明空头赢取了当天的胜利。今天与昨天收盘价之间的差距表明了多头或空头的获胜程度，差距越大说明胜利的程度越大。

成交量反映了市场参与者的情绪卷入程度（见第 28 节）。高成交量支撑下的价格上涨和下降有着更大的惯性并且更可能持续。高成交量下的价格走势就像在雪崩中不断积累速度的雪球一样。另外，低成交量表明输家的数量很少，意味着趋势将要走到其尽头。

价格反映了市场参与者的想法，而成交量反映了参与者情绪的强度。强力指数指标将价格和成交量结合起来，它能显示市场的大脑和心脏是否相互匹配。

当强力指数指标上涨到新高时，表明多头的力量很强大，上升趋势将得到持续；当强力指数指标下降到新低时，表明空头的力量很强大，下降趋势将继续维持；若价格的改变并没有得到成交量的确认，强力指数指标将变得平坦，从而给出趋势将要反转的信号。如果价格波动很小，但成交量十分巨大，强力指数指标也将变得平坦，同样意味着反转即将到来。

交易准则

短期强力指数指标

2 日 EMA 是追踪短期多空头力量的高敏感性指标，当其向上击穿中心线时，表明多头力量更为强大；当其向下击穿中心线时，表明空头力量更为强大。

因为 2 日 EMA 是一个敏感的指标，我们可以用其来对其他指标给出的信号进行微调。当趋势跟随指标确认了上升趋势时，同时 2 日 EMA 值下降到 0 以下，此时便是一个绝佳的买点——在长期上涨趋势中的回调期进行买入（见图 30-1）。当趋势跟随指标确认了下降趋势，2 日 EMA 的上升给出绝佳的卖出区域。

（1）市场处于上升趋势时，在 2 日 EMA 变负时买入。

就算是疯狂的上升趋势中也会有偶尔的回调，如果你能忍住冲动，在 2 日

EMA 值变负时买入，你将买在接近短期底部的位置。大部分人喜欢追涨，他们在回调的时候倍受打击并无法容忍。强力指数指标帮助我们发现低风险的买入机会。

上升趋势中，当 2 日 EMA 值变负时，你可以在比当日最高价还要高一点的位置下一个买单，若上升趋势持续并且价格回升，你的限价买入指令将会成交。如果价格继续下降，你的指令则不会被执行。持续降低你的买入价格直到接近前一根线柱的高点。一旦你的限价买入指令被触发，在比最近低点还稍微低的价位设置一个保护性止损单，这个止损单在强上升趋势中不会被触及，但它可以让你在趋势走弱时及早退出。

（2）市场处于下降趋势时，当 2 日 EMA 值变正时卖出。

当趋势跟随指标确认了下降趋势时，你需要等到 2 日 EMA 值变正，此时是下跌过程中的短暂反弹，为卖空的好机会。在比近期低点价格稍低的价位设置卖空指令。

如果 2 日 EMA 在你设置了卖出指令后依然持续反弹向上，下一个交易日将你的卖出指令价格提升到前一交易日的低点附近。一旦价格下降你的卖空指令将成交，在最近的高点上方设置一个止损单，尽早将你的止损价逐步调整到盈亏平衡的水平。

此外，2 日 EMA 可以帮助我们决定什么时候建仓，你可以在上升趋势中每次强力指数指标变负时加仓，你也可以在下降趋势中每次强力指数指标变正时减仓。

强力指数指标甚至还可以让我们瞥见未来的一角。当 2 日 EMA 值在当月内降低到最低点，说明了空头力量十分强大，并且价格将降得更低；当 2 日 EMA 在当月内升高到最高点，这说明了多头力量十分强大，并且价格将升到更高水平。

2 日 EMA 也能帮助我们决定何时清仓。它通过确认短期反弹或回调来实现该作用。在 2 日 EMA 值为负的时候买入的短线交易者可以在该值变正的时候卖出；在该指标为正的时候卖出的短线交易者可以在该指标为负的时候买回。长线交易者只应在趋势改变的时候（如 13 日价格的 EMA 线的斜率所确认的价格方向）选择清仓，或者在 2 日 EMA 与价格走势出现背离时离场。

（3）2 日 EMA 与价格走势出现牛市背离时便出现了强烈的买入信号。即当价格降到了新低，而 2 日 EMA 却没有再往下降到新低时，便发生牛市背离。

（4）2 日 EMA 与价格走向出现熊市背离时便给出了强烈的卖出信号。即当价格上升到新高，而 2 日 EMA 却没有再往上冲到新高时，便发生熊市背离。

（5）不管何时，2 日 EMA 若下跌深度比正常的深 5 倍以上，并从该区域反弹起来时，则可以预期在不久的将来价格将回升。

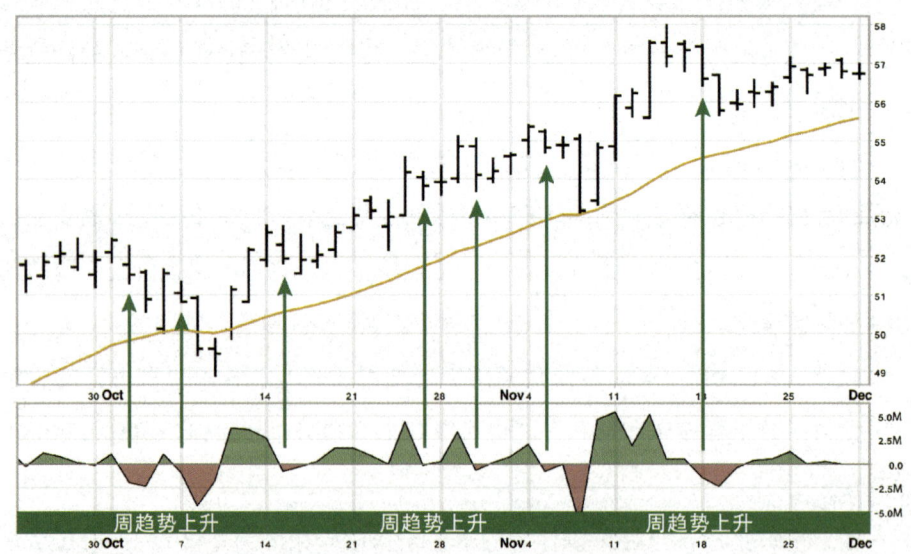

图 30-1　奥多比公司（ADBE）日线图、26 日指数移动平均、2 日强力指数
资料来源：Stockcharts.com。

短期强力指数指标

在本书接下来的部分里我们将回到使用多重时间周期来进行交易决策这

一重要主题上。比如说，你可以利用周线图来做出你的战略决策——成为一名多头还是空头，然后利用日线图来做出你的战术决策——在什么位置上买入或卖出。

以奥多比公司（Adobe Systems，Inc.，ADBE）的股票为例，上升的周线EMA（在图中未显示）确认了稳定上升的趋势。当周线向上走时，日线图上的2日强力指数不断地提供了一系列确认买点的信号。比起追涨并买在高位，在短暂的回调期买入会更好，此时股票走势与其长期趋势相反。这些与趋势相反的波动坑，将在2日强力指数为负时被标记出来。一旦2日强力指数下降到0值以下，此时在最近一条线柱的高点上方设置限价买入指令，一旦下行浪失去势头时，能确保你买入股票，并在上升浪中获得收益。

市场在超买和超卖之间波动，当市场从下跌中回升起来，则可以预期上涨将发生。我们需要注意的是这种信号在上升趋势中，从上升中回落时并不好用。向下跳跃的图形反映了强烈的恐慌，这种情绪不会维持很久。向上跳跃的图形反映了市场过度的热情和贪婪，这些情绪却通常可以维持很长一段时间。

2日EMA可以很好地与三重滤网交易系统（见第39节）相适应。当你将2日EMA与追踪长期趋势的指标结合起来使用，其寻找短期买点和卖点的能力是十分优秀的。

中期强力指数指标

13日强力指标EMA可以确认较长时间段里多空方力量平衡的变化。当其上升到0以上时，多头力量比空头力量更强大；当其下降到0以下时，则空头压制住了多头。强力指标与价格走势的背离说明了中期甚至是长期趋势将发生变化（见图30-2）。当强力指标迅速上升，尤其是接近底部图形模式时，预示着趋势快要逆转。

不管是在日线图、周线图还是分时图中，原始的强力指数指标都可确认多空双方交战的获胜方,我们可以用移动均线将其平滑化,来得到更加清晰的信号。

(1)当13日EMA高于中心线时,多头掌管了市场,当其低于中心线时,空头重占上风。

当上涨开始时,价格通常伴随巨大的成交量而上升。当13日EMA达到新高,便确认了上升的趋势。当上升趋势老化时,价格上升越来越慢,成交量也开始缩减。此时,13日EMA只能上升到较低的高点。当其下降到0值以下时,便意味着牛市的尾声已经过去了。

(2)当13日EMA创新高时,表明多头力量十分强大,上升过程将很可能持续下去。13日EMA与价格走向发生熊市背离时便给出了强烈的卖空信号,若价格达到新高但该指标却只能达到较低的高点,这便在警告多头已经丧失力量,空头正在逐渐掌管市场。

我们需要注意,为了使背离有效,EMA在创新高之后必须降到0值线以下,然后再回升到0值线以上,但是却无法突破前期高点创出新高,这便产生了背离。如果没有和0值线的交叉,就不是有效的背离。

(3)13日EMA创新低表明下降趋势将持续。如果价格创新低了,但该指标却回升到0值线以上,然后再次回落到0值线以下,但却无法跌穿前期的底部,这便形成了牛市背离,表明空头的力量在减弱,是买入的信号。

当下降趋势开始时,价格的下降通常伴随着巨大的成交量,当13日EMA创新低时,便确认了下降趋势。当下降趋势老化时,价格下降得越来越慢,相应的成交量也逐渐缩小,这时随时都可能出现反转。

在强力指数指标界面中,加入一个包络线可以帮助你监测其极端偏离值,该极端值很可能是价格趋势反转的信号。这种捕捉偏离和潜在反转的方法在周线图中十分好用,但在日线图和分时图中不好用。该指标是一个真正的长期指标工具。

图 30-2　斯特塔西公司（SSYS）日线图、26 日指数移动平均、13 日强力指数
资料来源：Stockcharts.com。

长期强力指数指标

斯特塔西公司（Stratasys，Inc.，SSYS）是最近快速发展起来的两大顶级 3D 打印商之一。在我完成世界上第一本关于投资 3D 打印技术的电子书后的两年内，3D 打印概念股已经成为投资者的最爱。一种新技术的模式已经形成，其股价随着业余投资者急切买入而上升，也由于他们的恐慌抛售而暴跌。13 日强力指数指标能很好地捕捉这种上升、下行浪。

当 13 日强力指数指标上穿 0 值线时（在图中被垂直绿色箭头标出），表明新的购买力在进入，此处也是长期交易者买入并持有的区域。当 13 日强力指数指标下降到 0 值线以下时稳定下来，则表明空头占据市场主导地位。

在靠近屏幕右边缘的位置，我们可以发现强力指数指标处于低位，但当力指数指标开始向 0 值回升时，空头的力量就开始衰弱。我们在等待上升趋势蓄力并且被 0 值以上的强力指数指标所确认的时候，一定要时刻做好入场准备，做到有备无患。这种跷跷板运动中，股票在价格顶部时从实力强劲者换到实力弱小者手中，在底部时又反过来，如此永远地持续进行着。强力指数指标可以帮助你站在正确的那一方。

31. 持仓量

持仓量是指在诸如期货和期权等衍生品市场上由买方或卖方持有的合约数量。如果你对期货或期权并不熟悉，你可以跳过此章节，并在你阅读完介绍期权的第44节以及介绍期货的第46节后再返回阅读此章节。

只要上市企业能作为一个独立体持续经营，其上市的股票就能用来交易。大部分股票被多头持有，只有小部分被空头持有。不同的是，在期货和期权市场上，多方和空方各自的持仓总量总是相等的，因为他们持有的是约定了未来交割事项的合约。当某个交易者想要购买一份合约时，总需要有另一个交易者相应地卖出一份合约给他。假如你想买100股谷歌公司股票的认购期权，则需要另一个交易者将相应的期权卖给你，为了使你成为多头，总有另一方得成为空头。持仓量也就因此等于多头或者空头持有的合约总量。

期货和期权合约都有存续期间的设定，期货或期权买卖双方想要实现实物交割的话需要等到第一交割日，在交割日前的这段等待时期能确保多头和空头各自的持仓总量是相等的。不论怎样，只有很少一部分期货和期权交易者会将合约持有到交割日，大部分交易者都会在交割日前提前平仓，在第一次交割通知日之前就将合约变现。我们将在本书的第8章"交易工具"重新回到期货和期权的主题。

持仓量将随着新头寸的建立而上升，随着旧头寸的平仓而下降。比如说，4月COMEX黄金期货的持仓量为20 000份合约，这说明多头和空头各自都持有20 000份合约的仓位。如果持仓量上升到20 200份，便意味着净增加了

200份新合约，多头和空头都各自增加了200份合约，既有买多的也有卖空的。

持仓量在多头将其头寸卖给想要降低空头头寸的空头时会下降，当他们完成交易时便相互各自减少了其交易额规模的头寸，持仓量也就各自减少了相同的数额，原因是交易的达成使得一份或者更多的合约从市场上退出了。

如果新的多头从准备离场的老多头那儿买入多头头寸，持仓量保持不变。同样，当新空头从准备减仓的老空头那儿买入空头头寸时，持仓量也不会变。总之，持仓量在新血液输入市场时上升，在现有的多、空方离开市场时下降，如表31-1所示。

表 31-1 不同情况下持仓量的状态

买入方	卖出方	持仓量
新多头	新空头	增加
新多头	老多头卖出	不变
老空头平仓	新空头	不变
老空头平仓	老多头卖出	下降

技术分析师通常将持仓量画成位于价格柱之下的折线图（见图31-1）。任何市场上的持仓量都随着季节交替而不断变化，因为位于年度生产周期不同阶段，工业产品使用者和生产者会进行大量的对冲。当持仓量与其季节性常态相偏离时便向我们透露出某种重要的信息。

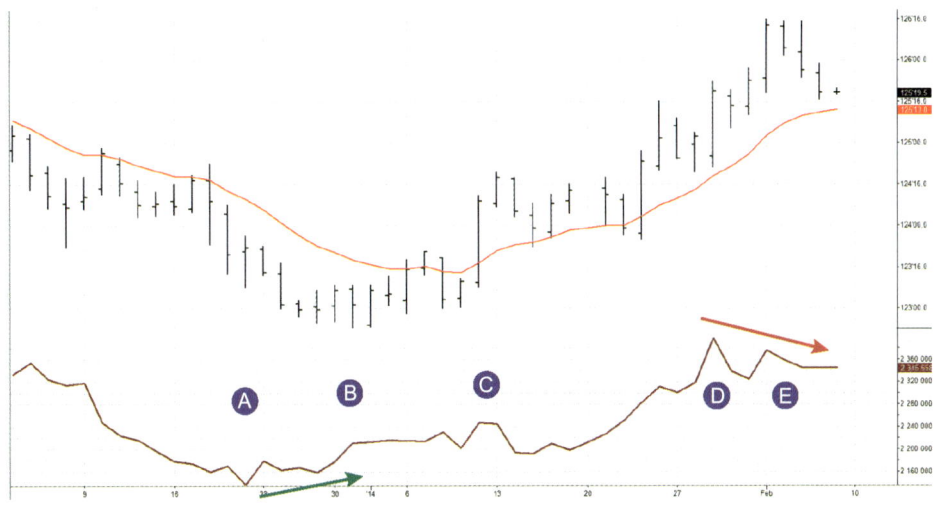

图31-1 2014年3月中期国债期货（TYH14）日线图、13日指数移动平均、持仓量

资料来源：TradeStation。

持仓量

持仓量（OI）反映了在任意一个期货或者期权市场上所有多头或者空头持有的合约总数。因为多头和空头各自的持仓量在衍生品市场上总是相等的，所以持仓量反映了多空双方分歧的程度。

持仓量上升表明多空之间的冲突变得更激烈，同时确认现有趋势。反之，持仓量下降表明输家正在离开市场，赢家正在兑现盈利，说明趋势已经接近尾声。

图形的左边表明了2014年3月中期国债期货（March 2014 Treasury Notes futures，TYH14）正处于下降趋势中，然而下降的持仓量警告空头不要在空头仓位上继续逗留。持仓量在A区域达到了底部，而中期国债期货在B处达到了底部。在C区域，持仓量和中期国债期货价格同时都在明显的上升趋势中，上升的持仓量提前预告了价格的进一步上升。持仓量在D区域达到了顶部，而价格仍然在E区域上升。持仓量转向下降趋势为在图形右端仍继续做多的多头提出了一个警告。

并不是所有图形中的持仓量都像上述图形中那样清晰明确。严谨的交易者从来不会只依赖一种指标，他们灵活运用多种指标并且只有在多种指标的分析结果能够相互确认和支持的时候才行动。

群体心理

产生一个新期货或期权合约必须同时有一个多头和一个空头参与。多头相信价格会上升而持有买单，空头认为价格未来会下降而持有卖单。当新的多头和空头达成交易时，他们达成的交易量是持仓量增加的数量。一单笔交易不太可能影响到市场，但成千上万的交易者都在达成类似交易的话，他们将推动或者逆转市场的趋势。

持仓量反映了多空双方交战的激烈程度。是否继续维持多头或空头头寸取决于他们的意志。当多空双方认为市场不会向有利于他们的方向变化时，他们将会选择减仓，使得持仓量减少。

每一笔交易都有对立的多空双方，其中总有一方将因为价格变化而经受损失。在上升行情中，空方将受到打击；而在下降行情中，多方会经历亏损。只要输家继续持有其头寸，并抱着价格将回到自己预期的变化方向的希望等待下去，持仓量将不会改变。

持仓量的增加表明一群自信的多头在和另一群同样自信的空头对峙，说明了多空双方对价格走向判断的分歧加大。总有一方会沦为输家，但只要潜在的输家不断涌入阵营，趋势将持续下去。迪·贝尔维尔（L. Dee Belveal）在他的经典之作《图表化的商品市场价格行为》(*Charting Commodity Market Price Behavior*) 中明确指出了以上观点。

趋势的维持需要多空双方都对自己的判断有信心，持仓量的增加表明多空双方都在继续加仓。如果双方对期货价格未来走向判断的分歧很大，输家的数量将越来越多，现有的趋势将很可能维持下去。持仓量的增加给了现有趋势持续下去的动力。

在上升趋势中，持仓量增加代表多头买进而空头卖出，多头认为价格将继续上涨而空头认为价格已经太高。一旦空头受到上升趋势的挤压，他们将被迫回补——回补的买盘将进一步推高价格。

在下降趋势中，持仓量增加代表空头积极抛空而多头在底部承接，如果价格继续下跌，这些做投机交易的多头将被迫认赔退出，他们的卖压将驱使价格进一步下跌。

如果多头相信价格将走高而买进，但空头因为害怕而不愿意抛空，则多头仅能够从另一些持有合约的多头手中买入合约。他们之间的交易不会构成新合约，持仓量维持不变。如果持仓量在上涨过程中不再增加，代表输家的供给已经不再增长。

如果空头相信价格将走低而放空，但多方因为害怕而不敢接手，则空头仅能够将合约卖给另一些希望获利了结的空头。他们之间的交易不会构成新合约，持仓量维持不变。如果持仓量在跌势中不再增加，代表抄底者的供给已经不再增长。如果持仓量的走势趋于平坦，警告的黄灯已经亮起——趋势的发展已经进入末期。

当多头决定将自己的多头头寸平掉，同时空头也决定将自己的空头头寸平掉时，如果双方达成交易，那么成交的合约就从市场上消失，持仓量下降。持仓量的下降，预示着输家认赔出场的同时赢家获利了结，他们的分歧程度下降透露着趋势即将反转的征兆。持仓量减少，代表赢家把筹码兑换为现金，输家也放弃了希望，标志着趋势即将结束。

交易准则

（1）当持仓量在价格涨势中增加，便确认了上升趋势，并确认多头增持筹码是安全的。这代表更多的空头在持续进场。一旦空头们认输回补，他们的买盘将进一步推升价格上涨。持仓量在价格跌势中增加，显示低位承接者相当活跃。空头可以继续加码，因为当低位接盘者认赔出场时，他们的卖压将进一步迫使价格下滑。

持仓量在价格横向走势中增加，这是空头的征兆。在这种价格走势中，空头部位大多来自商业避险者而不是投机客。如果价格没有明显的趋势而持仓量暴增，代表着精明的避险者正在抛空行情，此时你应该避免和这些比你更有信息优势的避险者进行交易。

（2）持仓量在价格横向走势中减少，代表商业避险者正在回补，这是买进信号。当商业使用者开始进行回补时，显示他们看多后市。

持仓量在价格上涨趋势中减少，表明赢家与输家都变得小心谨慎起来。多头获利了结，空头认赔回补。市场反映的是未来，如果绝大多数人都已经接受了某个趋势，代表该市场趋势即将反转。如果持仓量在价格上涨趋势中减少，可以考虑了结多头头寸，准备做空。

持仓量在价格下跌趋势中下降，代表空头获利了结，多头认赔出场。在这种情况下，应该回补空头仓位。

（3）持仓量在价格上涨趋势中走平，说明涨势已经缺乏后劲，这是上涨趋势老化的警报。在这种情况下，多头仓位应该收紧卖出止损指令的触发价格，同时避免开新的多仓。反之，如果持仓量在价格下跌趋势中走平，显示下降趋势即将完结，最好收紧空头仓位的止损指令的触发价格。如果价格与持仓量都持平，此时没有显著的意义。

关于持仓量的更多信息

持仓量越高，市场就越活跃，买进或卖出的**滑点**比较不严重。短线交易者应该专注于持仓量最高的市场，在期货市场，持仓量最大的合约通常是交割前一个月的合约。随着第一通知日的到来，当月的持仓量就开始下降，同时下一个月的持仓量开始上升，给出调仓到下一个月的信号。

32. 时间

大多数人过日子的方式仿佛是自己能永远活下去，他们重复着同样的错误，也不对未来进行实际规划，而且很少从过去的经验中吸取教训。弗洛伊德提出，潜意识的思维没有时间观念，我们内心深处的愿望在一生中基本没有什么变化。

当人们加入群体时，他们的行为变得比独处时更简单、更冲动。即便个体会受时间流逝影响，但群体不会在乎时间。群体把情绪付诸行为，好像他们有无穷的时间。

大多数交易者只关注价格的变化，很少关心时间，这正是被大众心智俘虏的另一个标志。

时间意识是文明的标志。一个有思想的人能意识到时间，而某些行为冲动的人意识不到时间的存在。关心时间的市场分析师能意识到市场群体背后还有一个维度，即时间。

周期

长期价格周期在经济生活中是实际存在的。例如，美国股市往往是4年一个周期。之所以会这样，是因为每4年一次的总统选举使得执政党必须提振经济。已经赢得选举的政党不再需要选民的支持，因此就会打击经济。通过注入流动性来提振经济的措施也会推升股市，收紧流动性则会压低股市 ⊖。

农产品的主要周期取决于季节因素、基本生产因素和生产商的群体心理。例如，当牲畜价格上涨时，农民就会饲养更多的牲畜。当这些牲畜送达市场时，价格就会降下来，农民就会减少饲养量。当供应被消化时，供应下降又会推升价格，饲养人再增加饲养，于是牛/熊交替，循环往复。猪的周期比牛要短，因为猪长得比牛快。

长周期有助于交易者识别市场潮流。相反，大多数交易者忙于用短周期来精确把握时点、预测细微的转折点，结果麻烦不断。

从图形上看，价格高低点似乎以某种秩序排列。交易者拿起笔和尺，测量相邻两个高点的距离，并将它们延伸到未来以预测下一个高点。然后他们也测量相邻两个低点的距离，并将它们延伸到未来以预测下一个低点。似乎周期将

⊖ 这个周期被2008年危机以来美联储的量化宽松（QE）政策所扭曲了，但一旦我们爬出此轮大衰退，它很可能还是会回归的。

面包和黄油放到好些个提供预测的专家的餐桌上。他们之中极少有人认识到，图形上看起来像是周期的东西往往只是人们的幻想。如果你用严格的数学程序来分析价格数据，比如用约翰·埃勒斯（John Ehlers）发明的最大熵谱分析法（maximum entropy spectral analysis）来分析，你就会发现大约80%的看似周期的东西都只是市场噪音。人类需要秩序，对于大多数人来说，即使只是幻想的秩序也是好的。

你从空中观察任何一条河流，它看起来也有周期，时左时右。每一条河流都蜿蜒前行，因为河中央的水流比河岸边的水流速度快，从而产生涡流并促使河流拐弯。用笔和尺寻找短期市场周期就好比用魔杖来找水，由于方法没有根据，偶尔成功的获利也会被许多次损失吞噬。

指标的季节性

农夫春天播种，夏天收获，秋天为冬天做准备。其中有播种的时机，有收获的时机，有下注于温暖趋势的机会，也有下注于霜冻的机会。季节的概念也可以用于金融市场，交易者可以采用农夫的方法，春天买、夏天卖、秋天卖空、冬天回补。

马丁·普林格（Martin Pring）发明了一种价格季节模型，但这一概念用于技术指标更有效。指标的季节性告诉你市场周期处于什么位置，这一简单有效的概念能帮你在低位时买进，高位时卖空，并帮你远离市场群体。

我们可以用两个要素来定义指标的季节，即它的倾斜方向和它相对于中线上方或下方的位置。例如，我们可以将指标的季节性用于MACD柱状线（见第23节）。我们将MACD柱状线的倾斜方向定义为两根相邻K线之间的关系。当MACD柱状线自中线下方上升时，则是春季；当它上穿中线时，进入夏季；当它从中线上方下降时，为秋季；当它下穿中线时为冬季。春季是做多的最佳时机，秋季是卖空的最佳时机（见表32-1、图32-1）。

表 32-1　指标的季节性

指标倾斜方向	相对于中线的位置	季节	操作
上升	下方	春季	做多
上升	上方	夏季	开始抛售
下降	上方	秋季	卖空
下降	下方	冬季	开始回补

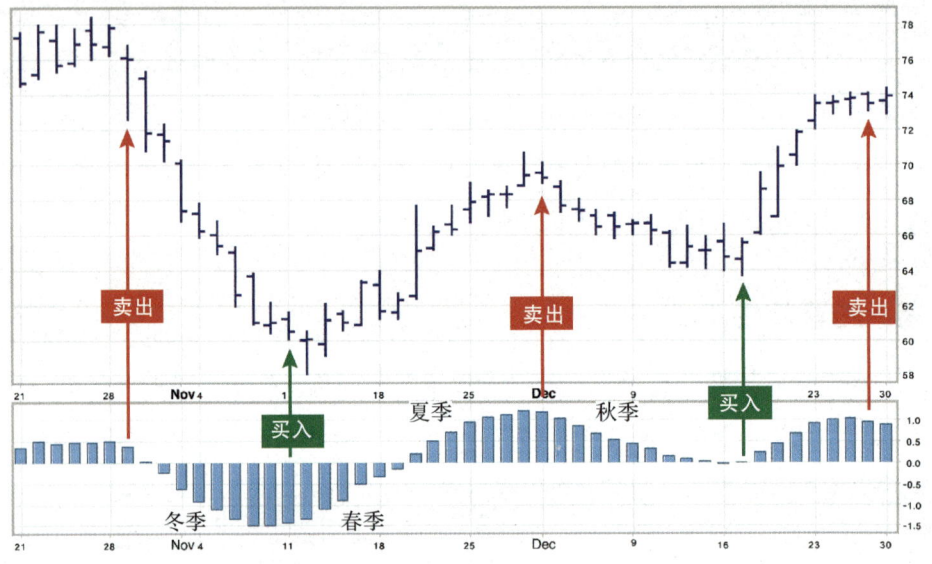

图 32-1　福泰制药公司（VRTX）日线图，12-26-9 MACD 柱

资料来源：Stockcharts.com。

指标的季节性

我们可以将季节的概念运用到大部分指标和时间周期中——包括分时数据，大部分的交易品种都如此。接下来的例子只聚焦于福泰制药公司（Vertex Pharmaceuticals，Inc.，VRTX）股票的日线 MACD 柱状线，该股票是纳斯达克 100 指数中的成分股。

秋季——指标位于中线上方但呈现下降趋势，这是建立空头仓位的最佳时期。

冬季——指标下降到中线之下，此时可以趁弱势之机了结获利的空头仓位。

春季——指标自中线之下掉头向上，此时是建立多头仓位的最佳时期。

夏季——指标自中线上方上升，当气候变热时，趁强势之机了结获利的多头仓位。

本例中的MACD柱状线看上去十分平滑，但它却时刻准备好了上穿或下穿中线。春天的大地可能遭受霜冻的突袭，冬天的严寒里也有可能有暖流来临，诸如此类。

当MACD柱状线位于中线之下但斜率向上时，表明市场处于春季。气温虽低但已转暖。大多数交易者认为冬天还会重返，因而不敢买入。从感情上讲，买入确实不易，因为人们对下跌趋势还记忆犹新。事实上，春天是最佳买入时机，潜在获利空间巨大。因为可以把保护性止损位设在市场现价下方一档，所以风险相对较低。

当MACD柱状线在中线上方上升时，表明市场处于夏季——大多数交易者意识到了上升趋势。从感情上讲，在夏天买入较为容易，因为多方的伙伴数量很多。事实上，夏季的潜在获利空间要低于春季。因为市场波动的幅度变大，止损位必须设在远离现价的位置，所以风险也比春季高。

当MACD柱状线在中线上方但斜率向下时，表明市场进入秋季。此时很少有人能看出市场变化，他们还在买进，期待夏天的重归。从感情上来讲，很难在秋天做空——它要求你远离仍在看多的群体。事实上，秋天是做空的最佳时机。

当MACD柱状线在中线下方下降时，表明市场进入冬季。此时，大多数交易者意识到了下跌趋势。从感情上来讲，冬天很容易加入欢呼的空方做空。事实上，此时的风险/收益比正在迅速变得对空方不利。潜在的获利空间已经收窄，而风险上升了，因为止损位不得不设在离现价较远的地方。

正如农夫关心气候的异常一样，交易者也要关心市场的异常。秋天的农作物可能被小阳春打断，市场也可能在秋天出现强势上攻。春天的大地也可能遭遇霜冻的突袭，市场也有可能在牛市的早期出现下跌。交易者需要运用自己的判断和几种指标及技术，来避免陷入价格的剧烈波动之中。

指标季节性的概念使交易者关注市场上时间的流逝。它有助于你对下一个季节提前做计划，而不是急急忙忙地对其他人的行为做出反应。

市场时间

我们用日历和手表来测量时间，但是却很少去思考我们对时间的认知与宇宙本身的运行规律是很不同的。我们用人类的方法来追逐时间的踪迹，然而其他物质在按照不同的时间周期发展着。

比如说，我们认为我们脚下的大地是稳定不动的，然而事实上地球表面的大陆无时无刻不在运动着。尽管它们一年只移动几英尺⊖，但这样的移动持续几百万年下来也足以改变地球表面的地貌。在短一些的时间周期里，季节模式也随着世纪的更替而改变，冰川期和温暖的时期交替出现。

在时间周期的另一端，是短暂的时间周期。有些物理粒子存续时间远远不到一秒；有些昆虫从出生、成熟到繁殖、最后死亡只在一天之内。

回到交易上来，我们要牢牢记住，相对于时间在我们个人身上的流动速度来说，时间在市场上的流动速度是不同的。市场由大量的人群构成，移动的速度更慢。你从自己绘制的数据图表上发现的模式可能具有一定的预测价值，但你预测结果的实际发生时间可能会比你预测的时间晚很多。

人群相对缓慢的反应速度有时候甚至会让经验丰富的交易者都感到苦恼。我们常常会一次又一次发现自己过早进入市场。新手往往进入得过迟，当他们清楚地认识到某一趋势或反转发生时，这种势头往往已经持续了很长一段时间以至于留给他们的空间已经不多。新手往往倾向于跟风已有趋势，但是经验老

⊖ 1英尺约为0.305米。

到的分析师和交易者常常会被一个与之相反的问题所困扰，这个问题就是他们在判断反转或者新趋势形成之后行动得太早。我们常常在市场还没彻底触底时买入，或者在市场还没完全封顶时卖出。行动的过早会让我们在发展缓慢的趋势当中以亏损出局。

我们应该怎么做呢？首先，我们应该认识到市场所经历的时间比我们自己所经历的时间要慢很多；其次，我们不应在刚发现早期的反转信号时就急于进场。在这个信号之后会有一个更好的反转信号出现来提示行动时机，尤其是在市场顶部的时候，相比于市场底部，反转需要更长的时间来形成。

不贪婪和以小头寸交易将会给你带来好处。较小规模的仓位在发生反转的那段愉快的时间内更容易拿住。在进行分析时要确保运用多重时间周期，这也就是三重滤网交易系统的构建核心，关于该系统的介绍我们将放在之后的章节里。

数字 5

大部分新手会挑选一个他们看上去很舒服的时间周期来进行分析，可能是日线图、10 分钟线图或者任何周期的线图，同时会忽略其他时间周期的数据。很少有人能认识到市场在多重时间周期下存在着。市场同时以周线图、日线图和分时图等形式发展变化着，这些图上的趋势方向还经常相冲突。

日线图显示为上升趋势，而周线图却显示为下降趋势，反之亦然，你应该相信哪一个呢？当你正在使用分时图时，却看到日线图和周线图都和分时图相冲突时又该如何决策呢？大部分交易者只挑一个时间周期的图来看，不看其他时长的图形走势，除非其他周期图形的走势突然刺激到他们。

需要牢牢记住的是，将相邻的时间周期联系了起来的是"5"这个数字。如果你从月线图看到了周线图，就会注意到一个月等于 4.5 周。当你再看到日线图的时候，就会知道一周等于 5 天。如果再将时间周期缩短，就会看到小时线，一天大约有 5～6 小时的交易时间。日线交易者可能会看到 10 分钟图，甚至 2 分钟图。所有这些时间周期都与 5 有关。

分析市场的恰当方法是至少从两个时间周期来分析它。你在形成长远的价格走势判断时必须先根据长时间周期来进行分析，然后在选择市场买卖时点时，再参照短时间周期。如果你喜欢用日线图分析，你必须先检查一下周线图；如果你想要进行超短线交易从而运用 10 分钟图，你也得先分析一下小时图。这是三重滤网交易系统的关键原则之一（见第 39 节）。

33. 交易的时间周期

你计划将自己下一次交易的仓位保持多久？一年，一周，还是一小时？一个严谨的交易者会计划好每次交易的持续时间，不同的时间周期给我们带来了不同的获利机会，同时也让我们承受不同的风险。我们可以粗略地将所有的交易划分成如下三类。

（1）**长期交易或长期投资**。即持有仓位的时间以月为单位，有时甚至以年为单位。优点：可以获得可观的长期投资收益，同时避免每天盯盘对精力的消耗。缺点：体现在跌势中持有时间过长亏损可能会很严重，让人无法忍受。

（2）**波段交易**。即持有仓位的时间以日为单位，有时候以周为单位。优点：有较多的交易机会，能做到严格的风险控制。缺点：可能会错过趋势中的主升浪。

（3）**日内交易**。即持有仓位的时间以分钟为单位，也有以小时为单位的。优点：有很多的短线交易机会，不存在隔夜风险。缺点：需要对市场的快速反应能力，并且频繁地交易会带来较大的交易成本。

如果你决定在多时间周期进行交易，你最好为这些交易操作分别建立不同的账户。这样的话，你可以分开评价并对比这两个账户的运作情况，而不是将不同的操作交易方式混杂到一起。

投资

长期投资或交易决策的做出需要以基本面的信息分析作为基础。你可能是发现了新的技术趋势或令人兴奋的产品，这些因素可以显著增加公司价值。投资需要具有坚定的信心和强大的耐心，尤其是如果你在持有期中要经历漫长的回调和盘整时间时。这些艰巨的挑战将使得成功的长期投资变得很难。

主要趋势在长时间周期图形中很容易看出来，但实时去看却很模糊并且不确定，尤其是当某只股票进入下跌趋势时。当你的投资资产价值下降了50%甚至更多时，你之前的盈利将基本上被下跌所消灭——这也是进行长期投资时会普遍碰到的情景。但我们之中很少有人能有足够的自信和定力去继续持有。接下来我将用苹果公司这一只数轮牛市的中的明星股来举例说明（见图33-1）。

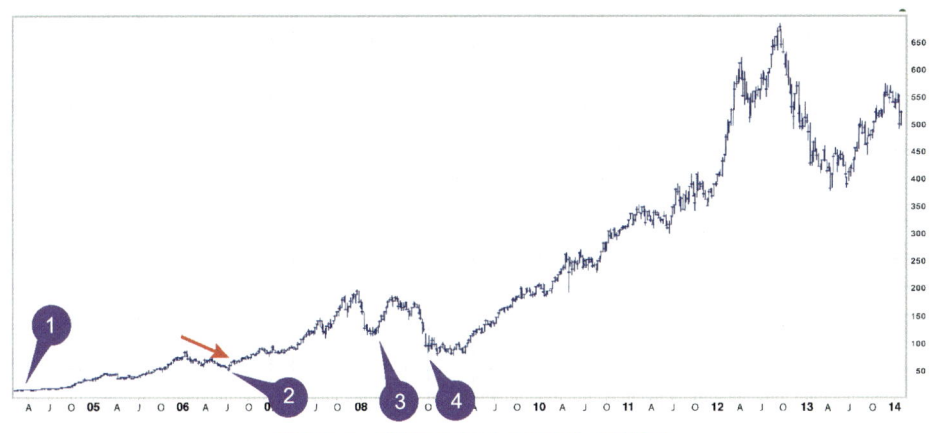

图 33-1　苹果公司（AAPL）周线图

资料来源：Stockcharts.com。

投资

进行长期投资需要面临巨大的挑战，即使持有苹果公司（AAPL）这种市场顶级牛股也是一样，这些可以从上图中10年期的AAPL股价走势图中看出。

（1）2003年——AAPL股价跌到10美元以下，公司能否生存下去都成了问题，你这时候会买公司的股票吗？

（2）2006年——AAPL股价飙升到86美元，然后缩水至51美元。如果此时你持有1 000股，你会继续持有下去吗？在当其股价反弹回80美元并看上去要再次下跌时，你会不会卖出呢？

（3）2008年——AAPL股价飙升到202美元，然后又降到115美元，如果你持有1 000股，看到了自己账面资产经受了87 000美元的损失，你是继续持有还是卖出？

（4）2009年——AAPL股价回升到了192美元，后来又降至78美元，比先前的低点还要低，你的账面资产将经受超过50%的损失，你是继续持有还是选择将其变现？

2003年，苹果公司在死气沉沉的低谷中存活了下来，当时谣传饱经磨难的苹果公司股票将被其他公司接管。但从那之后直到2012年苹果公司股票从顶部崩塌之前，苹果公司成长为世界上市值最高的公开交易公司。现在回想起来苹果公司股票的上涨趋势可谓气势非凡，但是扪心自问，你有能力始终持有苹果公司的股票吗？要注意苹果公司期间经历了多次下跌，有些甚至跌去了50%以上。要知道，这种程度的下跌往往是标示着上升趋势已经结束了的。

应对长期投资带来的挑战的一种明智的方法就是在技术分析交易工具的帮助下坚持并执行你对基本面的判断。当你决定买入时，可以参考技术指标来确保你买入的价格相对市价买入要便宜一些。如果你的投资很成功，资产价格飞涨，可以使用技术分析工具来确认被过度估值的价格区域，在该区域内兑现你的盈利并且准备好在不可避免的下跌回调过程中再次买入。这种投资计划需要高强度的专注以及坚持不懈的精神，图33-2是从我的交易日志中选取的一个例子。

第 5 章 | 成交量和时间 | 185

图 33-2 福特公司（F）月线图、26 月和 13 月指数移动均线及动力系统、自动包络线、MACD 线及 MACD 柱（12-26-9）、13 月强力指数的指数移动均线及 ATR 通道

资料来源：TradeStation。

技术指标结合基本面

（1）2007 年——在福特公司新总裁到来之前，福特公司正处境艰难，该新总裁早先曾经率领波音公司走出困境。在令人兴奋的牛市市场氛围下，福特公司股价试着去夺回其 30 美元的高点。我看到了它的一个假的下跌突破，伴随着牛市背离，于是买入了该股票，然后坚定地持有它经历了整个熊市。

（2）2011 年——福特公司的股票上涨到其月线通道之上，其月线通道在当时已经缩窄，显示出袋鼠尾形态，同时其 MACD 线走弱。此时我选择了获利了结。

（3）2011 年——此时月线价格在其价值波动区间内稳定下来，我便重新将仓位买了回来。

基本面分析可以帮助我们找到值得买入的股票。使用技术分析可以帮助我们选择合适的买卖时机。在主要的上升趋势中我们需要做好不止一次的进行买卖交易的准备。

波段交易

大趋势和震荡区间都可以持续几年时间，其中会被短期上下波动所打断。这些波动给我们提供了很多交易机会，我们可以对此加以利用。这本书中很多图表可以用于波段交易。

我强烈推荐初级和中级投资者进行波段交易。你交易的越多，从中学到的也就越多，可以帮助你积累风险管理和做好交易日志记录的经验。波段交易教起你来比需要几年才能完成学习课程的长期投资更快。波段交易能给你留下时间去思考，不像需要瞬时反应的日内交易。这种快速的反应对于新手来说节奏过快了。

短线波段交易可以有不菲的收益，并且和长线交易不同，它不用让你经历痛苦的漫长下跌过程。波段交易不需要紧盯屏幕一整天，在 SpikeTrade.com 网站上，数百名交易者在上面竞赛。他们大部分的交易持续时间为几天，也有一小部分成员持仓几周或者几个月以上，或者在数小时内完成市场进出。大部分成员的持仓期都是以日计的，波段交易正好符合大部分人对交易时间周期选取的喜好。

我几乎每周都会将 SpikeTrade 组织的一个或多个经典案例记录下来。图 33-3 中的 HES 数据就是我那些交易日志中的一篇。

我在 HES 交易过程中的盈利情况是每股净赚 1.92 美元。你可以通过决定交易多少头寸来调整承担的风险大小以及潜在的盈利机会，我们将在第 50 节中的 "风险控制的铁三角" 部分中再次强调这个核心问题。

最好的学习技巧之一就是在一笔交易完成的两个月后重新回到这笔交易，回顾它的图形。交易信号在屏幕图形右边缘上很朦胧，然而到了图形中部时就变得很清晰了。现在，随着时间的流逝，你可以清楚地看到哪些信号是起作用的以及自己在整个过程中到底犯了哪些错误。从绘制这些图形的过程中你可以学到在未来的交易中，哪些成功的操作是可以重复的，哪些失败是可以避免的。不断更新绘制历史交易记录的图形可以让你成为自己的老师。

图33-3　赫斯公司（HES）日线图，26日和13日指数移动均线及4%包络线，MACD线及MACD柱（12-26-9），动力系统，2日强力指数指标

资料来源：Stockcharts.com。

波段交易

对于专业的交易者来说，买多和卖空让他们感到同样的舒服，两者的信号也是类似的，但是卖空的行动需要更加迅速——股价下降速度是上升速度的两倍。

由图33-3中可以看出，我在赫斯公司（Hess Corporation，HES）股票价格形成短期双顶时，进行了卖空操作。此时所有指标都显示股价出了熊市背离。当股价开始下降到两条 EMA 线所确定的价值区域下方时，股价似乎要停止下跌，同时指标显示已经出现了超卖，于是我回补了结了空头头寸，兑现了利润。

图 33-4 中的图形和文字都来自 SpikeTrade.com 网站。每周在该网站上的交易竞赛中胜出的人将把自己的交易日志上传到该网站上。不同的交易者运用不同的指标和参数。

图 33-4　绿松石山资源（TRQ）日线图，22 日和 12 日指数移动均线及 11% 包络线，MACD 线及 MACD 柱（12-26-9），20 日相对强弱指标

资料来源：Stockcharts.com。

底部附近的波段交易

皮特 D. 是一名来自荷兰的 SpikeTrader 老会员。他提交到 SpikeTrader.

com 网站的日志中，有一篇标题为"在底部钓鱼"，讲的是如下这笔交易。

"周线图情况：各指标走势并未显示出大变化，MACD 虽然较低但仍然为正值；RSI 上升速度十分缓慢。日线图情况：MACD 将要确认一个牛市背离，RSI 也如此。股价上周跳水了，但在支撑位停止了下跌。"

"我本人将买入价位定在了 3.02 美元，为最近的前期低点的价格水平。周一早上此价位被触及了，该价位后来被证明仅仅比当日和当周的最低点高 1 美分。当日股价最终以接近高点的水平收盘，并在周二和周三继续攀升。我的盈利目标价位在周三上涨过程中被触及。虽然当日该价格有所回落，但是其周收盘价仍然收在一个相对高位。"

彼得的交易使他在 3 天赚了接近 11%，当然，我们不能让自己陶醉在这个数字当中。新手才会着迷地关注这个数字，并幻想他们每周 11% 地赚，累积一年自己将获得多大的收益，然后疯狂地往市场里投钱，这样的投机收入将不可避免地被亏损所冲抵。而专业投资者小心谨慎地管理着他们的财产，迅速地了结亏损的交易，保护自己本金安全并使它增值。

如果长期投资是狩猎大猎物的话，波段交易就像是猎捕兔子这样的小动物。如果你是以捕猎谋生的话，猎捕兔子是一种可靠的保证使你吃上肉的办法。小心谨慎地在波段交易中不断进出市场，同时慎重地管理财产，是在市场上生存并发展的实际可行之路。

日内交易

日内交易意味着在一个交易日内开始并结束一笔交易。在数字跳动闪烁的屏幕前迅速地买进和卖出需要最高水平的精力集中以及操作纪律。与其相矛盾的是，这种交易却吸引了最冲动和赌性最高的人们。

日内交易有着看上去很容易掌握的欺骗性外表。经纪人公司将顾客的交易数据隐藏起来使其不能公开，但是在 2000 年，马萨诸塞州的管理者审查了经纪公司相关记录，发现只有 16% 的日内交易者在交易 6 个月后还能盈利。

不管你在学识或自律上存在什么样的漏洞，日内交易都会快速地将这些漏洞暴露出来，并且狠狠地打击你的弱点。在进行波段交易时，你还可以停止交易和有充足时间思考，但在日内交易中这是不可能的。

对于还在学习如何交易的人，用每日收盘后的数据进行交易便足够了。当你成长为一名可以持续获利的波段交易者后，可能会想尝试一下进行日内交易。你将带上之前已经掌握的技巧，仅仅只需将其调整到一个更快的交易节奏中去。对于日内交易的老手来说，新手们是送来的一份大礼。

确保记录好日内交易的行动计划：什么条件下你将进入市场或离开市场，什么条件下将继续持有或者减仓。准备好充足的时间：日内交易需要在多个电脑屏幕前耗费大量的时间。

日内交易的另一个困难是狩猎目标更小，这体现为价格通道的高度。在本书的其他地方有介绍，衡量交易者表现的一个有效指标是交易者赚取的价格段占价格通道或包络线的百分比。若赚取了价格通道高度的 30% 及以上，评级为 A；若只赚取了价格通道高度的 10%，评级只能是 C（见第 55 节）。让我们将这些评级放到大家热捧的一些股票上。当你阅读本书时，准确的数字可能已经随时间变化了，但我正在写这本书的今天，从日线图以及 5 分钟分时图上得到了价格通道高度的数据表，如表 33-1 所示。

表 33-1 日线图及 5 分钟分时图价格通道高度示例

	日价格通道	A 级交易者	C 级交易者	5 分钟价格通道	A 级交易者	C 级交易者
苹果公司	55	16.5	5.5	2.5	0.75	0.25
亚马逊公司	27	8.1	2.7	2.2	0.66	0.22
孟山都公司	7	2.1	0.7	0.6	0.18	0.06

使用日线图的波段交易者，如果是一名 A 级交易者，在这些活跃股票的

交易中表现优秀，他可以大赚一笔。即使他只是一名 C 级交易者，仅赚取交易通道高度的 10%，这也足以使他在学习交易的同时，在这场游戏里舒服地生存下去。如果用日内交易，那么必须是一名 A 级交易者才能在市场上存活下来。否则由于买卖价差、交易佣金以及其他成本等因素，他账户上的资产将逐渐变少。

如果你作为一名波段交易者已经有了很好的交易记录，你决定参与日内交易，你可以将你之前学到的技巧以及使用的工具运用到日内交易上来。你可以在第 39 节找到运用三重滤网交易系统进行日内交易的例子。

我有个当奥运会划船比赛教练的朋友，他教我划船的时候，将教学重点集中在养成正确的划桨动作上。一个能力优秀的划船手无论是在闲暇的周末划船，还是在比赛的决赛中，其划桨的姿势都完全相同，不同的只是力量和速度。日内交易也是一样，所需的技术都一样，但速度和其他时间周期下的交易不一样。如果你学习的是波段交易，你可以将你在波段交易中使用的技术运用到日内交易上来。之后你还可以反过来，将你日内交易的技巧用于判断波段交易的买入点和卖出点。

进行日内交易是一种对丰厚利润的追求，但是你要牢牢记住这是一场需要很高专业技巧的游戏，绝对不是为新手提供的休闲娱乐活动。

| 第6章 |

市场指标

你可以运用前面章节介绍的技术指标来分析任意的交易标的：股票、期货、股指等。这些技术指标包括：移动均线（MA）、指数平滑异同移动均线（MACD）、强力指数（force index）等。它们可以在任何时间周期的分析框架下为我们提供信号。现在我们来看看一类与之前不同的工具：市场指标。这类指标分析的是市场的整体，而不是其中具体的某一只个股，市场指标值得交易者参照追踪，因为个股一半的波动是受市场整体趋势影响的。

尽管存在各式各样的市场指标，本书并不会对所有指标进行百科全书式的介绍，在这里只对帮助我交易的那些工具进行分享。你可能采用和我一样或者完全不同的分析工具，你可以自由选择那些符合你喜好的工具并用你的市场数据来对其进行检验，我们只应该去相信那些经自己实践检验过的指标。

34. 新高 – 新低指数（the new high-new low index）

在任何交易日内股价达到近一年内最高价格的股票就是多方市场多头的领导者，在任何交易日内达到近一年内最低价格的股票便是空方市场空头的领导者。新高－新低指数（NH-NL）通过衡量任意一天中股价创出年内新高的股票数除以创出年内新低的股票数来追踪市场领导的行为。从我个人的经验来看，新高－新低指数是股票市场最佳的市场领先指标[⊖]。

如何构造新高－新低指数

运用来自互联网以及大多数主流报纸提供的信息，我们可以很轻松地计算出新高－新低指数。公式为：

新高－新低指数 = 创出年内新高的股票数 - 创出年内新低的股票数

在美国，大多数数据服务公司都提供创出年内新高的证券数和创出年内新低的证券数这两个数据，但是他们各自对数据定义的随意性让人震惊。一些数据服务公司的数据范围狭窄，只报告纽约证券交易所上的股票，忽略其他交易所；另一些数据服务公司的数据范围又过于宽广，无论什么投资标的都涵盖在内，甚至包括利率ETF[⊖]。我个人最喜欢在www.barchart.com网站上找数据，上面的数据很可靠。我会从中提取创出年内新高的股票数和创出年内新低的股票数，并计算出新高－新低指数，再将结果绘制在标普500指数日线图的下方。

构建新高－新低指数的任务对于不在美国的交易者来说会更加困难，因为在他们国家所需的数据网上不会公布。此时你需要自己进行一些编程工作。首先，对你所在国家数据库中的所有股票进行每日扫描，从中找到那些在当日创出年内新高的股票和创出年内新低的股票，一旦你有这两个股票名单，就可以运用上述公式来计算相关数据。

在创出年内新高的股票数量多于创出年内新低的股票数量的交易日内，新高－新低指数为正，图形也上升到0值中线以上；在创出年内新高的股票数

[⊖] 在2012年，我和克里·洛沃恩一起写了一本关于新高－新低指数的电子书。我们每晚都会在SpikeTrade.com网站上发布最新的统计数据。

[⊖] ETF（exchange-traded fund），是指交易型开放指数证券投资基金，具体见第43节。

量低于创出年内新低的股票数量的交易日，新高－新低指数为负，图形也下降到 0 值中线以下。如果创出年内新高的股票数量等于创出年内新低的股票数量，新高－新低指数为 0。通常我们将新高－新低指数画成一条线，然后在中间的 0 值位置画一条水平参考线。

当我在标普 500 指数日线图的正下方绘制新高－新低指数图形时，我会时刻记住新高－新低指数比起标普 500 指数来说构成成分更多，新高－新低指数涵盖了来自纽约证券交易所、美国证券交易所以及纳斯达克三方的数据，其中仅仅排除了交易型开放式指数基金（ETF）、单位投资信托、封闭式基金、认股权证以及优先级证券。新高－新低指数图形上方的标普 500 指数日线图只是简单地用作对比分析。

群体心理

一只股票只有在年内最强势时才会出现在新高名单上。这表明一群焦急的多头正在追逐买入它的股份；一只股票只有在年内最弱势时才会出现在新低名单上，这表明一群激进的空方正在抛售它的股份。

新高－新低指数跟踪交易所里最强势的股票和最弱势的股票，并比较二者的数量，它揭示了领涨个股和领跌个股的力量对比。

你可以将纽约证券交易所、纳斯达克或者其他交易所里的所有股票看成一个兵团。如果每一只股票代表一名士兵，那么创出新高和新低的股票就是长官。创出新高的股票是领头攻占山头的长官，创出新低的股票是放弃抵抗、带领撤退的长官。

长官的领导水平在任何战争中都是一个决定是否胜利的关键因素。当我在接受训练的时候，教官常说世界上没有不好的士兵，只有不好的长官。新高－新低指数显示出是领头进攻的长官多还是领头撤退的长官多。长官引导的方向，是士兵跟随的方向。市场指数，比如标普 500 指数，倾向于跟随新高－

新低指数变化而变化（见图34-1）。

图34-1　标准普尔500（S&P 500）日线图，26日和13日指数移动均线，自动包络线，新高-新低指数日线

资料来源：TradeStation。

新高-新低指数——日线图和年度回顾

图34-1追踪的是股市大部分时间处于牛市中的某年，其新高-新低指数日线图。每一个上升趋势都难免会被短暂的回调所打断，当新高-新低指数与价格走势发生牛市背离时，该点在上图中被红色斜线箭头标出，便警告人们下跌即将到来。这些信号显现因为长官已经开始在士兵撤退前撤走了。

当新高-新低指数从负值上升到正值，该区域被图中紫色圆圈标出，表明下跌趋势已经终止，上升即将开始。尤其是当标普指数超卖时，即下跌到接近其价格运行通道下线时，上述信号极其有效。一如既往地，交易信号在各相互独立的指标结果之间相互支持时尤其有效。

当新高-新低指数上穿其中线时，表明多方领导强势；当新高-新低指数下穿其中线时，表明空方领导强势。如果市场创出新高且新高-新低指数也创新高时，表明多头领导正在增强，上升趋势有望延续；如果市场上涨而新高-新低指数萎缩，表明上升趋势遇到问题。一个长官逃跑的兵团有可能会撤退。

新高-新低指数的新低表明下跌趋势有望延续。如果此时兵团的长官跑得比士兵还快，那他们很可能被击溃。如果股市下跌而新高-新低指数掉头向上，表明长官不再逃跑了。当长官们重振士气时，整个兵团就有望上攻。

新高-新低指数交易法则

交易者需要关注新高-新低指数的三个方面：新高-新低指数位于中线之上或之下的位置、新高-新低指数的趋势以及新高-新低指数与价格走向之间的背离。

新高-新低0值线

新高-新低指数与0值中线的相对位置关系表明了是空头占据上风还是多头掌控市场。当新高-新低指数在0值中线上方，表明多方领导者比空方领导者更多，你最好是加入多方的阵营；当新高-新低指数在0值中线下方，表明空方领导者的势力更强大，你最好加入空方的阵营。新高-新低指数在牛市中可以保持在0值中线以上几个月的时间，在熊市中也可以持续在0值中线以下几个月。

如果新高-新低指数为负，并且一直持续了几个月，突然某天上升到中线以上，便是涨势开始启动的信号，此时我们可以使用震荡指标来精确判断时机并寻找买入机会。如果新高-新低指数为正，并且一直持续了几个月，突然某天下降到中线以下，则是跌势开始启动的信号，此时我们可以使用震荡指标来精确判断时机并寻找卖出机会。

新高-新低指数趋势

当市场上涨并且新高-新低指数也上升时，便确认了上升趋势；当新高-

新低指数随同市场一起下降时，便确认了下降趋势。

（1）新高－新低指数的上升表明继续持有多头是安全的，并且还可以加仓。如果当整体市场走平或上升的时候，新高－新低指数却在下降，那便是将多头头寸利润兑现的时候了。新高－新低指数降到0值以下，表明空方领导者十分强大，此时继续持有空头头寸是安全的，并且可以继续卖空。如果在市场持续下跌时新高－新低指数不降反升，则表明跌势已经开始慢慢丧失领导地位，是时候回补以降低空头仓位了。

（2）如果在市场走平的日子里新高－新低指数上升，则显现出了牛市的预兆，是买入的信号。这也表明了长官开始身先士卒，向上突围，而士兵们仍在散兵坑里蹲守。如果在市场走平的日子里新高－新低指数下降，则显现出了卖出的信号，表明长官已经提前放弃抵抗，然而士兵们还在坚守。士兵们也不笨，如果他们发现长官开始逃跑了，他们也不会继续恋战。

新高－新低指数背离

如果近期市场的新高伴随着新高－新低指数同时创新高，则即使上升过程受到短暂回调的阻碍，涨势也将很可能继续持续下去。当市场新低伴随着新高－新低指数达到新低，表明空头很好地主宰了趋势，跌势将继续持续下去。反之，新高－新低指数与市场指数的背离则表明此时的市场领导者在撤退，趋势可能将发生反转。

（1）如果市场创出新高而新高－新低指数只达到了一个次高点，就产生了熊市背离，这表明虽然市场整体正在走高，但多方领导力正在弱化。熊市背离表明上升趋势结束，但是同时我们需要关注次高点的高度。如果新高－新低指数的最近峰值只是稍微比0值高一些，在+100以内，那么随后可能会出现一次重大回调，此时应该卖空。另一方面，如果最近峰值高于+100，则表明向上的领导力还很强大，足以阻止市场下跌。

（2）如果市场创出新低而新高－新低指数只达到了一个次低点，就产生了牛市背离。这表明尽管市场在走低，但空方领导力正在弱化。如果近期低点在－100以内，表明空方领导力耗尽，一个重要的向上反转即将来临。如果近期低点较深，则表明空方还有些力量，下跌趋势可能会稍有停顿，但趋势不会反转。要记住，股市底部的牛市背离比股市顶部的熊市背离发展得快，所以要快买慢卖。

在多重时间周期和历史追溯中的新高－新低指数

市场在不同时间周期下同步变化发展着。我最先在新高－新低指数上下的功夫主要集中在追溯一年历史的日线图上——计算在最近52周（即一年）达到其新高或者新低的股票数量。之后我又在新高－新低指数中增加了几个时间周期的分析，加深了对该指标的理解。

周度新高－新低指数

周度新高－新低指数可以帮助我们确认主要的股市趋势和识别重要反转。我通过来自前面提到过的barchart.com网站上的日度数据来构造该指标，通过5日均线来加总。得出结果后我一般会将其绘制在周度标普500指数图形的下方。

周度新高－新低指数会在达到极端水平以及出现背离时释放出重大信号。为了从逻辑上更好地去理解，我们要牢牢记住周度新高－新低指数是如何被构建出来的。比如说，如果周度新高－新低指数上升到+1 500水平，表明在过去的5个交易日内平均每天创新高的股票比创新低的股票多300只。将周度新高－新低指数推向极端值需要牛市或者熊市持续一段时间才能做到。

以下是周度新高－新低指数透露出来的最重要的信号：

（1）当周度新高－新低指数降低到－4 000以下时再反弹到该水平之上，

便传递出重要的买入信号。

（2）当周度新高-新低指数上升到+2 500以上时，便确认了牛市。

（3）当周度新高-新低指数的顶部或底部与价格走向产生背离时，便传递出了重要的反转信号。

当周度新高-新低指数降到-4 000时则反映出了不可持续的市场恐慌情绪。周度新高-新低指数要想降到-4 000，必须市场平均每个交易日内创新低的股票数比创新高的股票数多800只，这种严重的恐慌情绪不可能持续很久。当周度新高-新低指数回升到-4 000以上时，便产生了买入信号，我称其为"尖峰（spike）"，这种信号在牛市和熊市都十分强力并且有效——我因此将我们的团队命名为"SpikeTrade"。依据这种信号做出的判断在几十年中才有可能出错一次，正如你在图34-2中所看到的那样。

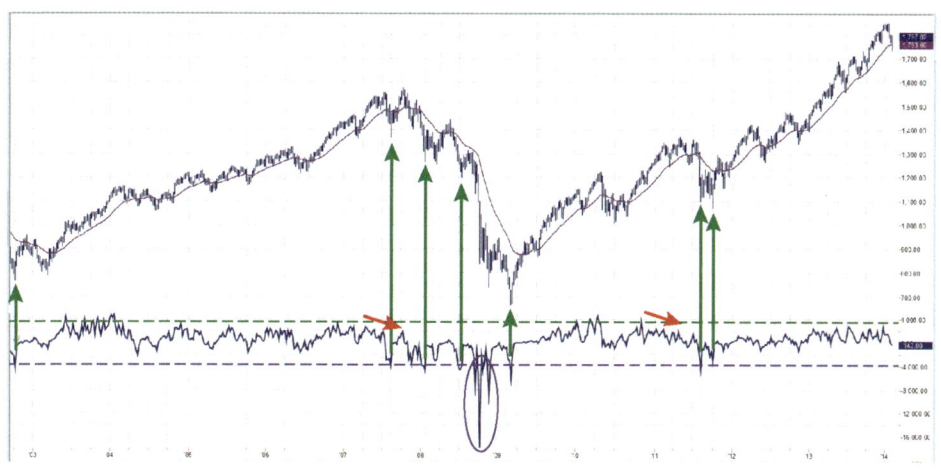

图34-2　标准普尔500（S&P 500）周线图、26周指数移动均线、新高-新低指数周线、位于+2 500的绿线、位于-4 000的紫线

资料来源：TradeStation。

新高-新低指数——周线图

当周度新高-新低指数降到-4 000以下并且再次上升到该水平之上，便

表明了重要底部的形成，该区域在上图中被绿色的垂直箭头所标记。图34-2涵盖了长达11年的时间段，该信号无论在牛市中还是在熊市中都很有效，只有一个例外——在2008年的10月和11月，在近一个世纪以来最低迷的熊市期间（图中被紫色椭圆标出）。这也提醒了我们：没有任何一个指标可以做到在任何情况下都百分之百有效，这也使得风险管理对于我们在市场上生存并取得成功来说至关重要。

图34-2中红色斜线箭头标示出了重要的熊市背离。周度新高-新低指数达到+2 500时便确认了牛市的存在，并且意味着价格将继续走高，即使上升过程会被短暂的下跌所干扰。

当周度新高-新低指数上升到+2 500水平时，便确认了牛市。在熊市的反弹中周度新高-新低指数从不会上升到如此高度，如果你看到该指数上升到+2 500的水平，你就可以确信你现在正处于牛市当中，未来将会出现更高的价格。

65日和20日新高-新低指数

最近这些年在新高-新低指数分析中最大的创新点就是两个新的历史追溯时间周期的加入：20和65日。常规的日度新高-新低指数是每日的最高价和最低价与过去一年内的最高价、最低价进行比较。20日新高-新低指数比较的是过去一个月的高低价数据，而65日新高-新低指数比较的是过去一个季度的高低价数据。较短周期的新高-新低指数的分析对于短期择时很有帮助。

这两种新的时间周期比标准的年度新高-新低指数传递了更加敏锐的信号。其中的逻辑很简单：在某只股票达到近一年内的新高之前，它必须先达到月内新高，然后再达到季度内新高才行。如果某只股票正处于下降趋势中，此时需要很长的一段时间才能让价格恢复并创造近一年来的新高，但创造月内新高和季度内新高需要的时间就没那么长了。

除了上面讨论的诸如趋势和背离这类的常见信号外，20 日新高－新低指数降到 −500 以下再重新回升到该水平以上，此时就传递出了强烈的短期买入信号。这说明市场触碰到了短期熊市下跌极限并要向上离开该区域，在其之后通常伴随着短期反弹。我们把这种情形称作"尖峰反弹"信号（见第 54 节）。

根据新高－新低指数来追踪市场领导者将帮助我们改进市场择时的准确度。有两种方法来使用新高－新低指数：首先，由于个股走势在很大程度上依赖于市场整体趋势，我们可以使用新高－新低指数来决定个股何时买入或卖出；其次，我们可以使用新高－新低指数来交易那些跟随市场整体走势的投资标的，比如标普 500 电子迷你股指期货。

35. 50 日均线上的股票数占比

这次介绍的市场指标是建立在关于价格和移动均线这些核心概念的基础之上的（见图 35-1）。每一个价格都代表着市场参与者对价格达成的暂时性共识，而移动均线则代表着一段时期内对价值达成的暂时性共识的平均值。这也意味着当一只股票股价处于其均线以上，即当下对价格达成的共识高于其过去共识的平均值时，这就是牛市；当一只股票股价处于其均线以下时，也就意味着熊市。

当市场向上走时，股价处于均线之上的股票数占总数的百分比也会增加。在市场下降过程中，股价处于均线之上的股票数占总数的百分比则会持续缩水。

以上指标追踪所有在纽约证券交易所、美国证券交易所和纳斯达克上交易的股票，并且计算出其中交易价格在均线以上的股票数与总股票数量的比值。可以将这个比值绘制成图形，值域为 0～100%。我们可以利用该图形来确认市场趋势并预测何时反转。

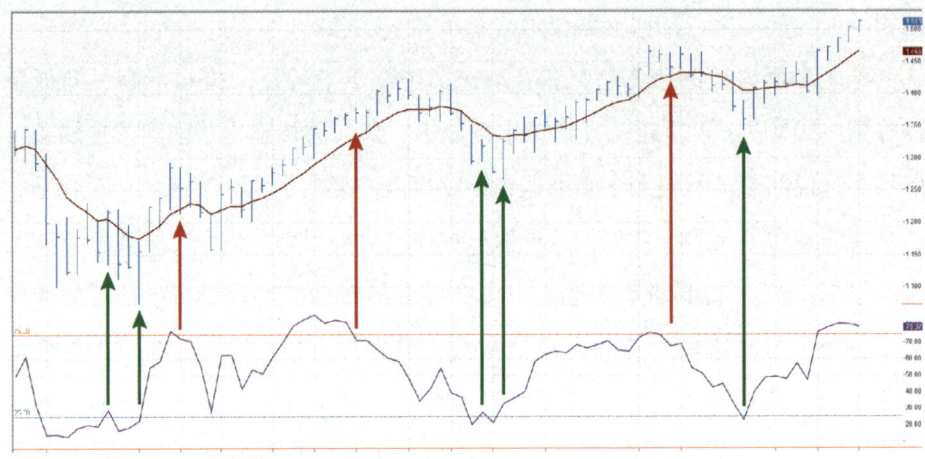

图 35-1　标准普尔 500（S&P 500）周线图，26 周移动均线；50 日均线上的股票数占比 75% 和 25% 参考线

资料来源：TradeStation。

50 日均线上的股票数占比

当 50 日均线上的股票数占比指标达到一个极端值——75% 以上或者 25% 以下，然后又从该水平反弹，说明中期趋势很可能走到了一个转折点。该指标的反转闪现出了整个市场的一个信号：在该指标上升的时候买入并在该指标下降的时候卖出。在 2013 年的年末，此时市场开始了一轮几乎没有回调的持续上涨，在该指标达到 25% 以上时，上升过程中的买入信号就开始显现。这些指标并不能标示出每一次反转——没有任何一个指标能做到这样，但一旦该信号显现出来时，我们最好要注意它。

追踪交易价格在 50 日均线以上的股票数的指标在很多软件包里都有。我个人喜欢在周线图上来分析该指标，这可以让我捕捉到中期的反转点——当市场出现这种情况时通常预示着该反转趋势将持续数周或者数月。你不需要每日都看该指标，但这应该成为你每个周末所要做的功课中的一个重要部分。

理论上来说，该指标最高能达到 100%，前提是在所有股票的交易价格均位于其均线之上时。该指标在所有股票的交易价格均位于其均线之下时可以达到最低值 0%。在实际中，只有在极端的市场情况中才有可能让该比值达到接近 90% 或 10% 这两个极端值的水平。我会在 75% 和 25% 这两个水平上画两条参照线，然后在该指标接近这两个水平时寻找市场转折。

交易价格在 50 日均线以上的股票数占总股票数的百分比这一指标并不是通过其百分比达到某一特定水平来发出交易信号，而是通过接近某一水平之后发生反转来发出交易信号。该指标通过上升到上限参照线之上再下跌到该参照线之下来显示顶部即将完成的信号；同样，该指标通过下降到下限参照线之下再回升到该参照线之上来暗示底部已经形成。

注意到该指标的顶部通常是很宽的，同时其底部却是很陡峭的。顶部的形成是由于贪婪，这是一种让人感到快乐并且能够持续很久的情绪；底部的形成是由于恐惧，这是一种让人反应剧烈但是持续时间不长的情绪。

有一些指标在捕捉反转时机时刚刚好，而其他部分指标可能只能捕捉到主要趋势持续过程中的短暂反弹。我们可以让这些指标成为一种参考，而不是仅仅使用其中单一的某个指标来做交易决策。在做决策的时候参考多重指标，当它们的结果相互支持时，它们之间的可靠度将得到相互加强。

36. 其他市场指标

只有极少数的市场指标经受住了时间的严酷考验。很多在先前被人们经常使用的指标随着新的交易品种加入市场而逐渐被淘汰。新高－新低指数和 50 日均线上的股票数占比这两个我们之前提到的指标，由于它们十分清晰地使用逻辑而被保留下来，一些其他的指标将在下文中列出。不管你使用什么分析工具，你一定要知道它们是如何使用以及它们测量的是什么。从这些指标中选择几个并进行定期追踪，直到你信任它们提供的信号。

腾落指数（advance/decline，A/D）

腾落指数（A/D）测算大众参与上涨和下跌的程度。该值是将每天收盘价上涨股票家数减去收盘价下跌股票家数后的值。

如果道琼斯工业指数追踪的是整体的表现，新高－新低指数关注市场中的长官们，则 A/D 线显示的是士兵们是否在跟随长官。当 A/D 线与道琼斯指数同步创出新高或者新低时，上涨或下跌趋势延续的可能性更大。

A/D 值的计算是以任一交易所里每只股票的收盘价为基准的，并用每天收盘价上涨股票家数减去收盘价下跌股票家数，不计入收盘价不变的股票。该值可能为正也可能为负，这取决于在当日内是收盘价上涨的股票数多还是收盘价下跌的股票数多。例如，如果 4 000 只股票在交易，其中有 2 600 只上涨，900 只下降，其余的 500 只价格不变，那么 A/D 值就等于 +1 700（即 2 600-900）。每一天的 A/D 值再加上前一天的累积值，就得出了累积的 A/D 线（见图 36-1）。

交易者应当关注 A/D 线的新高和新低，而不是其绝对值的大小，因为它的绝对值主要取决于起止日期。如果股市创出新高的同时 A/D 线也创出新高，表明上涨有广泛的基础，上升趋势有望得以延续。相对于没有广泛基础的上涨和下跌来说，有着广泛基础的上涨和下跌趋势的持久力更强。如果股市创出新高，而 A/D 线只达到了一个低于前期上涨高点的次高点，这便表明参与上涨的股票数在减少，上涨趋势可能已经接近尾声。当市场创出新低，而 A/D 达到了一个高于前期低点的次低点时，表明参与下跌的股票数在减少，下跌趋势正在接近尾声。这些信号如果不是比市场反转提前几个月发出，那么至少也要提前几周发出。

最活跃的股票指数（MAS）是纽约交易所中 15 只最活跃股票的 A/D 线。许多报纸每天都会把这些股票列出来，只有当某只股票吸引了众多投资者眼球并极具市场人气时才会出现在该列表上。最活跃的股票这一指标（MAS）是一个大资金指标,它显示大资金是看多还是看空。当 MAS 走向与市场趋势发生背离时,市场将极有可能发生反转。

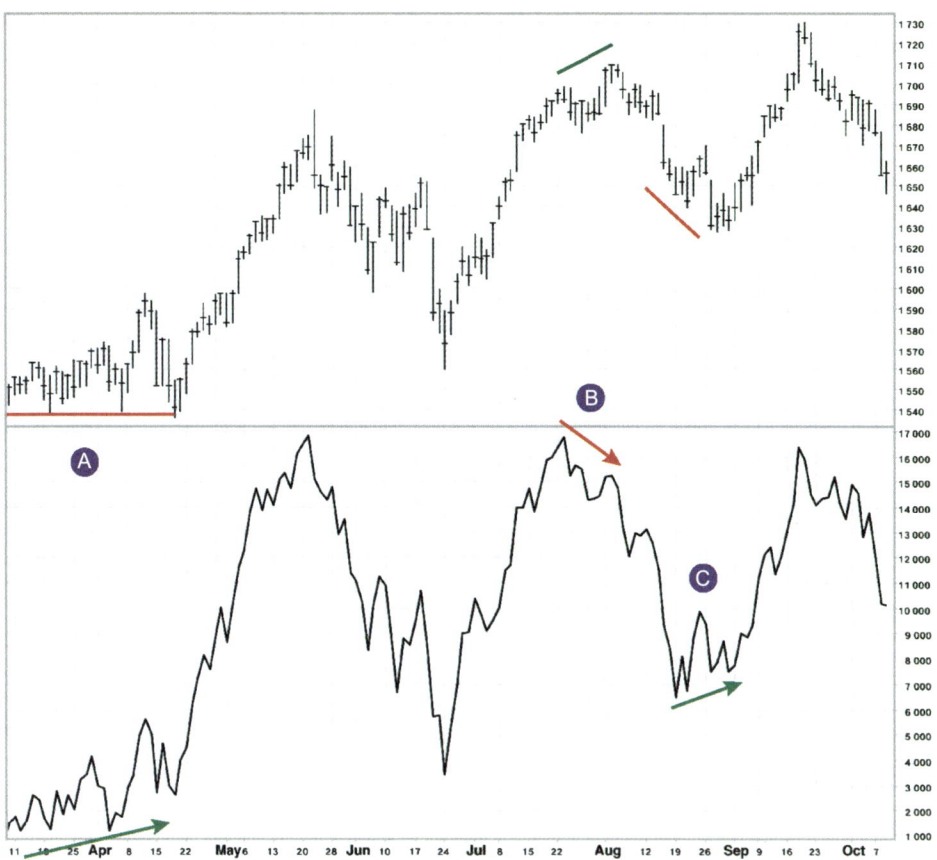

图 36-1　标准普尔 500（S&P 500）日线图和腾落指数线
资料来源：Stockcharts.com。

腾落指数线（A/D 线）

腾落指数线走势的转折经常和价格发生的转折相一致,有时候它会发生在价格反转之前。这种能够提前给人警告的特点使得腾落指数线的走势值得交易者去追踪。在 A 区域,价格在底部徘徊并创新低,然而此时的腾落指数线走势却暗示出了反弹的到来。在 B 区域则恰好相反——价格不断走高，然而此时腾落指数线的走低表明下跌即将来临。在 C 区域，价格持续走低，然而腾落指数线上升，预示着将要发生反弹。这些警告信号并不是在每次转折点中都出现。

时至今天已经很少有人使用名为**交易者指数**（TRIN）的这一指标了，在本书最初的版本里该指标十分重要，有整整一节都是在对其进行介绍。同样，现在也很少有人使用另一个之前很流行的叫作**点线图**（TICK）的指标了。先前介绍股票交易的书籍中有各种各样引人注目的指标，但在如今的市场上使用它们你就得十分小心了。市场本身在最近这些年里发生的变化使得很多指标失去作用而被淘汰。

基于**低价股**的成交量来构造的指标已经由于美国股市成交量总体的增长以及道琼斯指数 10 倍的增幅而失效。在期权交易流行起来后，**成员卖空率**（member short sale ratio）和**专家卖空比例**（special short sale ratio）也退出了历史舞台。成员卖空和专家卖空现在只是和跨市场套利结合在一块儿。当保守的零星股票交易者转向购买共同基金时，**零星交易统计数据**（odd-lot statistics）也就失去了其价值。在投资者有卖出期权后，**零股融券比**（odd-lot short sale ratio）便失去作用。

37. 一致性指标（consensus indicator）和投入指标（commitment indicator）

许多私人投资者不对外发表自己对市场的看法，但财经记者、投资顾问和写投资博客的人会将他们对市场的看法倾泻般写出来，就像打开了的消防栓一样。其中有一小部分作者很聪明，但整体来说，财经媒体对市场时机把握得很糟糕。

财经记者和投资顾问对趋势变化的反应总是慢一拍，错过了重大转折点。当这些人转向强烈的看多或看空时，进行反向操作将有利可图。

在出版业中有这样一句俗语——"猴子学猴子"，新闻记者或者投资顾问如果发表和他们所在利益团体的需求有着巨大差异的言论的话，他们的工作将岌岌可危。脱离团队孤身一人是一件可怕的事，大部分人习惯于抱团行动。当财经记者和投资顾问对牛市或者熊市的判断达成高度共识时，便是趋势已经持续很长时间并即将迎来反转的信号。

一致性指标，又以反向指标著称，它不适合用作精确的择时。它们只是让你注意到趋势已经衰竭的事实。当你得到这一信息时，要用技术指标来把握更精确的时点。

只要多空双方还有冲突，趋势就会持续下去。当群体达成强烈的共识时，趋势将会反转。当群体高度一致地看多时，你就可以做好卖出的准备了。当群体高度一致地看空时，则准备买进。以上便是反向理论的观点，该理论是由查尔斯·麦凯提出来的，他本人是苏格兰的一名律师。他在他自己的著作《人类愚昧疯狂趣史》中描写了声名狼藉的荷兰郁金香狂热和英国南海泡沫中的群体行为。美国的汉弗莱 B. 尼尔（Humphrey B. Neill）将反向理论用于股市和其他金融市场。他在《逆向思考的艺术》（*The Art of Contrary Thinking*）一书中解释了大多数人对于市场重要转折点判断肯定错误的原因。因为价格是由群体决定的，当大多数人转而看多时，剩下的能支撑牛市的买家就不多了。

亚伯拉罕 W. 科恩（Abraham W. Cohen），是我在 20 世纪 80 年代认识的一名纽约的老律师。他提出了对投资顾问进行民意调查的做法，并用这些人的看法来近似代替全体交易者的看法。科恩是一个疑心很重的人，他在华尔街混了很多年，并发现投资顾问作为一个整体，表现并不比市场群体强。1963 年，他创办了一家名为"投资者情报"的服务机构，专门跟踪投资顾问们的观点。当他们中大多数人开始看空时，科恩认为是买点；当投资顾问们强烈看多时，就是卖点。另一位写手詹姆斯 H. 西贝特（James H. Sibbet）将这一理论运用于商品交易中，并创建了一家名为"市场风向标"的咨询服务机构。

跟踪投资顾问的观点

大多数投资顾问跟着趋势走，因为他们害怕错过重要趋势，这样会导致自己失去订阅者。另外，看涨的评论有助于订阅者数量的增加，而看跌的评论则会导致订阅者数量下降。因此，即使在熊市里我们也很难连续数周看到唱空的投资顾问数量多于唱多的投资顾问数量。

趋势持续的时间越长，投资顾问们宣称趋势将要持续的声音就越大。投资顾问在市场顶部时最乐观，在市场底部时最悲观。当大多数投资顾问变得强烈看多或看空时，采取反向操作的策略不失为明智之举。

有些投资顾问很擅长将话说得模棱两可。那些说两面话的人不管市场走向如何，事后都会宣称自己的判断是正确的，然而提供跟踪市场服务的杂志编辑拥有丰富的经验来看穿这种两面话。

《以交易为生》第 1 版出版的时候，还只有两家服务机构跟踪投资顾问的观点——"投资者信息"和"市场风向标"。最近这些年来，人们对行为经济学的兴趣急剧地爆发出来。如今，很多服务机构追踪投资顾问的观点。其中我最喜欢的服务机构是 SentimenTrader.com 网站，其标语是："让情绪为你打工，而不是成为你的阻碍。"该网站的发起人杰森·乔福特（Jason Goepfert）在追踪市场中的群体情绪上做了很多有益的工作。

来自媒体的信号

为了理解任意一组人群，你必须知道其成员渴望什么，害怕什么。财经记者需要显得严肃、聪明、信息灵通；他们害怕显得无知或者不切实际。这也是为什么他们会常常表现得像墙头草，对每一个问题都提出好几个不同的方面。只要财经记者写一些类似于"除非有某些不可预见的因素导致市场下跌，否则货币政策有望助推市场上扬"的东西，他们就很安全。

财经报道⊖内部互相矛盾是常态。许多财经编辑比他们的作者还胆小。他们刊登观点相互矛盾的文章，并称之为"展现一幅平衡的画面"。

例如，最近一份主流的商业杂志在其第 19 页刊登了一篇名为"通胀之风日盛"的文章。同一期的第 32 页又刊登了一篇题为"为何通胀恐慌仅此而已"的文章。只有一轮强势的、持续时间长的趋势才能让财经记者和编辑们从墙头下来。在一轮主要趋势的末期，当乐观或者悲观情绪横扫市场时才会出现这种情况。当财经记者开始表达强烈看多或看空的观点时，趋势的反转时机就到了。

正因如此，主流财经杂志的封面文章也是一个很好的反向指标。当顶尖商业杂志在封面上画了一头牛时，往往是将多头仓位获利了结的时候；当它在封面上画了一头熊时，底部也不会太遥远了。

来自广告的信号

如果某一主流报纸或杂志刊登了 3 个或更多的广告忽悠同样的"机会"，往往表明顶部即将来了。这是因为只有已经深入人心的上升趋势才能突破几家经纪公司的惯性。当他们一致认同这一趋势，并提供操作建议、进行宣传、在报纸上登广告时，说明趋势实际已经非常过时了。

《华尔街日报》商品版的广告吊起了那些信息最不灵通的交易者的做多欲

⊖ 而且不仅仅是记者：2013 年，三位研究院院士分享了诺贝尔经济学奖。其中一人的研究成果显示，市场是有效的，因而时机不可控制；另一位院士的研究成果显示市场是非理性的，因而能够把握住时机。你可以选一边，然后等待明年的诺贝尔经济学奖落到你身上。

望。那些广告几乎从不建议卖出,因为很难让业余人士对做空感到激动。股价低迷时,从来都见不着鼓励大家投资的广告。当同一天出现3个或更多鼓吹黄金或白银的广告时,就该用技术指标寻找卖出信号了。

近几十年来,由于互联网的发展,越来越多不怀好意的促销者出现在电脑屏幕上。那些哄抬股价的交易者们已经将阵地转移到了互联网上。那些兜售垃圾股的骗子们知道他们需要等待一个上升的趋势来诱骗投资者上钩。不管何时,只要在我的垃圾邮件过滤器中出现了比往常更多的唱多论调,那么市场就离顶部不远了(见图37-1)。

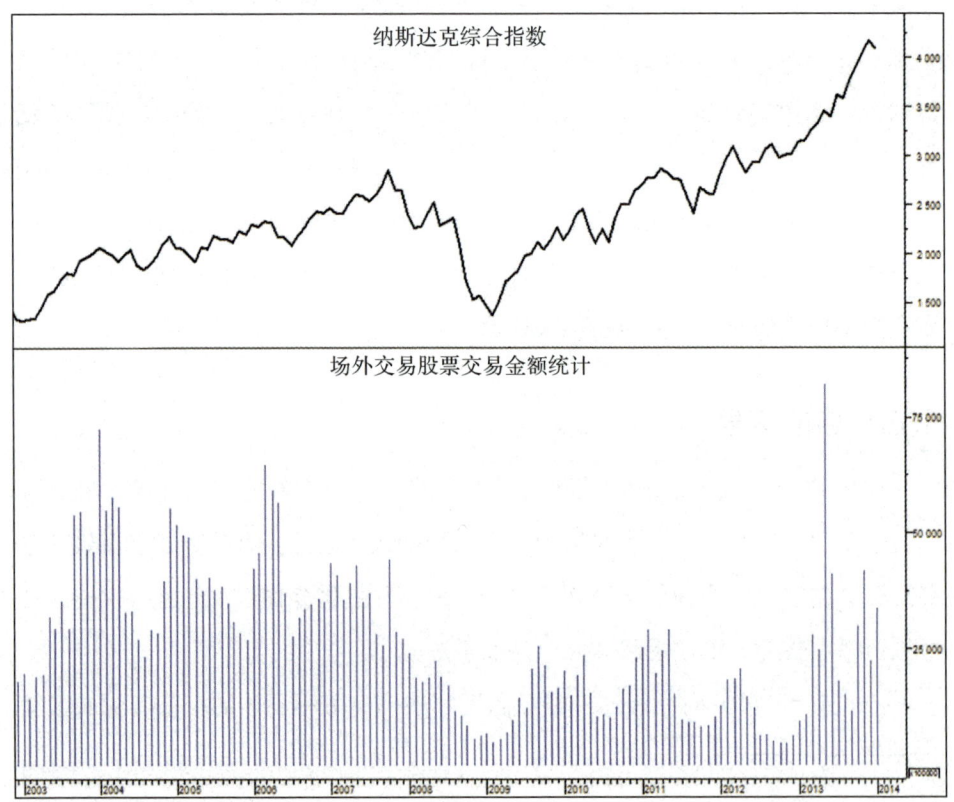

图37-1 场外交易(OTC)股票月度交易总金额(美元计)

资料来源:Courtesy SentimenTrader.com。

当市场上行的时候，金钱大量地涌入那些垃圾股；而市场下行时，垃圾股的资金流又枯竭。这些信息可以从每月发布的纳斯达克垃圾股报告中反映出来。在市场已经创下新高并且利好不断时，这些"彩票股"的成交量会暴增；当市场下滑时，它们的成交量将骤降。

期货交易者的投入

政府机构和交易所收集不同类型交易者的买卖情况，发布汇总的持仓情况数据。跟随那些有成功投资记录的交易者操作，采取与那些操作记录持续糟糕的交易者反向操作不失为良策。

例如，商品期货交易委员会（CFTC）报告套期保值者和大的投机机构的多空仓位。套期保值者是商品生产商或消费者，他们是期货市场上最成功的参与者。证监会（SEC）报告公司内部人的买卖情况，公开上市公司的高管人员知道何时买卖他们公司的股票。

包括对冲基金在内的大规模期货交易者如果持仓达到一定的水平，就必须向商品期货交易委员会（CFTC）申报。在本书写作期间，如果你持有 250 份玉米期货合约的多头或空头，或者持有 200 份黄金期货合约的多头或空头，商品期货交易委员会将把你归类为大型投机者。经纪人将会把大型投机者的持仓报告给商品期货交易委员会，再由商品期货交易委员会将其编入数据库并在周五发布相关汇总数据。

商品期货交易委员会也规定了单个投机者在任一市场能持有的最大合约数，叫作**仓位限制**。设定这些限制是为了防止有投机者能积累仓位，大到足以操纵市场。

商品期货交易委员会将所有市场参与者分成三类：贸易商、小投机者、大投机者。**贸易商**，又称为**套期保值者**，是在正常生产经营中需要用到实际商品的企业或个人。从理论上来讲，他们参与期货交易是为了规避经营风险。例如银行参与利率期货交易以规避贷款组合的利率风险，或者是食品加工企业参与小麦期货交易以对冲购买谷物的价格波动风险。套期保值者只需交一小部分保证金，而且不受投机仓位的限制。

大投机者是那些仓位达到了申报水平的交易者。商品期货交易委员会报告贸易商和大投机者的买卖情况。为了了解**小投机者**的仓位情况，你必须用总持仓量减去前两类交易者的持仓量。

套期保值者、小投机者和大投机者的划分带有点人为色彩。聪明的小交易者会成长为大交易者，愚蠢的大交易者会缩水成为小交易者，许多套期保值者也进行投机。有些市场参与者在捉迷藏，这扭曲了商品期货交易委员会的报告。例如，我的一位熟人自己拥有一家经纪公司，有时他把那些富有的投机客户登记成套期保值者，声称他们参与股票指数期货和债券期货交易是为了给他们的股票和债券组合仓位做对冲。

贸易商可以合法地在期货市场上使用内幕信息来进行交易。他们中有一部分资金实力十分强大，甚至可以左右期货和现货市场。例如，大型石油公司可以先买入原油期货，再将数艘大油轮转移到海上，推迟油轮靠岸的时间来减少原油供给，从而推升期货的价格。这样他们就可以在多头头寸上获利。当他们卖空后，再把油轮上的原油集中向炼油厂供货，使得期货价格下降，然后自己可以低价回补期货。因为这样的市场操纵是违法的，大多数公司都否认他们进行过这样的操纵行为。

作为一个整体，套期保值者在期货市场上的交易记录最好。他们不仅有内幕信息，而且资本实力强大。跟着套期保值者操作有利可图，因为从长期来看他们是成功的。大投机者过去往往是一些富裕的个人，他们仔细地打理着自己的资金。但如今情况已经不同，今天的大投机者是商品基金，这些跟随趋势的巨兽作为一个整体，其交易记录很糟糕。大多数小交易者正像是格言里所说的，是市场上"弄错方向的柯里根"。⊖

⊖ Wrong-way Corrigans，指 1938 年柯里根从纽约出发，说是要到加利福尼亚，结果却到了爱尔兰，说明方向都错了。——编者注

知道了某一群体是做多还是做空还不够。贸易商往往在期货市场上做空，因为他们中的许多人拥有商品现货。小交易者往往做多，这反映了他们多年来的乐观本性。为了从商品期货交易委员会的报告中得出有价值的结论，你必须将他们的现有仓位与其历史正常仓位进行对比。

合法的内部人交易

公开上市公司的管理层与投资者，如果对该公司持股比例超过5%，其买卖交易就必须向证监会（SEC）报告。证监会将内部人的买卖数据制成表，然后向市场公开发布。

很长时期的记录都显示公司内部人基本上都是低价买进，高价卖出。当市场价格大幅下跌后，内部人就会买进；当市场上涨并且价格高估时，内部人就会加快抛售。

单个内部人的买卖说明不了什么。例如，某位高管可能因为个人的重大支出而抛售所持公司股份，也可能因为行使股票期权而买入股票。研究合法内部人交易的分析师发现，只有当3个及以上的高管或大股东在一个月内持续买入或卖出时，内部人的买卖才有意义。他们的买卖行为表明，公司即将发生某些十分正面或负面的变化。如果有3个内部人在一个月内持续买进，这只股票就有望上涨；如果在一个月内有3个内部人持续卖出，这只股票则有望下跌。

大量内部人的买入行为比起大量内部人的卖出行为更具有预测价值。因为内部人卖出股票的理由可以有很多（多样经营、买新住房、送小孩读大学），但他们买入股票的主要理由只有一个，就是预期他们公司的股票价格未来将上升。

空头净额

尽管从定义上来说，期权和期货合约多空双方持有的合约数总量是相等的，然而在股市中，多空双方各自持仓总量可能会有着天壤之别。大部分人，包括专业基金经理,他们买入股票,但很少卖空。

交易所报告的数据当中包括任意一只股票被卖空的数量。各股票被卖空数量的绝对值千差万别,我们可以通过比较被卖空的股票数量与该股票的流通数量(所有社会公众持有的可以交易的股票数量总和)来进行相互之间的比较分析。由此得到的数字——**总流通股的卖空比例**,倾向于在1%和2%之间变动。另一种观测空头净额的有效方法就是将卖空量与日成交量做比较。通过这样,我们提出一个假设性的问题:当所有空头都决定回补,而其他买入者在场外观望,并且日成交量保持不变,那么此时需要多少天才能使空头完成回补并将空头头寸降到0?这种"**回补天数**"通常在1~2日内震荡。

当你计划买入或卖空一只股票时,参考其总流通股的卖空比例和回补天数十分有意义。如果这两个值很高,说明空头一方已经十分拥挤了。市场上涨将吓坏那些空头,从而会恐慌性地进行回补,导致股票价格升得更高,这实际上有利于多头而不利于空头。

恐惧是比贪婪更强烈的一种情绪。多头会努力找寻便宜货,但会试图避免过高价格买入;而此时受到压迫的空头,面临潜在无尽的损失,将会不惜一切代价买入来回补。这也是为什么在空头回补下的上升幅度尤其之大。

无论何时,当你寻找你将要买入的股票时,先看看该股票的总流通股的卖空比例和回补天数。这种指标在正常时不会给你提供十分有价值的信息,但这些指标与其常规值一旦发生偏离,将是十分有用的情报(见图37-2)。

苹果公司	$ 534.97	绿山咖啡公司	$ 119.74
AAPL	−1.00	GMCR	0.34
每日卖出量	view	每日卖出量	view
空头净额	16 538 900	空头净额	32 931 300
回补天数	0.9	回补天数	15.1
卖空比例	1.86%	卖空比例	25.76%

图37-2 苹果公司(AAPL)和绿山咖啡公司(GMCR)卖空数据

数据来源:Shortsqueeze.com。

空头净额与回补天数

我在编辑本章节时对比了两只人气股的空头净额,苹果公司股票的卖空比例是 1.86%,而绿山咖啡公司(Green Mountain Coffee Roasters. Inc., GMCR)股票的卖空比例却达到了接近 26%。苹果公司股票的回补天数是 0.9 天,而绿山咖啡公司股票的回补天数却超过了 15 天。这些数字反映出绿山咖啡公司的股票遭到了激进的卖空。请不要忘记,每一次卖空都是需要在某一时刻进行回补来平掉空头仓位的。

或许机智的空头知道绿山咖啡公司遭遇到了很大的问题,但要是此时其股票反而上升了呢?很多空头此时会选择回补来平仓,当他们互相争夺着进行补仓时,股价又会高涨。不管其股票长期走势会怎样,短期内其价格将依然会上升。

高卖空比例对任意一只股票的卖空都是危险的信号。将其拓展开来的话,如果你的技术指标建议你买入一只股票,该只股票的卖空比例很高,则会是一个积极的因素,它表明上升过程有更多所需的燃料。对于波段交易者来说,在选择自己需要买入和卖出的股票时将卖空数据包含进分析当中是有意义的。我本人在寻找潜在交易机会的时候总会关注这些数字。

| 第7章 |

交 易 系 统

    交易系统是寻找、进入和退出交易的一整套规则。每一个专业的交易者都有一个或者多个系统。我们将这个和一个有着做手术系统的外科医生做个比较。他不会浪费时间来决定是否麻醉，要在什么地方开刀，或者如何去寻找生病的器官。他遵循的是一整套早已建立好的常规方法，这能给他更多自由的时间去思考战略性的问题，如何使他的技术更加精湛，或者处理疑难杂症。

    一些人有着严格定制化的交易系统，给个人留有的决策空间很小——我们可以称他们为机械化的交易者。而另一些人给自我判断留下巨大的空间——我们称他们为自由决策的交易者。在理查德·威斯曼（Richard Weissman）写的《机械交易系统》(Mechanical Trading System)⊖一书中，对个人性格特征和不同交易风格匹配有着深入的讨论。不管你采用什么样的交易方法，交易系统的重要优势是你可以在闭市的时间并且当你处于冷静的状态时，去设计它。交易系统会成为你在市场波动中的理性行为之锚。

    毋庸置疑，一个合适的交易系统是被写下来的。交易系统需要被记录下来是因为在现实的市场压力之下，一些重要的步骤很容易被遗忘。阿图·葛文德

⊖ 该书中文版机械工业出版社已出版。

（Atul Gawande）博士在他的具有显著影响力的书《清单革命》(*The Checklist Manifesto*)中设计了一个很有说服力的案例。在这个案例中，通过清单的使用来提高，从外科手术到建筑到交易等不同需求层面行为表现的水平。

机械交易者建立了一整套准则，用历史数据进行测试，然后把它们放到系统中进行自动交易。再进一步，他的软件开始提示入场、目标和退出指令。一个机械交易者应该准确地按系统提示的进行操作。他们是否要遵循他的计划或者尝试扭曲、忽视这些信号便是另一番情况了，但是以上这些是系统应当运作的方式。

业余的交易者因为自己制作的或者买来的机械交易系统将减轻自己决策的压力，而感到如释重负。不幸的是，市场情况是不断变化的，机械交易系统最终会失灵，并开始损失。市场并不是一个遵循物理法则的机械体。而是由大群的人组成的群体。市场遵循着并不完美的群体心理法则。机械交易系统能够提供一些帮助，但是交易决策必须要把心理层面考虑进去。

使用机械交易策略的专业投资者须持续地像鹰一样不断盯着系统的运行情况。他知道正常的回撤和交易系统阶段性失灵——需要被抛弃，之间的区别。专业的投资者能够准确地使用机械性交易系统因为他有能力进行自由性的交易！机械交易系统是一种行动计划，但是一定程度的人为判断始终是必要的，即使是用最好的、最可靠的计划。

自主决策的交易者在市场中每天都会更新交易策略。他会更倾向于比机械性交易者检查更多的因素，在不同时段给予它们不同的权重，并且更协调地跟随着最新市场行为的变化。一个好的自主决策交易系统，在给你足够多的自由的同时，包含多种不能违反的准则，特别是在风险管理领域的规则。

两种方法都有各自的优势和缺点。在优势方面，机械交易情绪化更少。你建好系统，打开系统然后去做其他事情，而不需要总是盯着市场。在劣势方面，这些活生生呼吸着的市场会鬼鬼祟祟地改变它们的基调，表现出与你建立系统时不一样的形态。

自主决策的交易的主要优势在于对于新的机会保持开放的心态。它最大的劣势是人们的决断力在压力之下，当他们因贪婪而兴奋、因急速的变动而恐惧时会犯错。

在我的经验之中，机械性交易一般成绩会更稳定，但是最成功的交易者使用自主决策的方式。你的决策有可能依赖于你的性格。那也是我们在生活中做出重大的决策的方式，这包括居住地的选择、想追求的事业的选择以及结婚对象的选择。我们关键的选择来源于我们性格最内在的核心处，而不是理性的思考。在交易过程中，更冷静和更执着的交易者会倾向于机械性交易，而更虚张声势的人会倾向于自主决策的交易方式。

反常的是，在表现最好的交易者中，这两种方法的成绩会趋于接近。高级交易者将机械性方式和自主决策的方式结合在一起。举个例子来说，一个根深蒂固的机械性交易者朋友在他的对冲基金中使用三种系统，但是不断地调整分配到它们之中的资产规模比例。他来回地将数百万美元在系统 A、系统 B 或者系统 C 之间调转。换而言之，他的自主决策只是他的交易系统的一部分。我是一个自主决策的交易者，但是我遵循着几个严格的准则：禁止自己在上行轨道线之上买入，在下行轨道线之下卖出，或者做与动力系统（下面将介绍此系统）对立的交易。这些机械性准则减少了错误的自主决策交易的数量。

这本书的大部分都在阐释自主决策的交易策略，但是你能使用里面描述的工具来进行机械性交易。我写这本书旨在同时帮助这两种类型的交易者。

38. 系统测试、模拟交易和逐笔交易的三个关键要求

在使用系统进行真枪实弹的交易之前，无论你是自己开发的还是从零售商那里购买的，你都需要对这个系统进行测试。这里有两种方法可以选择。其

中之一是模型回测：将你的系统准则在一组历史数据中进行测试，通常用长达几年时间的数据。另一个方法是实盘测试：用真金白银进行小规模的交易。严谨的交易者首先会使用**模型回测**，如果获得的结果还不错，再将其转为**实盘测试**。如果系统运行也是良好的，他们再不断地增加头寸规模。

用历史数据进行测试是良好的开端，但不要让漂亮的数据结果哄骗你产生错误的安全感。盈亏比例、最多连盈和连输次数、最大回撤比例还有其他指标可能都不错，但是过去数据的测试结果并不能保证系统能在真实的交易中有效。

你可能看到一份非常漂亮的测试数据结果，但是如果一旦开始真金白银的交易时，系统一连出现五笔亏损呢？你的模拟测试不会帮你为此做好准备，但是这种情况随时都可能发生。这时，你咬紧牙关决心再进行一笔交易，结果又产生一笔亏损。你的资产回撤加大，此时系统又闪现出一个新的交易信号，你会再继续做一笔交易吗？突然之间，这份漂亮的系统测试数据结果变成了一根细小的芦苇，悬吊着你的账户的未来。

很多程序员能免费帮助做模型回测。但一些交易者太过警惕，不愿意暴露自己必胜无疑的交易方法，于是得自己亲自花几个月的时间学习如何使用测试软件。其实，只有一种回测方式能让你做好真实交易的准备——手工测试。这是很慢的方式，非常耗时并且不能自动化进行，但是它是唯一接近模拟真实决策环境的方法。手工测试是每次回测一日的历史数据，记录下交易信号，然后点击到下一日，记录新的交易信号，然后再做第三日。

首先，你需要准备好每日的价格和成交量数据，时间跨度至少为两年（期货合约可以使用连续合约的数据）。然后，打开图表，不用查阅，直接切换到数据最开始的部分。打开你的电子数据表，在首页的顶部写下你的系统规则，并创建好日期、价格和信号等栏目。接着在分析软件里面打开两个窗口，一个是周线图和相关指标，另一个是日线图。用于测试最重要的两个键盘按键是

<Alt> 和 <Tab> 键，因为它们能帮你在窗口和程序之间进行来回切换。

当你向前点击的时候，一次一天，趋势和震荡区间会慢慢地展开并挑战你。在那个时候，你要做的不仅仅是测试一套规则。这种**一次向前推进一天的测试**还能提高你的决策技巧。你从这种逐条逐次的测试中收获的要大大多于从回测软件里所能学到的。

当开盘时市场跳空高开到你的买入水平之上或者跳空低开到你的止损位置之下时，你将如何处理？那关于期货的涨跌停呢？逐日向前点击并且写下你的信号和决策将会使你尽可能地接近真实的交易环境，从而不用拿真实资金去冒险。它将会使你更加关注市场真实的右部边缘。如果你使用整洁干净的系统自动测试结果，则永远不能获得这些收获。手工测试不仅能提高你对市场的理解，而且能提高决策的能力。

如果逐条逐次的测试显示的结果是积极的，你便可以开始用较小头寸的真实资金进行交易了。近些年，买卖100股的股票的交易佣金低到仅仅只要1美元。你可以用较小的头寸对自己的指标和系统进行测试。一定要保持良好的记录习惯，如果你的真实资金账户的盈利结果持续保持良好，便可以开始扩大交易的头寸。按照步骤一步步来做，直到逐步加仓到你正常的交易规模。

模拟交易

模拟交易意味着像记录真实交易那样跟踪并记录你自己的买卖决策，但是没有真实头寸的暴露风险。初学者可以从模拟交易开始，但是大多数人是自己的账户被市场打爆后才转向模拟交易的。另一些人甚至在真实交易和模拟交易之间交替进行，但是不能理解为什么他们能在模拟交易中挣钱但是在真实的交易中却遭受损失。这是由以下三种原因。

第一，人们在模拟交易中会少一些情绪化，好的决策也容易在没有真实风险的情况下做出。第二，在模拟交易中，你的指令总是能完全成交，真实交易环境下则未必能轻易成交。第三，最重要的一点是，一笔好的交易，当你还在考虑的时候它往往看起来很朦胧。而看起来轻轻松松的交易机会，则往往会伴随各种未知风险。紧张的初学者很容易跳入轻松的交易机会之中，最后以损失告终。但他们在模拟中却会去尝试一些具有挑战性的交易机会。毋庸置疑，在真实交易和模拟交易之间反复转换是没有意义的。你最好选其中一种进行操作。

心理因素对交易影响巨大。这也是通过模拟交易不能学习到的方面。没有真实头寸暴露风险的模拟交易就像是在风平浪静的池塘里航行——它对你在汹涌澎湃的大海上航行帮助甚少。

进行模拟交易的唯一的好处，就是测试你的纪律性和你的系统。

如果你能在每天日终坚持下载行情数据，自己做功课，提前准备好下一交易日你要做的交易指令，次日观察开盘情况并记录下你的入场情况，然后每天根据市场情况调整盈利目标和止损点——如果能连续几个月坚持做这组动作，并且一天不缺地记录你的操作日志——这样你就掌握交易真实资金的纪律了。以娱乐为目的，容易冲动的人不可能按照这种方式去进行模拟交易，因为这确实需要一些实实在在的功课。

但你可以从那些提供模拟交易的网站中选择一个开户。输入你的指令，看它们是否被触发，并记录下这些"交易"。把所有的模拟交易都录入到你的电子数据表和交易日记里面。如果你能每天重复这个过程并坚持几个月的时间，你就有了足够的纪律性去进行成功的真实交易。

但是，依然没有什么能够替代真实交易，因为即使微小金额产生的情绪也会大于任何模拟交易。即使进行微小金额的真实交易，你学到的也会比几个月的模拟交易要多。

最近这些年，我近距离观察了交易者从模拟交易到盈利的真实交易的过程。在 SpikeTrade.com 网站中，我们对提交自己每周计划的成员减低了其费用，创造一种鼓励会员做功课的机制。这种提交每周交易计划的机制会使人养成一种有条理和专注的能力。每周的交易计划包括入场价位、盈利目标和止损点。当他们的股票选择能力提高了，他们便会在我们每周的竞赛中获取奖金。那时候，我可能会收到一封邮件，这封邮件上说他们在竞赛中有优良表现，但他们个人的交易账户表现却落后了。我会告诉他们，他们现在在正确的轨道之上，应该继续做他们现在在做的事情。毫无疑问，几个月以后，他们学到的新技巧会转移到他们的真实交易中去。这时，他们会告诉我，他们的个人交易账户要比他们的竞赛交易账户的表现还好了。当然，我的回复是，那是因为你花更多的精力在真实的现金交易之中了。

谈及交易设置，在你交易操作之前，计划好所有相关的目标数值是非常重要的。在你还没有承担真实的风险之前，你是更加客观的；一旦你进入交易，你会倾向于认为"有更大的空间"。这也是失败者怎样从小的回撤变成灾难性损失的。我曾经建议过一个人在浮亏 200 美元时割肉，他拒绝了，直到账面损失 98 000 美元时才清仓。

我们将会在后面章节讨论"风险控制的铁三角"概念的时候集中说明风险和资金管理。在这时候，我只想明确风险管理在严肃交易中是必不可少的。看着天花板说"我要交易 500 股""我要交易 1 000 股"，或诸如此类随意的数字，是不可取的。在本书后面的章节，你将学习到一些基于你的账户规模和风险容忍度之上的简单的公式，来计算交易持仓量。

在写这本书的时候，我有三条投资的策略：我最喜欢的是背离时的假突破；第二条是股价在强势趋势中回调到价值区间时——图 38-1 展示了这一交易策略；最后一条，我偶尔退到另一个极端——会在已过度扩张的趋势反转时下筹码。每一个交易策略都有其准则，但是核心是——我只会进行符合其中之一策略的交易。对老手来说绝不会做过于随机的事情。

图 38-1　交易计划的三个关键要素

资料来源：SpikeTrade.com。

图 38-1 是我在写本章节之前几天时，画的交易计划的截图（你将会在第 55 节看到我如何运用它）。请注意每个交易计划都需要以下几个重要特征。

A. 交易设置——为每一笔交易计划好三个关键的数字：**买入价位**、**盈利目标价位**和**止损价位**。在进入市场进行交易之前，你需要决定你将愿意以什么价格成交，你期望从市场中获得的收益和你愿意遭受的风险。潜在收益与风险的比例通常最好要超过 2∶1。唯一可以偏离这条准则的交易时机是，当技术指标的信号特别强烈的时候。当然，不要捏造你的目标来把一个不是很确定的交易转为一个可以接受的交易。你的交易目标需要贴近实际。

B. 风险管理——事先确定你能承受在这笔交易中损失多少钱。用最大损失金额除以股数，得到每一股的可承受的损失——也就是你的买入价格和止损价格之间的差额。**这将限制你交易的股数**。

C. 最后同样重要的是，**每一笔单独的交易都必须建立在特定的系统和战略之上**。"在我看来很不错"这种想法并不是一个系统！当你听到一些股票提示或者看到脱缰而上的趋势时，会很容易变得激动。但是要告别像小狗追逐汽车那样去追逐股票了。如果你想以交易为生，你需要确定清楚自己的交易计划、战略或系统——用自己喜欢的方式来称它们——仅仅参与那些符合它们标准的交易机会。

逐笔交易的三个关键要求

对每个计划的交易都要从三个重要的角度去考虑。我们会在这里做简短的介绍,之后在讲特定交易系统和风险管理的时候再做详尽的阐述。这三条要求对于严肃认真进行交易的任何人来说都是至关重要的。

39. 三重滤网交易系统

我开发了这个系统并在1986年4月刊的《期货》(Futures)杂志的一篇文章中首次展示给公众。从1985年开始我就一直使用这个系统进行交易,这个系统经受住了时间的考验。我不断地对其进行改进,增加或者改变它的一些细小的特征,但它最基本的原理一直保持不变:使用多重时间周期和技术指标进行交易决策。

三重滤网交易系统对每次操作进行三重测试或过滤。许多交易机会在一个蜡烛图界面看起来非常有吸引力,但在另一个时间周期的界面却看起来情况相反。通过三重滤网交易系统筛选的交易机会成功可能性要大很多。

趋势跟随指标和震荡指标

初学者总是想寻找一种神奇的银色子弹——一个能够挣钱的简单指标。如果他们一时很幸运地能够赚到钱,他们感到自己似乎找到了通往财富的荣耀之路。当这种神奇魔术失效后,业余投资者会连本带息回吐他们的所有利润,然后他们会去寻找另一种神奇的工具。实际上市场是如此复杂,很难用一种指标来分析。

不同的指标在相同的市场之中给出相互矛盾的信号。趋势跟随指标随着股价的上升而上升并给出买入信号,然而此时震荡指标会显示为超买,而给出卖出信号。趋势跟随指标在股价下降的趋势中同步向下,并给出卖出的信号;但此时震荡指标却显示为超卖，并给出买入的信号。

趋势跟随指标在市场做趋势运动时能盈利，但在市场区间震荡时会导致受双倍的损失。震荡指标在震荡区间内能盈利，但是当市场开始形成趋势的时候，会给出过早的、危险的信号。交易者常说"学会和趋势做朋友"和"让你的盈利跑起来"。他们有时候也说"低买，高卖"。但是为什么要在趋势上升的时候卖？还有涨得多高算高呢？

一些交易者尝试着对趋势跟随指标和震荡指标进行平均化处理，但是这样的方式很容易被主观操纵。就像美国的民主党和共和党不断地重新划分选取来创造"安全的"席位，交易者不断地选择能传递他们想看到的结果的指标，如果你更多地使用趋势跟随指标，结果将会指向一个方向，但如果你更多地使用震荡指标，结果会指向另一个方向。交易者总是能找到符合他所想听的信息的一组技术指标。

三重滤网交易系统设计出来就是为了过滤掉趋势跟随指标和震荡指标的缺陷，同时保留它们的优势。

选择时间周期——因素5

有一个重大的困境是交易品种的趋势在不同时间周期下很可能并非同时上升或下降的。任意品种的日线图可能展现的是向上的趋势，然而周线图显示的却是下降的趋势，反之亦然。我们需要一个系统来解决不同时间周期之间信号的冲突。

查尔斯·道，受人景仰的道氏理论的创立者，曾说在20世纪之交的股票市场存在着三种趋势，分别是持续好几年的长期趋势、持续几个月的中期趋势、和更短一些的短期趋势。20世纪30年代一位伟大的市场技术分析大师，罗伯特·雷亚，将这三种趋势分别比之为潮流、波浪和浪花。他建议沿着潮流的方向交易，学会利用波浪，而去忽略一些小的浪花。

时代已经发生了变化，市场变得更加反复无常。互联网现在很廉价甚至是免费的，实时的数据为使用快速的交易操作在市场中积累资本创造更好的机会。我们需要对时间周期有更具弹性的定义。三重滤网交易系统建立的基础是，市场的每一个时间周期对其大一号或小一号的时间周期，大概是五倍的关系（见第32节）。

开始时不妨问问自己，哪一个是你最喜欢的时间周期。周线图、日线图，还是10分钟或者其他线图？无论你喜欢用哪一个时间周期，三重滤网交易系统称之为**中期时间周期**。长其一号的是**长期时间周期**。短其一号的是**短期时间周期**。一旦你选定了中期时间周期，你先不用去看它，而是先去查看大一号的长期时间周期的线图，并且在长期时间周期线图里做好战略决策，然后再回到中期时间周期的线图中去。

举个例子，如果有一笔交易你想持有几天或者几个星期，你的中期时间周期很可能被定义为日线图。周线图是尺度大一号的时间周期，即长期时间周期。1小时线图是尺度小一号的时间周期，因此是短期时间周期。

做日内交易的交易者持有头寸的时间短于1小时的，可以利用相同的原则来选择。对他们来说5分钟线图是中期时间周期，则25分钟线图是长期时间周期，而2分钟线图是短期时间周期。

三重滤网交易系统首先要求你去检查长期时间周期图表，找出长期图表中的大趋势。它仅允许你顺着大趋势的方向进行交易。它使用中期图表中的趋势与长期趋势方向相反时的机会建立头寸。举个例子来说，就是当周趋势是上升的时候，则在日趋势下降时买入。当周趋势是下降的时候，则日趋势上升时是卖出的机会。

第一重滤网——市场潮流

三重滤网从分析长期图表开始——首先分析比你准备用以交易的时间周期

大一个尺度的时间周期。大多数交易者仅仅对日线图给予关注，每个人都看看相同的几个月的数据。如果你开始分析周线图时，你的视角会比你的竞争者大出五倍。

开始的第一步，你需要选择你喜欢的时间周期作为中期时间周期。此时，甚至不用瞥一眼中期时间周期，因为先去看它会使你产生先入为主的偏见。直接去看大一个尺度的时间周期——你的长期时间周期图表。在那里你将做出市场是牛市还是熊市的战略决策。然后，再回到中期时间周期来，开始做策略性的决策，比如在什么位置买入和在什么位置设置止损。

开始的时候你就错误地查看了日线图，你很容易被它的图形所误导。因此，开始的时候，在看日线图之前需要对长期时间周期的周线图做一个准确的判断。

最初版本的三重滤网使用周线 MACD 的斜率作为周线趋势的跟随指标（见图 39-1）。它非常敏感并能给出许多的买卖信号。后来，我转而使用周线指数移动平均的斜率来作为长期图表的趋势跟随工具。再后来我发明了动力系统（后面章节将会对动力系统进行描述），并开始在第一重滤网中使用它。动力系统结合了前两者的优点。它不像 MACD 那样急剧变化但又要比 EMA 斜率的反应更加迅速。

你在下一节将会读到，在牛市行情中时，动力系统会把每根线柱都标成绿色；当在熊市时，则都标成红色；当市场为中性时，则都标成蓝色。动力系统并不能告诉你应该做什么。它是一种发出警告信号，禁止你做某些事情的检查系统。当动力系统显示为红色的时候，它禁止你的买入行为；当显示是绿色的时候，它会禁止你的卖空行为。当你想买入的时候看一下周线图，你需要等到它不再是红色为止；想卖空的时候，你也需要看一下周线图，要确保它不是绿色的；动力系统为蓝色时，允许你在任意方向进行交易。

有些交易者使用其他的指标来识别大的趋势。斯蒂夫·诺蒂斯（Steve

Notis)在《期货》杂志上的一篇文章介绍他如何使用"趋向系统"(directional system)作为第一重滤网。原理是相同的。大多数的趋势跟随指标你都可以使用,只要你能首先分析周线图的趋势,然后在日线图上寻找交易机会,但要遵循周线图的趋势方向。

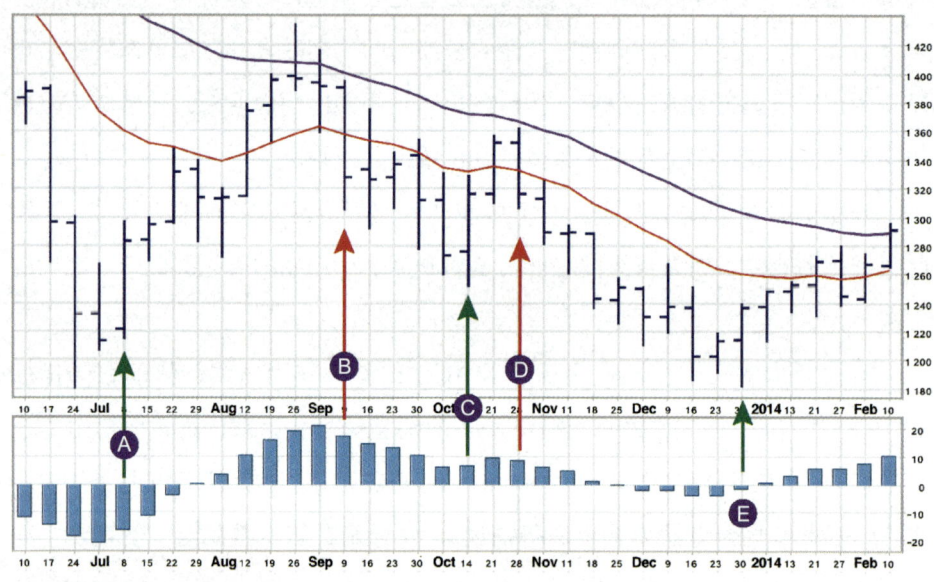

图 39-1 黄金周线图、26 周和 13 周指数移动平均线、MACD 柱(12-26-9)
资料来源:Stockcharts.com。

使用周线图 MACD 作为三重滤网中的第一重

三重滤网要求我们在看日线图之前,先要去分析周线图。MACD 的斜率由最近两根 MACD 线柱之间的关系确定。

这个指标会在它的斜率转而向上时发出买入的信号,在斜率向下时发出卖出的信号。最佳的买入信号出现在 MACD 低于中心线位置,但方向转而向上的时候。最佳的卖出信号出现在当它的斜率在中心线上方位置,但方向转而向下的时候(详见第 32 节的指标部分)。

当 MACD 的斜率转而向上时（箭头 A、C 和 E），它只允许我们在买入或者观望的方向上交易。当斜率转而向下时，它只允许我们在卖出或者观望的方向上交易。

注意在 A 点或者 E 点的买入信号要比在 C 点的买入信号质量高——因为 C 点的买入信号产生在中心线之上。在春天的时候买入总比在夏天的时候买入要好。在图表的右边界上，上升的趋势十分强势，因为信号 E 点伴随着涨背离：价格的底部变深（A 和 E）伴随着 MACD 指标的底部变浅了。

第一重滤网总结：使用趋势跟随指标识别周趋势并随着趋势的方向交易。

交易者有三种选择：买、卖或者观望。三重滤网交易系统的第一重会帮你排除其中一个选项。它的作用像监察员一样，在上升的趋势里只允许你选择买入或者观望；在下行的趋势里只允许你卖空或观望。你必须顺应潮流的方向，否则它会禁止你下水。

第二重滤网——市场波浪

三重滤网系统中的第二重，定义的是和"浪潮"相对应的"波浪"这一概念。当周趋势是上升的，日趋势的回调正是很好的买入机会。当周趋势是下降的，日趋势的上升正是很好的卖出机会。

第二重滤网应用的是前面章节讨论过的震荡指标。将其应用到日线图之中以识别日趋势和周趋势之间的偏离。震荡指标在市场下降的时候给出买入信号，在市场上升的时候给出卖出信号。三重滤网中的第二重允许你利用日线图与周线图上方向一致的信号。

第二重滤网：将震荡指标应用于日线图之中。在周线的上升趋势中，利用日线的回调来寻找买入机会；在周线的下降趋势中，利用日线的反弹来寻找卖空机会。我喜欢在第二重滤网使用强力指数（force index），这个指标在第 30

节已经介绍过。其他一些震荡指标，比如相对强弱指标（RSI）、埃尔德射线（Elder-ray）和随机指标（stochastic）等表现得也很不错。

当周趋势是上升的，三重滤网仅允许采用日线图震荡指标发出的买入信号，而不会允许采用其发出的卖空信号。2日强力指数指标EMA在降到0值以下的时候，只要它不是下降到了几周内的新低点，就会发出买入信号。当周趋势是下降的，强力指数指标会在上升到中心线上方的时候，只要它不是上升到几周内的新高点，就发出卖空的信号（见图39-2）。

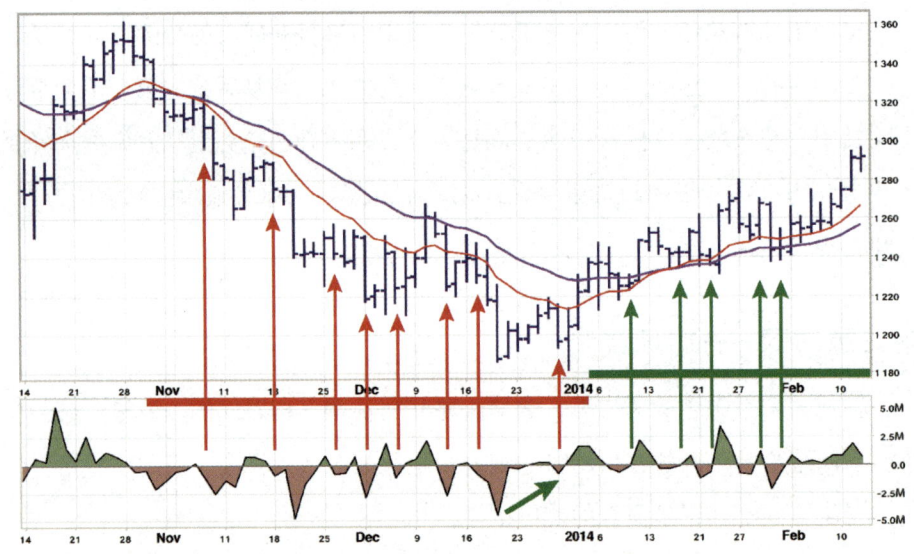

图39-2 黄金日线图、26日和13日指数移动平均线、2日强力指数指标
资料来源：Stockcharts.com。

日线强力指数——三重滤网的第二重

2日强力指数指标EMA可以用作三重滤网交易系统第二重的众多震荡指标之一。当它下降到其中心线之下的时候，强力指数标记出买入的机会。当它上升到其中心线之上的时候，它会标记出卖出的机会。当周趋势是上升的（这里用绿色的水平线标出），在日线震荡指标中仅采用买入信号，以建立多头头寸。当周趋势是下降的（这里用红色的水平线标出），在日线震荡指标中仅采用卖出的信号，以建立空头头寸。

要注意有一个牛市背离（用斜的绿色箭头标记），在上升趋势开始之前，有一个向下的假突破。在屏幕的右边界处，金价飞涨，同时伴随着大多数的黄金股一起上涨。我积极地买入它们——但是不会买 ETF。在一个交易者讨论班中，有位来自澳大利亚的毕业生在之前几天写道："我买入了伦敦金（XAU）的 ETF 但是它被 NCM（我们最大的金矿采掘公司的股票）的市场表现远远地甩在后面。对于 ETF 来说这是正常的情形吗？""是的，先生！"

其他的震荡指标，比如随机指标和相对强弱指标（详见第 26 节、第 27 节），当它们进入各自买卖区域的时候会发出交易信号。举例来说，当周线 MACD 上升，但日线随机指标下降到 30 以下时，它确认为超卖的区域，是一个买入的机会。当周线 MACD 下降，但日线随机指标上升到 70 以上时，它确认为超买的区域，是一个卖空的机会。

第三重滤网——买入技术

第三重滤网是买入的技术，这里你可选择的跨度很大。你可以选择更短期的时间周期，特别是当你有实时数据可用的时候，或者你也可以使用中期时间周期。

在《以交易为生》第 1 版里，我建议过在市场潮流的方向上找浪花：做多时，在日线向上突破前一交易日高点的时候买入；卖空时，在日线向下突破前一交易日低点的时候卖出。

这种方法的缺点是止损点的位置太远了。在突破前一交易日高点的位置买入，同时在前一日的低点位置设置止损，意味着如果前一日的价格振幅很大，则止损价离最新的股价很远。这样要承担很大的风险，否则只能用很小的头寸进行交易。另一种风险是，当突破前一交易日振幅很窄，将止损点刚好设在前一交易日的低点之下时，当日的市场噪声就可能会触发止损。

突破技术仍然是有效的，但是我很少使用它了。有可利用的实时数据时，我喜欢使用 25 分钟和 5 分钟线，并使用日内交易技术来建立波段操作的头寸。如果你没有实时数据，只能在早晨去上班前设置好订单。我推荐一个替代的方法，称为"平均 EMA 下跌穿透"。

几乎每一个上涨都会被偶尔的回调所刺穿。测量这些回调会跌到短期 EMA 线下方多深的位置。可以回顾过去 4～6 周的日线图，如果它处于上升通道之中的话，测量在正常的回调中，股价会穿透到 EMA 线多深的位置（见图 39-3）。

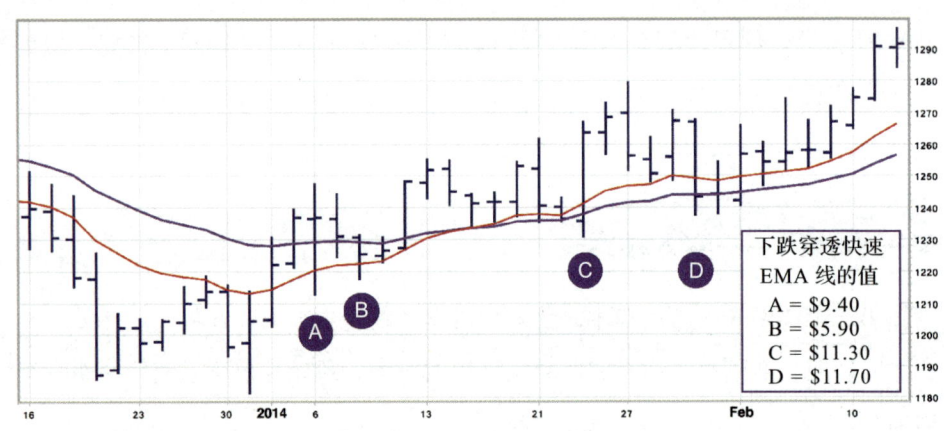

图 39-3 黄金日线图，26 日和 13 日指数移动平均线

资料来源：Stockcharts.com。

平均下跌穿透——三重滤网交易系统的第三层

这里我们放大在图 39-2 中的图表。我们可以使三重滤网系统的买入信号更敏锐，而不必等到 2 日强力指标反弹到 0 以上。我们可以利用其下降到 0，作为一个信号，并把我们的买单设置在短期 EMA 值之下，这就是平均 EMA 下跌穿透。

- 计算平均穿透值：
- 用今日的 EMA 值减去昨日的 EMA 值，将其结果加回今日的 EMA 值：这是对明日 EMA 值的一个估算。用估算的明日 EMA 值减去你计算的平均穿透值，作为明日设置买入订单的触发价位。
- 你将利用回调以折扣价完成买入交易——避免了在突破时买入须支付的溢价。

在图 39-3 的四种情形中，价格下降到快速 EMA（红色）线之下。一个平均下跌穿透值是 9.6 美元。在屏幕的右下角，13 日 EMA 值位于 1 266 美元水平。如果今天看到恐慌性的抛售盘，则从此价格中减去最近的平均下跌穿透值。我们应该把买入价设置在比最新 EMA 值低大约 9 美元的水平，这个价格在慢速 EMA 线之下。我们应该坚持每天进行这个计算，直到我们最终能够以低价完成买入。这是比追高更为平和的交易方式。

这些是在趋势向上时的买入法则。将其反过来便是在下行通道中卖空的法则。但需要记住，下行趋势的速度要比上行趋势快两倍。

三重滤网交易总结

三重滤网交易总结，见表 39-1。

表 39-1　三重滤网交易总结

周趋势	日趋势	行动	指令
上行	上行	观望	无
上行	下行	买入	EMA 穿透或者向上突破
下行	下行	观望	无
下行	上行	卖出	EMA 穿透或者向下突破

当周线趋势是上升的而日线震荡指标是下降的，将买单设置在日线短期 EMA 值减去一个平均下跌穿透值的价位上。可以替代的方案是，在前一日最

高价上加上一个最小申报单位的价格位置设置买入指令。如果价格上涨,并突破前一日的高点,你的买入限价指令将会被触发。如果价格持续下降,则你的买入限价指令将不会被触发。第二天则相应降低买入限价指令的价格,仍然是前一日最高价加上一个最小申报单位的价格位置处。每天持续降低买入限价指令的价格,直到指令触发或者周线指示指标反转了,从而不再显示买入信号。

当周线趋势是下降的,等待日线震荡指标的反弹,并且在日线短期 EMA 值加上一个平均上涨穿透值的价位上设置卖空指令。或者是,在前一日最低价减去一个最小申报单位的价格位置设置卖空指令。只要市场开始转而向下,你的卖空指令将会被触发。如果当日反弹持续,则继续每天提高卖出的价格。这种跟踪式的卖出限价技巧的目的是在周线级别为下跌趋势而日线级别为反弹时,抓住日内的向下突破机会。

日内交易的三重滤网交易系统

如果你是做日内交易的交易者,你很可能会选择 5 分钟线图作为你的中期时间周期。再一次提醒,不要先看 5 分钟线图,而是首先去分析 25 分钟或 30 分钟线图,也就是你的长期时间周期线图。在长期线图中,先做出是看空还是看多的战略决策,然后再回到中期线图来寻找买入价位和止损位(见图 39-4)。

对于在美国股票做日内交易,有一个很整洁的线图组合是 39 分钟线图和 8 分钟线图的搭配。美国股票市场上午 9:00 开市到下午 4:00 闭市——共 6.5 小时或者说 390 分钟。使用 39 分钟线作为你的长期时间周期线可以整齐地把一天分成 10 根线柱。在 39 分钟线图里做出你的战略性决策,然后转向快 5 倍的线图——8 分钟线图——做入场和退出的战术性决策。

不要将太多的时间周期混到一起用。如果你是波段交易者,你可以暂时地切换到日内图中去寻找入场点,然后再回到日线图。如果你不停地盯着实时行情,它很有可能会动摇你,使你过早地退出交易。如果你是日内交易者,那么周线的作用并不大,但你可以快速地去查看一下日线图。规则是这样的:选择你最喜欢的图表(中期时间周期),用5倍长的图表与其配合使用,然后开始工作吧。

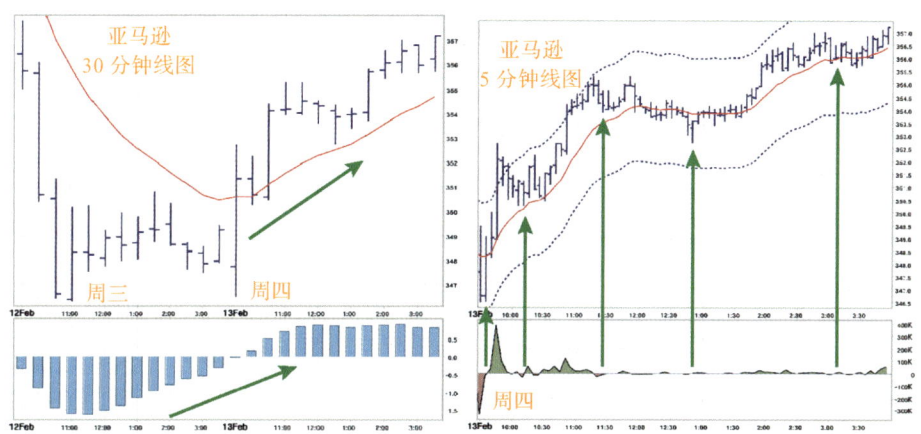

图39-4　左图:亚马逊股票(AMZN)30分钟线图,13根线柱指数移动平均线,MACD柱(12-26-9)。右图:亚马逊股票(AMZN)5分钟线图,13根线柱指数移动平均线,0.6%通道线,2根线柱强力指数指标

资料来源:Stockcharts.com。

日内交易的三重滤网交易系统

亚马逊的股票(AMZN)是非常受欢迎的交易品种,这源于它良好的流动性和波动性。三重滤网交易系统的原则在日内或更长周期内是相同的。这里是日内交易,其长期时间周期线选择的是30分钟线图。观察到它显示为上升趋势。此时,我们转向稍短期的图表,5分钟线图。当5分钟线图的两线柱强力指标下降到0之下时,标志着这是与长期趋势相违背的一个波浪——一个可以在更低价位买入的好机会。画一个覆盖95%的价格区间的通道,可以用通道线来设定盈利目标。

止损和止盈目标

对于成功的交易来说合适的资金管理是至关重要的。一个纪律严明的交易者会在盈利目标处兑现利润和快速止损,他们的表现远比那些抱有幻想和在错误交易上逗留的交易者要好。在你进入一个交易之前,写下三个数字:买入价位、盈利目标价位和止损价位。没有定好这三个数字的交易便是赌博。

三重滤网交易系统要求使用长期图表来设置止盈点,使用中期图表来设置止损点。如果你是使用周线图和日线图搭配的,则在周线图上设好盈利目标,在日线图上设好止损目标。当在日线图的回调中买入时,用周线图的价值区间(见两条 EMA 线)作为盈利目标是一个好的选择。用 25 分钟线和 5 分钟线搭配使用做日内交易时,在 25 分钟线上找到盈利目标,然后在 5 分钟线设置好止损位,当你控制住了风险的时候,你更容易得到一个好的结果。

三重滤网交易系统需要设置相对保守的止损价位。它既然让你按照市场大趋势的方向进行交易,就不允许为损失留太多空间。跟上潮流或者马上退出。我们之后将在第 54 节回到这个话题,"如何设置止损点"。

40. 动力系统

动力系统这个想法是我在 20 世纪 90 年代中期想出来的。当时是半夜,我在远方的一个旅馆醒来,笔直地坐在床上想,仅仅需要使用两个概念——惯性和能量,我就可以描述任何市场的任何时间周期的运动。用这两个概念,我可以寻找有牛市惯性和能量的股票或期货,并进行多头交易;我也可以寻找有熊市惯性和能量的股票或期货,并进行空头交易。

要度量任意交易品种的**惯性**,一个好的指标是短期 EMA 的斜率。上升的 EMA 意味着具有牛市惯性,而下降的 EMA 则说明具有熊市惯性。任意趋势的**能量**可以用 MACD 柱状线的斜率来表示。如果它的最近一根线柱比其前一根线柱的高度要高（像字母 m-M 的高度变化），或者是比其前一根线柱的深度要浅（像字母 y-v 的深度变化），则 MACD 柱状线的斜率是上升的，所以它的能量是向上推动的。如果最近一根线柱比其前一根线柱要低（像字母 M-m 的高度变化或字母 v-y 的深度变化），则 MACD 柱状线的斜率是下降的，所以它的能量是向下推动的。当我们使用 MACD 柱状线来定义能量时，它是否高于或者低于零是无关紧要的：真正重要的是最近两条 MACD 线柱之间的高低关系。

运用动力系统的原理，在大多数交易软件进行编程，实现价格图表或蜡烛图的颜色显示，这并非难事。当两个指标都是上升的时，线显示的是绿色，代表牛市；如果都是下降的，线显示的是红色，代表熊市；当两个指标相互方向相反时，线显示的是蓝色，代表市场是中性的（见图 40-1）。

动力系统

EMA		MACD 线柱		动力系统的颜色	允许	禁止
↗	+	▯	=	绿色	买入或观望	卖空
↘	+	▯	=	红色	卖出或观望	买入
↗	+	▯	=	蓝色	买入或卖出	
↘	+	▯	=	蓝色	买入或卖出	

图 40-1　动力系统的颜色

- EMA 上升、MACD 上升（特别是小于 0 时）= 动力系统显示是绿色，牛市，禁止卖空，允许买入或观望。

- EMA下降、MACD下降（特别是大于0时）= 动力系统显示是红色，熊市，禁止买入，允许卖出或观望。
- EMA上升、MACD下降 = 动力系统显示是蓝色，中性，无禁止事项。
- EMA下降、MACD上升 = 动力系统显示是蓝色，中性，无禁止事项。

最初，我想用这个系统完全实现自动化交易——绿色时买入，红色时卖空，当颜色变换后则兑现利润。对动力系统做的回测让我打消了这个主意。自动交易系统成功抓住了每一个趋势机会，但是在区间震荡时，它会在红色和绿色之间反复转换，结果两头都遭受亏损。

后来我把动力系统放到了一边，但是我一直在对它进行思考。几年之后，我突然醒悟：动力系统不是一个自动交易系统，而是一个监测系统！它并没有告诉我应该做什么——它告诉我的是不应该做什么。如果周线图表和日线图表中有任意一个是红色的——不允许买入；如果周线图表和日线图表中有任意一个是绿色的——不允许卖空。

那次发现之后，我一直在我所有的交易中都使用动力系统来监测。在我2002年出版的《走进我的交易室》（*Come Into My Trading Room*）⊖一书中进行了公开介绍，该书被《巴伦周刊》（*Barron's*）评为当年的年度之书。动力系统在世界范围内变得越来越受欢迎，它的一些术语成为交易的语言。

这就是我如何从那时开始使用动力系统的（见图40-2）。它帮我远离麻烦。我会根据数字、信号或者指标来做交易计划——然后动力系统会强制我等待，直到合适的入场机会出现，它才不再禁止我按照既定的方向进行交易。此外，动力系统能帮我识别何时趋势已开始减弱，并建议退出交易。

⊖ 该书中文版机械工业出版社已出版。

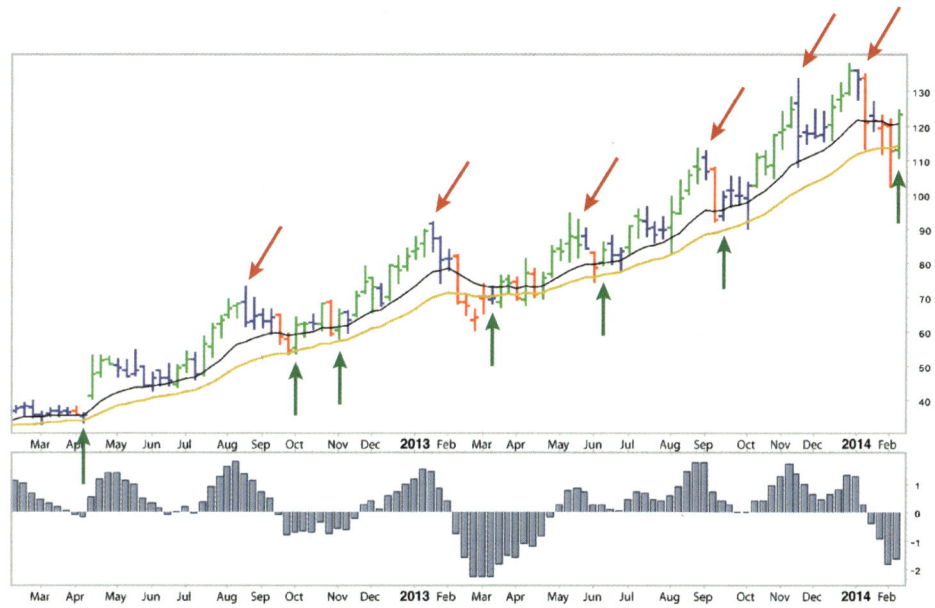

图 40-2　斯崔特西公司（SSYS）周线图，13 周和 26 周 EMA，MACD 柱（12-26-9），动力系统

资料来源：Stockcharts.com。

动力系统

动力系统能够加强任何一种寻找交易机会的方法，无论是技术分析还是基本面分析。我们回顾一个例子，使用斯崔特西公司（SSYS）股票——3D 打印技术领域的两大龙头之一。在 2012 年，我出版了世界上第一本关于 3D 打印技术的电子书，在书里面我认为它的股价会暴涨。

垂直的绿色箭头标示的柱线紧跟着前面红色的柱线。红色禁止你买入。最好的买入时机是当红色消失的时候。你能看到这些绿色箭头指示出一个接一个的中期底部，包括在图表右边界的买入信号。拥有一个客观的方法能让你在市场下降停止的时候有买入的信心。

动力系统也会对兑现利润的好时机给出建议。倾斜的红色箭头指向蓝色柱线，蓝色柱线出现在一系列远离价值区域的绿色柱线之后。它们显示牛市上行受阻的位置——兑现盈利的好时机，并等待下一个买入机会。

入场

  动力系统中显示红色和绿色时，惯性和能量是朝着同一个方向的。绿色线柱时，牛市占主导地位，并且是加速上升的；红色线柱时，熊市是占主导的，并且下降是全力前进的。短期 EMA 线和 MACD 柱状线可能只在部分线柱上方向相互一致，但正是这些时候，市场开始全速前进——动力打开了！

  在你将动力系统应用到最喜欢的市场时，记住三重滤网系统要求在多于一个时间周期内进行分析。选择你最喜欢的时间周期，并将之定为中期时间周期。将其周期乘以 5 倍，找到长期时间周期。如果你最喜欢的图表是日线图，首先去分析周线图，并做出看多或看空的战略决策。使用动力系统来决定何时允许进行买入或者卖空。

- 如果你是日内动量交易者，只要两个时间周期都是绿色的你便可以买入，一旦其中之一变蓝或红，你便兑现收益；
- 当尝试抓住市场拐点时，最好的交易信号不是绿色或者红色，而是红色或绿色开始消失时。

  如果股价在下跌，但是你的分析显示已经接近市场底部，监控周线图和日线图的动力系统。即使其中任意一个仍显示为红色，说明下降的趋势仍然很有力量，仍然禁止买入；当两个时间周期都不再显示为红色时，才允许买入。

  如果你认为市场正在形成顶部，趋势即将反转。监控周线图和日线图的动力系统，如果任意一个仍然显示是绿色，说明上升趋势依然没有消失，禁止卖空。当两个时间周期的绿色都消失了时，你才可以卖空。

  时间周期越短，它的信号就会越敏感：日线图上的动力系统开始改变颜色总会先于周线图。当做日内交易时，5 分钟线图改变颜色要比 25 分钟线图早。如果我的分析表明市场正在筑底，即将开始反转，我会等到日线图不再显示变红，开始变蓝，甚至变绿，然后我再去观察周线图，这时它仍然是红色的。一旦周线图从红色变蓝，系统会开始允许买入。这种技术防止我当市场仍在下降的时候过早买入。

我使用相同的方法进行卖空。当我认为市场的顶部正在形成，并且日线图的动力不再显示绿色，开始变向蓝色甚至红色，然后我细心地观察周线图。一旦它不再显示为绿色，系统会开始允许卖空。等到两个时间周期都不再显示与我的计划相对立的颜色，就能帮助我确保随着市场的方向进行交易，而不会逆势而行。

记住，动力系统是一个监测系统。它不会告诉你应该做什么——但是它会很明确地告诉你不该做什么。不要违背这个监测。

许多技术分析软件都包含一种功能，叫"条件格式"。它允许根据 EMA 和 MACD 的斜率给柱线或蜡烛图上色。芝加哥有个聪明的程序员叫约翰·布伦斯（John Bruns），他正是使用这个功能将动力系统加入工具包的。我们称这个工具包为埃尔德磁盘（Elder-disks）[○]。如果你使用的软件平台不允许条件格式功能，你仍然有办法使用动力系统。直接观察 EMA 和 MACD 的斜率：将它们结合起来分析，你就知道最新一根线柱应该是什么颜色了。

如果懂编程的话，你可以给动力系统加入更多的功能。你可以检验 EMA 的不同长度或者 MACD 的不同设置，来找到市场中最合适你的那些组合。日内交易者可以编制警示声音来协助监测多个市场中颜色的变化，而不必紧盯着屏幕。

退出

如果你是个短期动量交易者，一旦动力系统显示的颜色不再支持你的交易方向，则马上了结你的交易，即使在两个时间周期中只有其中一个改变了颜

○ 在 elder.com 网站上有各种可用的交易程序。

色。通常，日线 MACD 的反转要快于周线 MACD。当它在上升趋势中下降，表明上升的动量正在减弱。当买入的信号消失时，马上兑现收益，而不是等待出现卖出的信号。

在下降的趋势中将这个做法反转一下。一旦动力系统不再显示红色，即使两个时间周期中只有其中一个改变了颜色，也马上清空你的空头头寸。最有效的下降部分已经结束，动力系统已经完成了它的使命。

动力系统鼓励你小心谨慎地入场，但快速地退出。这是专业的交易方法。初学者往往与之背道而行，猛然跳入交易中，然后永不再退出，期待市场改变方向。

如果两个时间周期中的任意一个变成了蓝色，波段交易者或许仍会持有交易头寸。波段交易者要避免，时间周期中任意一个的颜色与交易的方向变得相反。如果你是多头，时间周期中的一个变成红色，则是时候卖出并空仓观望了；如果你是空头，当动力系统开始变绿，它就发出了让你平掉空头头寸的信号。

动力系统通过展示通常什么情况下漫无目的、毫无组织的群体开始变得情绪化并开始奔跑，以帮助你在市场混乱的狂流中识别出秩序。在趋势的形态刚刚浮现时入场，并在其开始沉入混乱的海洋前退出。

41. 通道交易系统

市场价格倾向于在通道中波动，就像河流在河谷中一样。当河流碰到了它的右边河岸，它会转而向左；当流到了左边河岸，它会转而向右。当价格开始上升的时候，它经常在碰到隐形的天花板时停止上涨。它的下降似乎也在碰到隐形的地板时停止下跌。通道帮助我们预测未来在哪儿最可能遇到支撑线和阻力线。

支撑线是买单比卖单密集的地方，而阻力线是卖单比买单密集的地方（见第 18 节），通道展示了未来哪些地方有可能出现支撑或者阻力。

通道能帮助识别买卖机会和避免错误的交易。交易通道的最初研究者是薛斯，他在他 1970 年出版的《股票交易时机的获利法宝》一书中，进行了阐述。

后来，伟大的数学家本华·曼德博（Benoit Mandelbrot）被埃及政府聘请建立一个棉花价格的数学模型——棉花是埃及主要出口农产品。经过广泛的调研，他做出了结论："价格围绕价值上下波动。"这听起来简单，但是事实上是很深刻的。如果我们接受了这个数学发现，并且如果我们能够有手段来定义价值，并且能测量平均的波动，我们将会拥有一个交易系统：只需要在价格低于价值的时候买入，在达到价值的时候兑现利润；在价格高于价值的时候卖空，然后在回到价值时回补空头头寸。

我们之前已经同意价值区域在短期和长期移动平均线之间。我们可以使用通道来发现正常的和非正常的波动。

构建通道的两种方法

我们可以通过绘制两条平行于一条移动均线的线组，来构建一个通道：一条线在移动平均线上方，另一条线在移动平均线下方。我们可以根据市场的波动性来改变两条通道线之间的距离（标准背离通道）。

以移动均线为对称中心的通道线对股票和期货交易都很有用。标准背离通道（有时也叫作布林通道）对于期权交易十分有用。

通道界定了价格正常波动和不正常波动之间的界限。价格在通道中运行是正常的，只有非正常的时间驱动才会使价格波动到通道之外。价格在通道的下轨线之下的时候，是被低估了；价格在通道的上轨线之上的时候，是被高估了。

对称的通道

之前我们已经讨论过使用两条移动均线为一组，来进行交易（见第 22 节）。

使用这组移动均线,并将长期移动均线作为通道线的核心。举个例子来说,如果你使用 13 日和 26 日 EMA 这组线,则通道线是平行于 26 日 EMA 线的。

通道的宽度依赖于交易者选择的系数。这个系数通常用 EMA 的百分比来表示。

上通道线 =EMA+ 通道系数 ×EMA

下通道线 =EMA− 通道系数 ×EMA

当为任意市场设置通道线的时候,开始通道系数可以设置为 3% 或者 5%,然后不断调整通道系数值,直到通道线把最近 100 根线柱的所有价格数据中大约 95% 的包含在内,在日线图上大约是 5 个月时间长度。这很像试穿衬衫:你寻找那些穿起来不是太松也不是太紧的衬衣,只把你的手腕和脖子露在外头。同样,只有极端的价格会跑到已经画好的通道外面。

波动较大的市场需要较宽的通道,而沉寂的市场需要较窄的通道。便宜的股票通常比高价股票有更高的波动率。长时间周期的线图需要的通道更宽。根据经验,周线图的通道宽度会是日线图的两倍。

我过去常常靠手动画通道线,直到我的程序员为几个软件包编写了一个插件,叫作自动包络。它能自动地为任意交易品种,在任意时间周期里,画出正确的通道线(见图 41-1)。在为多款流行程序设计的"埃尔德盘"中可以找到它。

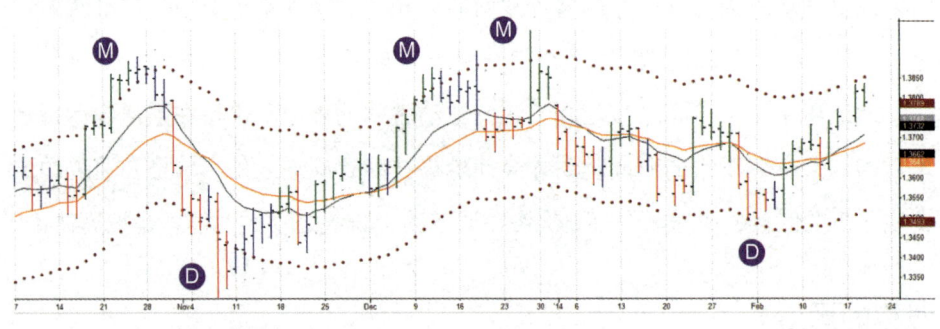

图 41-1 欧元期货,13 日和 26 日指数移动平均,动力系统,自动包络线

资料来源:TradeStation。

通道：自动包络

这个图表展示了 2014 年 3 月期的欧元外汇期货（ESH14）最近几个月时间内的交易情况。期货要比不透明的外汇交易要透明和真实很多。只要我需要做外汇交易，我首选外汇期货。

沃伦·巴菲特将股票市场比作一个有躁郁症的家伙，他的这个比方也可以应用到非股票市场。这里你能看到欧元在围绕它的价值上下波动。当它运行到上通道线上方时，说明市场已经开始变得狂躁（用字母 M 来表示），当它运行到下通道线下方时，说明市场已经开始抑郁（用字母 D 表示）。

巴菲特观察到大多数人的困境是他们会被"市场先生"的情绪所传染——他们会想要在市场狂躁的时候买入，想要在市场抑郁的时候卖出。画出通道线有助于你诊断出市场的狂躁和抑郁，并避免被这些情绪影响。我有一个严格的准则就是：永远不要在上通道线之上买入，也不要在下通道线之下卖出。这个准则会导致我错过一些趋势机会，但我的安全性得到了极大的提升。在屏幕的右边界，欧元运行到十分接近上通道线的位置——看起来像是要进入狂躁期了。

群体心理

指数移动平均反映了在一定时间内市场对于价值的一致认同。当价格靠近移动均线时，市场定价是公允的。当价格下降到靠近下通道线的时候，则是被低估的；当价格上升到接近上通道线时，则是被高估的。通道线帮助我们在市场便宜的时候找到买入机会，而在市场被高估的时候找到做空的机会。

当价格下降到移动均线之下的时候，投机商开始入场。他们的买单和空头的平仓单，使市场价格停止下跌甚至开始反弹。当价格上升到价值之上时，多头开始兑现利润而空头看到了做空的机会，他们的卖单终止了上涨趋势。

当市场已经下降到萧条的底部，则它的情绪即将要提升了。一旦它到达了疯狂的高点，则会逐渐开始冷静。通道上轨指示多头能量耗尽的位置，而通道下轨指示空头精疲力竭的位置。

在上通道线上，熊市的背抵着墙壁与牛市进行搏斗；而在下通道线，牛市的背抵着墙壁与熊市搏斗。当我们的背抵着墙壁的时候，我们都会更加努力地战斗，这也是为什么通道线通常能守住的原因。

如果上涨的高度突破了上通道线，并且收盘价在通道线上方，这显示上升趋势异常强劲。当反弹未能触及上通道线时，则是熊市的信号，因为表明牛市变得更加虚弱。这反过来同样适用于下降的趋势。

我的朋友克里·洛沃恩通过围绕均线画不只一组，而是三组通道线的方式，完善了我的方法。他所画通道的宽度为平均真实波幅（ATR）的倍数（见第 24 节）。三组通道线分别设置在离移动平均线的 1 倍、2 倍和 3 倍 ATR 的位置。正常的波动往往在 1 倍 ATR 的通道内，只有极端的波动会冲出 3 倍 ATR 通道，这往往也预示着反转即将临近（见图 41-2）。

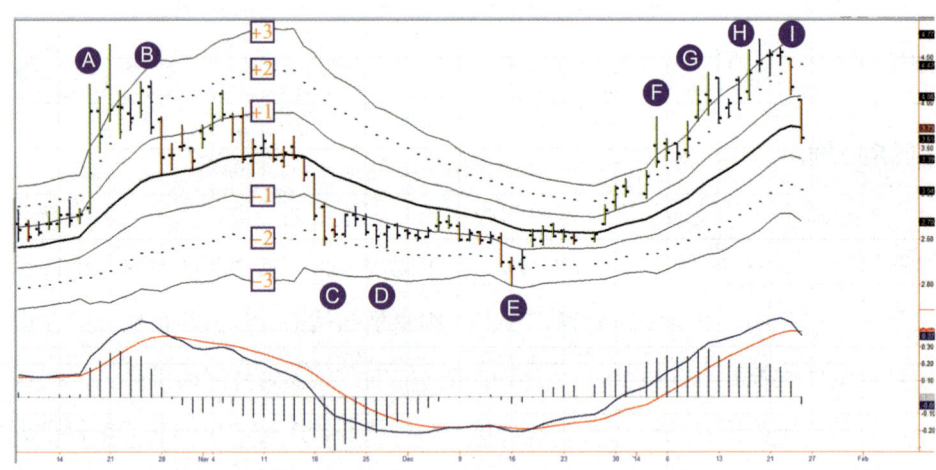

图 41-2　Real Goods Solar（RSOL）日线图，21 日指数移动平均，1 倍、2 倍、3 倍 ATR 通道线，MACD 柱（12-26-9），动力系统

资料来源：TradeStation。

多重 ATR 通道

这个 Real Goods Solar（RSOL）公司的图表反映其几个月内的波动：

区域 A——警告。价格跑出 +3 倍 ATR——上升趋势到达了极限。

区域 B——卖出。价格不能保持在 +2 倍 ATR 上方——多头兑现利润。

区域 C——警示。价格下降到 +2 倍 ATR 位置停止——为底部的标志。

区域 D——警示确认。价格稳定在 +2 倍 ATR 上方——底部已经筑成。

区域 E——买入。向下假突破试探了 +3 倍 ATR 的位置，但不能维持这个低价。

区域 F——警告。价格跑出 +3 倍 ATR——看 +2 倍 ATR 是否能支撑住。

区域 G——警告。价格跑出 +3 倍 ATR——看 +2 倍 ATR 是否能支撑住。

区域 H——又一个警告。价格跑出 +3 倍 ATR——看 +2 倍 ATR 是否能支撑住。

区域 I——卖出。价格不能维持在 +2 倍 ATR 上方——多头兑现利润。

通道帮助我们保持客观，然而其他交易者则被多头和空头的群体搅得晕头转向。当价格上涨到上通道线之上时，可以看到多头的群体已经精疲力竭了，是考虑卖出的时候了；当价格下降到下通道线之下时，每个人都变成了空头，你则知道是时候开始考虑买入，而不是卖出了。

交易规则

业余交易者喜欢以极大的风险去赌博——他们喜欢在向上突破时买入，在向下突破时卖空（如果他们卖过空的话）。当业余交易者看到一个突破的时候，他立马会期待在一个新大趋势中获得暴富。

专业投资者，则是另一个样子。他们喜欢逆着背离的方向进行交易，等待着市场恢复常态。专业的投资者知道突破是一种消耗性的运动，往往以中止收场。那也是为什么他们喜欢在突破中退出的原因——与突破方向做反向交易。当向上突破一旦停滞，便开始卖空；或向下突破一旦开始往震荡区间返回时，便开始买入。

当一个新的趋势一旦冲破通道，突破成功，能带来十分可观的收益，但是长期来看，还是与专业人士一起交易比较有利。大多数的突破以失败告终，伴随着反转，那也是为什么通道线是逆着突破方向进行交易的好工具，盈利目标就在价值区间内。

你可以使用移动平均通道作为唯一的交易方法，也可以将它与其他技术分析结合起来。杰拉德·阿佩尔是纽约一位杰出的分析师和基金经理。他建议在用通道交易时遵循以下规则。

（1）首先画出移动均线，然后根据它画出通道线。当通道相对平缓的时候，市场在交易通道的底部是良好的买入机会，而在接近顶部的时候是卖出的好机会。

（2）当趋势向上，通道随着急剧上升的时候，一个向上的突破越过了上通道线，说明牛市的动能非常强劲。但这表明或许有在前期高点区域卖出的机会。市场在向上突破后，再回调到移动平均线的位置是很正常的。而这又提供了一个非常好的买入机会。当市场再次回到上通道线时，再次兑现多头头寸。

反过来，这对于快速向下的趋势也同样适用。向下突破到下通道线之下时，反弹回到移动均线是很可能的，而回到移动均线后又是一次做空的机会。当价格再次返回下通道线时，则是了结空头仓位的时候了。

最好的交易信号是用通道线和其他技术指标结合给出的（见图41-3）。技术指标的最强烈的信号是其与价格走势出现背离。已故的曼宁·斯图勒（Manning Stoller）曾向我描述了通道和背离指标的联合运用的方法。如下：

（1）当价格达到上通道线，而诸如MACD柱状线之类的指标却出现了熊市背离，则是卖出的信号。它说明多头正变得虚弱，价格上涨过度了。

（2）当价格达到了下通道线，而指标出现了牛市背离，则是买入的信号。它表明熊市正变得弱势，价格已经到了低点。我们必须在多个时间周期中分析市场。当周线图是上升时，就要在日线图中寻找买入机会。当周线图是下降的时候，就要在日线图中寻找卖出机会。

（3）当通道是上升的时候，在接近移动均线的位置做多，当到达上通道线的时候兑现利润；当通道是下降的时候，在接近移动均线的位置做空，当到达下通道线的时候兑现利润。

当通道上升时，最好只在多头方向进行交易，在长期和短期移动均线之间的价值区间中买入，然后在上通道线位置上卖出；当通道是下降的，最好在价值区间内卖空，然后在下通道线位置回补头寸。

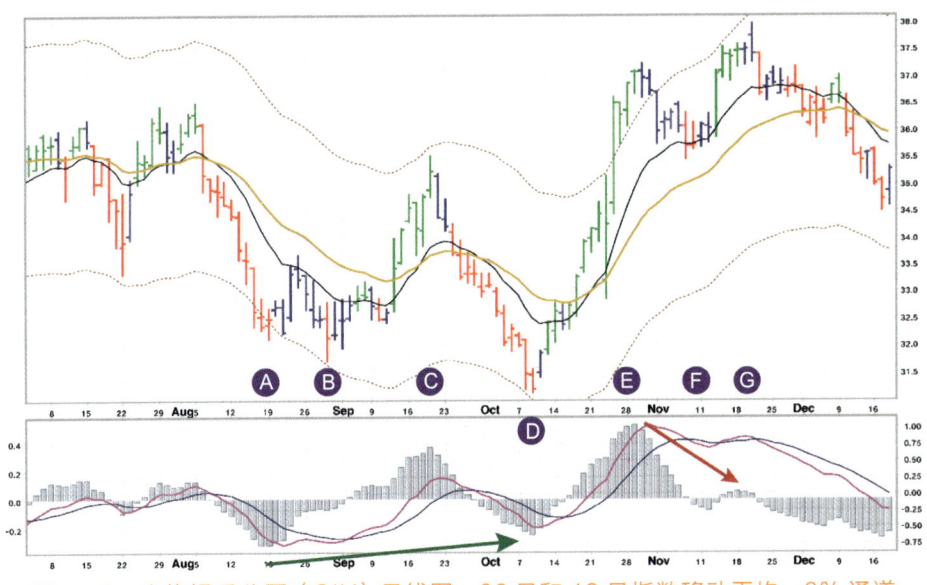

图41-3　六旗娱乐公司（SIX）日线图，26日和13日指数移动平均，6%通道线，MACD柱（12-26-9），动力系统

资料来源：Stockcharts.com。

结合通道线和MACD信号

这个图反映了几个月以来六旗娱乐公司（SIX）的运行情况。

区域 A——当价格到达下通道线，MACD 线的新低表明这个低点将会被再次确认或者突破。

区域 B——通道线拒绝了突破，反弹有可能即将开始。

区域 C——价格到达上通道线并且被弹回——有可能发生反转。

区域 D——买入。价格已经到达下通道线，但 MACD 显示在 A 与 D 之间有牛市背离，中间由 C 点隔开。

区域 E——价格到达了上通道线，MACD 创了新高，表明这个高点很有可能被再次确认或者突破。

区域 F——完全回归价值区间；MACD 向下突破到 0 值线之下，创造了一个熊市背离的迹象，但仍可买入等待回到前期高点。

区域 G——卖出并反向做空。价格已经到达了上通道线，然而 MACD 在高点 E 和 G 之间已经表现出熊市背离，中间由 F 点区隔开。

标准背离通道（布林通道）

这个通道线的特别之处在于它的宽度和市场的波动有关。它们的交易规则和常规的通道不一样。

（1）计算 21 日 EMA；

（2）用收盘价减去 21 日 EMA，得到与均值之间的偏差；

（3）将这些差值的平方加总，获得总方差；

（4）用总方差除以 EMA 的长度，得到平均方差；

（5）将平均方差开平方根，得到标准差。

这些由布林（Bollinger）列出来的步骤已经被包含在许多软件包里。当市场的波动性增大的时候，布林通道的宽度会增加；当市场波动性减小的时候，布林通道会变窄。窄的布林通道表明市场处于休眠的、安静的状态。大的行情常常从平坦的底部位置上爆发。布林通道帮助我们发现市场从安静到活跃的转变。

这些布林通道对于期权交易者十分有用，因为期权价格很大部分是由市场波动性所驱动。狭窄的布林通道指导你在波动性低、期权相对便宜的时候买入。宽的布林通道指导你在波动性很高、期权价格很高的时候卖出。

我们会在接下来的章节中再次回到期权上，你将会读到买入期权是失败者的玩法。专业的交易者通常卖出期权。宽的布林通道能提醒你可以更积极地去卖出期权。如果你是交易股票或者期货，而不是期权，最好使用常规的通道线作为你的盈利目标。即使交易像射击静止的目标一样，那也已经很难了，而使用布林通道就像是要击中运动中的目标。

| 第8章 |

交 易 工 具

交易工具被分为不同的门类。它们在电脑屏幕上的图表看起来可能很相似,但不要让它们的外表欺骗了你。它们每一类都有各自的优点和不足。它们提供的机会不同,具有的风险也不同。你所要做的最重要的市场决定之一就是选择什么品种去交易。

为了有助于你决定去关注哪一类,我们回顾一下主要的类别:

- 股票
- 交易所交易基金(ETF)
- 期权
- 差价合约(CFD)
- 期货
- 外汇

不管是哪一类,你需要确保所选交易工具满足两个重要的条件:流动性和波动性。

流动性指与这一类别中的其他交易品种相比的日均成交量。日均成交量越大,你进入和退出交易就越容易。在流动性不好的股票中,你或许能建立浮盈的持仓，但当你退出时，却变成亏损，因为买卖价差特别大。

10年前我学到了这一课。当时我在一个很不活跃的股票上建立了6 000股的头寸。当它开始下降的时候，我准备卖掉它。那时我才发现它的日均成交量仅仅只有9 000股。很少有人交易这种股票，以至于我的卖单很严重地打压了价格。我花掉了数天的时间清掉了我6 000股的头寸，那感觉就像将一头很肥的牛拉着穿过一个非常狭窄的门，结果在门口蹭掉了好大一块皮。现在我只关注美国市场中日均成交量超过100万股的股票。这样我才能悄无声息、不受干扰地进入和退出市场。只要有大量的交易者和大量的订单买入和卖出，那么我进行交易的买卖价差即使有，也会很小。

波动性是交易品种短期运动的范围。交易品种的波动性越高，交易机会就越多。受欢迎的股票往往波动性很大。许多公共事业部门公司的股票流动性很好，但因为波动性很低，而很难交易——它们常常在狭窄的价格区间里震荡。

衡量波动性的方法有许多，其中一个很实用的工具是"贝塔"（β，Beta）。它是任意交易品种的波动性与其交易基准——比如说大盘指数——的波动性之间的比值。比如说，某只股票的贝塔值是1，意味着它的波动性和标准普尔500指数的波动性一样。贝塔值为2的股票意味着当标准普尔指数上升5%时，它可能会上升10%；但在标准普尔指数下跌5%时，它也可能下跌10%。贝塔值为0.5的股票意味着，股票的波动幅度可能只有标准普尔500指数波动幅度的一半。对于初学者来说关注低贝塔值的品种比较好。你可以在大多数主流财经网站找到股票的贝塔值，比如雅虎财经等。贝塔值就像滑雪坡道上的标识：绿色适合于初学者，蓝色适合于中级滑雪者，黑色钻石适合于专业滑雪者。

时区 全球化吸引着许多人到远离本土的市场进行交易。我在澳大利亚遇到过一些美股交易者，也和一些在美国交易欧洲指数的交易者交谈过。然而，在远离你所在时区的市场进行交易之前，你需要三思而行。你的数据屏幕和世界相连，但你的身体仍然依赖于你所生活的地区。如果你在自己昏昏欲睡的时候交易，相当于将自己置于不利的境地。如果你在抱头大睡，而你的交易头寸在地球另一边敞开着，你就为竞争对手从你的钱包里掏钱提供了便利。

某些时区之间也能比较容易交易。比如说，在西欧交易美国的股票还是比较舒适的。在西欧那里纽约证券交易所是下午三点开盘，晚上十点收盘。但在亚洲交易美国市场股票就很困难，因为时差有将近12小时。对于任何准则，总是会有些例外的，比如有些人很享受在晚上交易——但是如果你在晚上会感到疲惫和困倦，不要强迫自己去做，还是找个本地市场交易比较好。

看多或者看空 市场上不只有买入然后等待价格上涨的交易方式。市场是双行道：它们既会上涨也会下跌。初学者通常只利用买多的机会，但是有经验的交易者会对卖空习以为常。

要从卖空中获利，你要找到一个预期将要下跌的交易品种，然后从经纪商那里借入这种品种——需要支付一定的保证金，然后卖掉它。当它价格下降之后，你以更低的价格买回来，并将你借来的份额还给经纪商，然后拿回你的保证金。你的利润来自高卖低买之间的差价。这与看多是一样的，只是过程刚好相反：先卖后买。当然，卖空是一个非常复杂的话题，无法用两段话阐述清楚，因此我向你们推荐我最近出版的一本书：《以交易为生Ⅱ：卖出的艺术》[⊖]（*The New Sell and Sell Short: How To Take Profits, Cut Losses, and Benefit From Price Declines*）。

42. 股票

股票是对企业所有权的凭证。如果你买了某个公司100股股票，而它共发行了1亿股股票，那么你拥有该公司的100万分之一。如果其他人想拥有这个企业，他们将需要为你手中的股份出价。

⊖ 该书中文版机械工业出版社已出版。

当大量的人开始喜欢某个公司的前景，他们的买单将会把公司股价推高。如果他们不看好公司的前景，他们将会卖出手中的份额，使价格承压。上市公司试图让他们公司的股票更具吸引力，以推高公司股价，因为这有助于他们进行股权融资或者发行债券。高管的奖金也经常会和股价联系在一起。

基本面的价值，特别是盈利，是推动股价的长期因素。但著名的经济学家，同时也是精明的股票投资者，约翰·梅纳德·凯恩斯（John Maynard Keynes），曾经反驳说："长期来看我们都会死掉。"市场里满是毫无价值的公司，有些公司盈利能力很弱，甚至没有盈利，但其股价在某些时点能对抗引力，冲破屋顶。新兴的引人注目的行业里，公司股票能依靠对未来的盈利预期，而不是真实利润，使股价高高在上。有着盈利的、运行良好的公司，如果市场对它们的前景没有信心的话，它们股票也可能一直盘整或者下跌。

沃伦·巴菲特热衷于说买入股票使你与一个狂躁抑郁的市场先生为伴。每一天，市场先生跑到你身边，给你卖出或者从他那儿买入份额的机会。大部分时间，你应该忽略他，因为他很疯狂，但是偶尔市场先生会变得如此沮丧，以至于他会以非常低廉的价格卖出他的份额——那是你应该买入的时机。另一些时候，他则会变得如此疯狂，以至于提出疯狂的高价要买你手中的份额——那是你应该卖出的时机。

巴菲特的说法以简洁的话语道出了交易智慧，但是很难执行。市场先生的情绪如此有传染性，以至于我们都容易受到它的感染。当市场沮丧的时候，人们会想卖出；在市场疯狂的时候，人们反而想买入。要成为一名成功的交易者，你必须站在大众群体之外。你需要建立客观的准则，来帮助你决定什么价格算高而什么价格算低。巴菲特在基本面的分析基础上，运用超凡的直觉做出投资决策。交易者们也可以运用本书里描述的技术分析工具来决策。

你要交易什么股票？美国市场上有着超过 20 000 只股票，国际市场上还有更多选择。初学者往往同时追踪过多数量的股票。由于害怕错过机会，他们甚至会购买盘面分析软件。交易者如果没有交易好一只股票的清晰想法，那他同时去追踪许多股票，也不会有任何帮助。关注于少量几只股票，并且每日跟踪这些股票的走势，效果会好得多。

我们将在第 10 章"实践细节"中回到股票选择的问题。简而言之，限制你的自选股票池规模是个好主意。股票池可以很大也可以很小，这依赖于你的技巧和可支配的时间。我的一个希腊朋友称他观察名单里有 200 只股票，称作他的"后宫"。其中每一只他都曾持有过。在周末，他会对它们进行复盘，并选出不到十只股票，在新的一周带着它们去驰骋。

我有两个用以捕捉交易思路的"池子"。第一，在周末我会用我的"背离扫描器"跑一下标准普尔 500 成分股的交易数据，并聚焦到通过扫描器标记出来的股票上，然后我会选择少量几只在新的一周考虑用于交易。第二，在周末我还会回顾一下本周的"Spike"的精选。在几十个顶级交易者提交的个人精选股中，应该会有几个我想交易的股票。我在交易日仔细跟踪的股票数量总是个位数，但这只是我的方式。我有的朋友在任何时候都跟踪几十只股票。所以，只有你自己能找到适合自己的跟踪数量，这个规模不要超过你能专注的最大数量。

43. 交易所交易基金（ETF）

交易所交易基金（exchange-traded fund，ETF）是一种像股票一样交易的投资工具。有对应股票、大宗商品或者债券等不同类型的 ETF，通常它们的交易价格接近其净资产水平。这些 ETF 设计出来是为了方便地跟踪相应指数、行业、国家、大宗商品、债券、期货或外汇市场。有一种杠杆 ETF，它的波动幅度比基准指数大 2～3 倍。还有反向 ETF，以及反向杠杆 ETF，它们的变动方向与其基准指数的方向刚好相反：当指数下降，反向 ETF 则上升，反之则下降。ETF 发展很快，其数量在最近几年里达到了上千只。

有这么多的品种可供选择，还有不喜欢 ETF 的理由吗？当然有，还很多。

ETF 行业一直对一个事实秘而不宣，就是实际存在两个 ETF 市场。一级市场仅仅对经授权的参与者开放——大型股票交易经纪商，他们和 ETF 发行者之间有进行大批量买卖的协议——常常以万份来计算。这些经纪商以批发的形式买入，然后以零售方式卖给你。你作为个人投资者只能坐在公共汽车的后排——也就是二级市场。

有个活跃的交易者朋友看过这章后，补充道："我相信那些授权参与者也有权借入 ETF 份额进行大规模卖空。我的经纪商总是告诉我没有库存的 ETF 了，即使是那些很常见的 ETF，我难以想象他们没有这些 ETF 的库存。当我问他们原因的时候，他们却守口如瓶。我好奇授权交易者的卖空交易应该如何解释。我想他们最终做的是否是配对交易（同时持有相匹配的两类资产，一个做看涨的买入交易，另一个做看跌的卖出交易，之间可以相互抵消系统性风险，获得配对资产的价差变动收益）。如果是这样，则隐瞒了增加了的抛压。

ETF 的管理费用影响了投资者的收益。根据摩根士丹利的研究，在 2009 年，ETF 整体没有跟上它们的目标指数，落后比例平均在 1.25%，比 2008 的落后比例高了两倍。这些与目标指数之间的差异是你为要交易 ETF，而不是单只股票所要承担的代价。ETF 所追踪的目标指数越特殊，你所要付出的代价就越大。

一些 ETF 价格下跌得如此之快，它们的发现者不得不反复进行份额的折算，使价格重新回到两位数。但随着时间的推移，这些 ETF 终将重新跌到个位数，它们的发行者会再次进行下折，以使他们的 ETF 能吸引到新的上当者。

我有一个朋友在去年损失了 100 万美元以上：他预期市场将会下跌，因此买入了波动性指数的 ETF（当市场下跌时，市场波动性会上升）。确实，市场下跌了 10%，波动性也飙升了——但是他的 ETF 却没有上涨，反而下跌了（见图 43-1）。

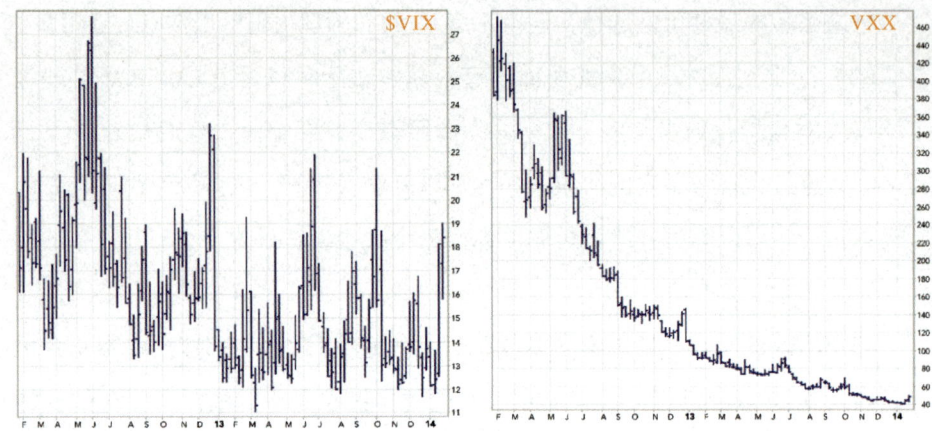

图 43-1 市场波动性指数（$VIX）周线图，波动率 ETF（VXX）周线图

资料来源：Stockcharts.com。

追踪波动性：现实与幻想

你能想象这两个时间跨度相同的图表，所追踪的竟然是同一个东西吗？

波动性在市场运动中是十分重要的因素。就像价格总是在上升趋势和下降趋势中转换，它们也总是在低波动性和高波动性之间转换。所以很多分析师和交易者都关注市场波动性指数（$VIX）。左边的图表显示，$VIX 一般在 10～25 震荡，（它曾在 2008 年熊市时短暂地涨到 80 以上）。交易者之间流传着这样一句话："VIX 走高，放心买入；VIX 走低，小心慢行。"

因为 $VIX 的波动性显示出相当的规律性，一些交易者试图使用几种 ETF 对其进行交易，比如上方右图所示的 VXX。在相同的时间里，VXX 稳定地下降，失去了 90% 的价值。那怎样追踪波动性呢？

许多 ETF 以一种简陋的方式"追踪"它们的目标指数。在尝试过交易一些大宗商品的 ETF 后，我很长一段时间没有再碰过它们。当时，我经历了好几天的目标商品价格的连续上涨，但我的 ETF 竟然在下跌。同样，在我几次交易国家指数 ETF，当国家指数连创新高时，我买的 ETF 却仍然在突破点之下徘徊，从此我再也没有交易过国家指数 ETF 了（见图 43-2）。

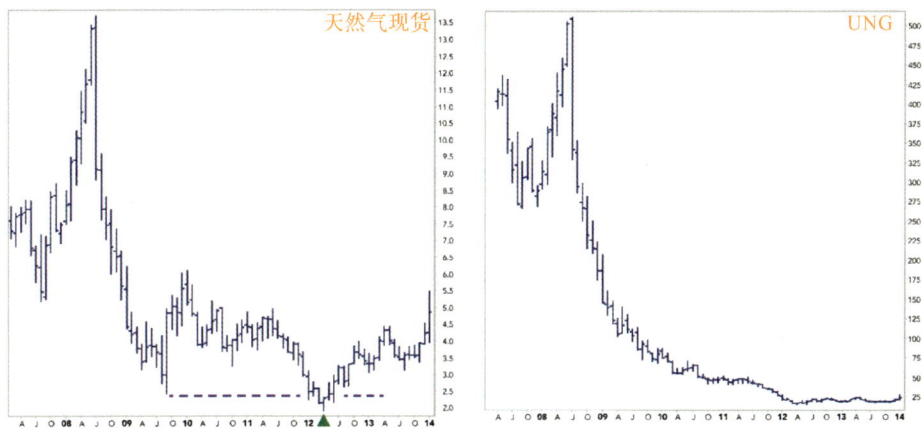

图 43-2　天然气现货月线图，美国天然气基金（UNG）月线图
资料来源：Stockcharts.com。

天然气市场：现实与幻想

图 43-2 中左图显示的是天然气现货市场的价格走势：它在 2008 年涨到了 13.5 美元之上后，接着开启了熊市，最终以双底结束熊市。到 2012 年的时候，在 2 美元附近，有一个向下的假突破，此时是一个买入的机会。期货的图表（没有在此展示）看起来和现货市场的图表很相似——但是看一眼右边的 UNG（美国天然气指数 ETF）。自从它进入漫长的下跌过程，从 500 美元之上，跌至 20 美元之下，我失去了一大批朋友和客户，他们埋怨在抄底过程中亏了钱。

带杠杆的 ETF 要比不带杠杆的 ETF 有更多期货的特征。它们每个月都有更多的展期交割损失。个体投资者的劣势在杠杆 ETF 中其实是被放大了。杠杆 ETF 在某个时期或许能追上目标资产的指数，但随着时间的推移，累计的偏差是十分巨大的。唯一或多或少适合交易者的是，那些常见的 ETF，比如标普500ETF（SPY）和纳指100ETF（QQQ）。总的来说，ETF对许多缺乏经验的个人客户有吸引力，但是普遍的估值折价和对目标资产的追踪误差，使它们的受欢迎程度在降低。记住一个重要的原则：世界上没有免费的午餐。具体到ETF则是，买者需要谨慎。

44. 期权

期权是一种衍生交易工具——一种关于某种证券，比如股票、指数或期货等的价格会在特定时间内达到特定价格的对赌。**认购期权**给了持有者在未来特定时间以特定价格买入特定数量证券的权力，但是否行权并非强制的。认购期权是对价格上涨的对赌。**认沽期权**给了持有者在未来特定时点以特定价格卖出特定数量证券的权力，但是否行权并非强制的。认沽期权买方认为未来价格会下跌。在每种期权交易中都会有两个群体：买方和卖方。买方买进期权，而卖方创造期权将它们卖给买方。

需要记住很重要的一点是，期权的买方作为一个群体，长期来说是亏钱的，除了偶尔会出现几笔幸运的交易。在交易的另一边，期权的创造者整体能获得稳定的收益，尽管偶尔有损失。

期权卖出者凭空创造出期权以满足买方的需求。我有位学生是美国证券交易所大厅的做市商，他告诉我说："期权是一种关于'希望'的生意。你可以买入希望也可以卖出希望。我是专业人士——所以我卖出希望。早上我来到交易大厅，找出市场所希望的是什么。然后对这些希望定价，再卖给他们。"

每个期权都有行权价格。如果标的股票在行权日没有达到这个行权价格之上，期权到期时就毫无价值了，同时期权卖出者则保留了他们的战利品，另一个名字叫权利金。

- 当标的资产的价格等于行权价格时，为**平值**期权。

- 当标的资产的价格在行权价格之下时，认购期权为**虚值**；当标的资产的价格在行权价格之上时，认沽期权为虚值。虚值越大，期权越便宜。
- 当标的资产的价格在行权价格之上时，认购期权为**实值**期权；当标的资产的价格在行权价格之下时，认沽期权为实值期权。

期权在其存续期里时，因为标的资产的价格会波动，有可能会在实值期权、平值期权或虚值期权之间变动。期权的价格有两部分组成——内涵价值和时间价值。

- 当期权是实值期权时，其**内涵价值**大于零。如果某个认购期权的行权价格是 80 美元，而标的资产价格是 83 美元，期权的内涵价值则是 3 美元。如果标的资产的价格等于或低于 80 美元，则内涵价值为 0。
- 期权价格的另一个要素是**时间价值**。如果某股票的交易价格是 74 美元，人们愿意为行权价为 80 美元的认购期权支付 2 美元，则这 2 美元全是时间价值。如果股票价格上涨到了 83 美元，期权的价格上涨到 4 美元，则其中 3 美元是内涵价值（即 83-80=3），剩余 1 美元是时间价值（体现的是买入者期望在期权的剩余期限里，股票价格会进一步上涨）。

期权价格受以下几种因素影响：

- 虚值期权离行权价格越远，期权价格越便宜——标的资产的价格必须走很远才能使期权在到期之前变得有价值。
- 离到期日越近，期权越便宜——实现希望所剩余的时间很少了。期权价值丢失的速度叫"时间衰减"。它不是以直线速度下降，而是会随着临近到期日而加速衰减。
- 标的资产的波动性越小，期权价格越便宜。因为它出现大波动的机会比较少。
- 当前利率水平、标的资产的股息率等次要因素也会影响期权价格。

影响期权价格的各种因素可能是相互冲突的，有些会部分相互抵消。比如说，当市场急速下跌时，削弱了认购期权的价值，但由于波动性的上升也会部分提升期权价值，因此认购期权的亏损并没有想象的多。有很多数学模型，如布莱克-斯科尔斯期权定价模型（Black-Scholes期权定价模型），在关于期权的文献中都有描述。它们能用来计算期权的公允价值。

购买期权

交易期权最简单、最直接的方式就是买入它们。这也正是初学者所常做的。除非他们很快学会，然后有所改变，否则他们的账户就完了。

股票经纪商宣传的标准格式是："期权提供资金杠杆——只用少量资金就能持有一个很大的头寸。而期权的全部风险仅限于你购买它们所支付的那部分钱。当你的判断是正确的时候，期权使你加速赚钱；但如果市场是朝另一个方向发展，你会空手出局。"他们没有说明的是，要想通过购买期权获利，必须做对三件事：你必须选对股票，预测正确其波动范围，还要预测它能在一定期限内达到目标价格。如果你在这三方面的任何一个上出错，你就会输钱。

你尝试玩过游乐园里的投球穿过三个环的游戏吗？这三重的复杂性使得购买期权成为一场易输难胜的游戏。

股票、指数或者期货都只能有三种变化：上涨、下跌或者持平。当你买入认购期权，那么只有在市场上涨时你才会盈利；如果市场下跌或持平，你会输钱。有时候市场上涨了，如果价格没能在期限内达到指定价格，你也会输钱。当你买认沽期权时，只有在市场跌得足够快的时候你才会获利。期权买家只有在市场按照他所预见的方向，达到其所需要的变化速度时，才能获利；当市场虽然沿着他所预计的方向前行但速度太慢，或者保持不变，甚至朝相反的方向运动时，都会亏损。

期权买家只有1/3的概率能获利，但对于期权立权卖出者而言，获利的概率是2/3。难怪行家都来立权。行家立权卖出的认购期权，当股票下跌或持平，甚至只是涨得太慢，这个期权到期都会变得毫无价值。立权者就可以保留收到的权利金。他把希望卖给可怜的买家，当这些希望变得一文不值的时候，他们则可以把钱留下。

期权吸引了一大群买不起股票的小交易者。想要获取暴利，他们买入认购期权，把这当作股票的替代品。但其实是行不通的，因为期权和股票的运作方式并不相同。容易上当的初学者买入毫无价值的希望，而行家们非常乐于将希望卖给他们。

期权买家的绝大多数是初学者、赌徒以及没有足够资本的小交易者。想想那些急于暴富而亏钱的倒霉蛋吧。那谁能赚到这些钱呢？一部分变成经纪商的佣金，但绝大部分流入了期权立权者的口袋。拥有充足资本的行家期权立权而不是购买期权。订立期权是资本密集型的业务：你至少需要几十万美元，最成功的立权者运作着数百万美元的资金。订立期权是为博学、有纪律性和拥有雄厚资本的交易者设立的严肃游戏。如果你的账户资金对于立权还太少了，那么等账户变大一些之后再说吧。

市场就像是水泵，把钱从大多数信息贫乏的人的口袋里抽出来，转移到懂行的有钱人手里。聪明的交易者在任何市场中都在寻找这样一种情况：大多数人按一种套路出牌，而另一小部分富有的人以完全相反的方式行事。期权，就是这项法则的绝好例子。

期权立权

有两种期权立权的方式。备兑开仓交易者买入一只股票（备兑用证券），然后卖出相应认购期权。裸卖出开仓交易者卖出认购或认沽期权，但他们并不拥有相关股票。

备兑开仓交易者拥有担保证券。例如，某基金可能持有很大头寸的IBM股票，同时卖出相对应得认购期权。如果IBM股票在这些期权的有效期内没有涨到行权价之上，这些期权到期后就毫无价值了。此时，这个备兑开仓的基金可以将收取的权利金确认为收入，然后开立新的认购期权。如果IBM股票真的涨到了行权价之上，并且"被行权"了，立权者就会将持有的股票，按成交价格进行交割。接着可以用收到的资金，重新买入股票，同时基于新买入的股票进行备兑开仓。

大型基金倾向于使用计算机化的模型来购买股票和备兑开仓。备兑开仓是数学导向和资本密集的产业。大部分专业玩家的资本规模很大，所以分散到单位资本上的人员和设备等成本很小。资金规模小的交易者在这种昂贵的领域里没什么优势。早期的交易所期权市场的备兑开仓的利润是非常可观的。但是现在，这一领域已变得非常拥挤了，利润也已经变得十分微薄。

裸卖出开仓交易者卖出他并不拥有担保证券的期权。他以账户中的现金作为期权的保证金。裸卖出开仓交易者在开立的一笔交易中可以收到权利金，但如果证券价格走势情况与他期望的相反，风险也是无限的。如果你拥有一只股票，并备兑开仓卖出了相应认购期权。当股票价格上涨到行权价格后被行权了，你是有股票来交割的。但当你裸卖出开仓一个认购期权，如果价格涨到或超过了行权价格，你必须要为之偿付。试想这个期权的标的股票刚好发生了收购大戏，下一交易日直接高开上涨50美元/股，而此时你仍需要股票去交割的情景。

裸卖出开仓这种有限回报和无限风险的组合吓跑了大部分交易者，但和往常一样，在直觉和现实之间总是存在差异。深度虚值且即将到期的期权大概率上到期时会变得分文不值。这也意味着立权者将获利。裸卖出开仓的风险回报比，实际上比看起来的要好，并且还有相关的技巧可以降低不常见的反向波动所造成的影响。

精明的裸卖出开仓交易者倾向于销售深度虚值的认购和认沽期权。这些期权的标的股票或期货几乎不可能在期权的剩余时间内触及它们的行权价格。这些立权者兜售的似乎是希望，其实是一种脱离实际的臆想。优秀的立权者会追踪股票的波动性，来判断股票的波动幅度，然后销售在其波动范围之外才行权的期权。这场游戏在期权到期日前一两周进入白热化。当场内交易员凭空赚钱，被疯狂裸卖出的认购或认沽期权几乎没有触及行权价的可能。

谨慎的立权者并不用等待到期日才清空他们的持仓。如果你卖出一个90美分的认购期权，当它跌到10美分时，将其买回并释放你的仓位是合理的。你已经挣到了可观的利润，为什么还要将自己暴露于后续的风险中呢？更加经济的做法是付上另一笔佣金，兑现你的收益，再等待下一次立权的机会。

成为裸卖出开仓交易者，你需要经历钢铁一般的磨炼。期权的大小和数量必须严格遵守你的资金管理规则。如果你裸卖出开仓一个认购期权，后来该股票上涨到行权价格以上，此时你面临很大的风险。你必须事先决定好在什么情况下抽身止损，承担相应较小的损失。裸卖出开仓交易者在股市转向不利于自己时，绝不能选择静坐着等待希望出现。

立权者的选择

时间是期权买入者的敌人。每个期权的买家都经历过这种令人伤心的过程：买入一个期权后股票上涨了，但是他们的期权价值却逐渐消减为零，最后以亏损结束。当标的证券达到行权价格花的时间比预期要长时，买方也会亏损。大多数期权在到期日后会变得一文不值。

但是如果我们倒转这个过程，订立并卖出期权而不是买入期权呢？当你第一次订立期权，并且正确操作，你将会体验到时间为你赚钱的美妙感觉。你所订立的期权每天都会减少一部分时间价值，使你收到的权利金变得更加安全。即使市场停止不动，你也一样赚钱，因为时间价值在持续蒸发，使得你保留这部分权利金的可能性更大了。

如果好好活着是对敌人最好的报复，那么时间是最好的武器。让时间为你工作，是种愉快的体验。

既然每个期权都代表一个希望，那最好是销售那些不可能实现的希望。订立认购或认沽期权前，采取以下三个步骤。

（1）分析订立期权所对应的标的证券。

使用三重滤网交易系统来分析股票、期货或指数，判断其是呈现趋势还是非趋势变化。使用周线图和日线图的趋势跟随指标和震荡指标来识别趋势，侦测逆转，并设置目标价格。避免在股票要公布业绩时立权——在这些可能出现大幅波动的期间内，不要持有期权卖出头寸。

（2）选择所立期权的种类。

如果你分析认为当前是熊市，那么考虑卖出认购期权；如果你分析认为当前是牛市，那么考虑卖出认沽期权。当趋势是上涨的，那么卖出市场会反转下跌的希望；当趋势是下跌的，那么卖出市场会反转上涨的希望。当市场趋势很平，权利金也很低时，不要卖出期权——否则市场从区间震荡中突破出来时可能导致亏损。

（3）估计在足够的安全系数下，一只股票需要涨多少才能改变趋势。然后在这个幅度以外设立行权价，并卖出相应期权。

要这样订立期权：使得期权的成交价格在期权到期日之前不会被触及。德尔塔指标（Delta）是一种能显示期权仓位安全性的客观工具。我们将在下面对其进行讨论。

时间损耗（time decay） 期权的价值每天都在减少，但是它们的衰减速度并不是匀速的。期权的价值随着到期日的临近，而加速下降。就像大卵石滚下山一样，时间损耗到悬崖的时候会直线下降。

时间损耗对于期权买家是不利的，但是对于立权者却是有益的。你在卖出当天收到权利金。股票价格低于你所立期权的行权价格越多，你的权利金越安全。时间损耗是立权者的朋友，却是期权买家的敌人。

记住一点，对于立权者而言，最佳位置就是在期权到期日之前 2～3 个月的时间。这是期权的时间损耗开始加速的时候。它在期权到期前的最后几个星期里加速。当你在靠近到期日期的时候订立期权，你会从更快的时间损耗中获益。你能从更长期的期权立权中获得更多的收益，但是不要太贪婪。立权者的目标不是要在一笔交易上获得暴利，而是要打造出稳定的收益。

Delta 能显示期权到期日时，标的证券触及行权价的概率。Delta 是为数众多的期权工具中的一种。它们都被称为期权指标，每个都用一个希腊字母命名。你可以在众多金融网站上找到任意股票、指数或 ETF 的 Delta 值，特别是那些提供期权服务的经纪商网站。

谨慎的立权者应当瞄准买进或卖出那些 Delta 值不高于 0.1 的期权。它表示在到期日期前期权只有 10% 的可能性会触及行权价格。记住，作为立权者你不会希望标的证券触及行权价格：你要卖的是不会实现的希望。如果你觉得 10% 的可能性太高了，别忘了 Delta 值是没有加入任何市场分析的。如果你还加入很好的技术分析，那么你的风险会比 Delta 值显示的要更低。

要想尝试裸卖出权利金更多、虚值更小的期权，以获取更丰厚的利润，这种想法是很危险的。很高的 Delta 值意味着轻微的反趋势波动都可能导致你的仓位亏损。如果你要立权，把它当作卖出意外险保单。为了确保稳定的收益，并且能在晚上睡个好觉，你应该把汽车保险卖给只开车去超市的女士，而不是机动车狂人。

限制风险

一位大型期权交易者和我分享了他的"买卖差价切片"技术。他提交很低的买价或很高的卖价，然后每次降低 1 美分直到有人来成交。举个例子来说，他最近看到一个想卖空的期权。买价是 1.18 美元，卖价是 1.3 美元，但他可不愿意在 1.18 美元的价位卖出，牺牲巨大的价差。因此，他在 1.29 美元挂出一大笔卖出期权的订单，比当时买价要便宜1美分。没有得到回应。几分钟之后，他把价格降低到1.28美元——突然有买家出现了，吃掉了他的订单。随后买卖差价又重新回到了1.18美元/1.3美元。这个客户发现有大量的交易者在场边观看，不露出他们的双手，但其实很愿意在价差之内进行交易。

期权卖方可能在以下三种情况下导致亏损：一是过度交易。持有的头寸对于账户而言过大。承担太大的风险会使得他们情绪紧张，一旦市场出现波动，则难以坚定持有仓位。二是不能及时止损。当期权走势对他们不利时，他们往往不能迅速撤退，最终导致亏损。三是不留余地。期权卖方不留有储备资金以抵御大的反向波动，迟早会一败涂地。交易持续时间越长，期间发生灾难性事件的风险越高。

卖家粗心大意地进行裸卖空或许能赚钱，但飘飘然的自以为是很可能蒙蔽他。你必须保护好你所有的交易，包括裸卖出期权，建议如下：

- 设定止盈区间——在此区域考虑买回你卖出的期权

你卖出的期权是一种逐渐消耗的资产。当标的证券的价格偏离行权价格越来越远，但离到期日还有一段时间，你卖出的期权价格可能已经离其最低价位很近了，价值只能很小一点点地随时间消耗。那些持有期权的失败者仍有一丝机会，市场可能如他所愿地反弹。他像持有彩票那样继续拿着那些期权——的确有时候他们的彩票能中奖。

作为立权者，为什么要继续持有已经实现了绝大部分潜在利润的头寸呢？你还能获得的已经很少，而且剩余利润暴露在风险之中。在你卖出的期权已经跌幅过半后，可以考虑将它买回来兑现盈利。当期权跌幅已经超过80%的时候，你应该退出这项交易。

- 对卖出的期权设定好心理止损价位（metal stops）

对卖出期权最好使用心理止损价位○，因为常有专业交易者在不活跃的期

○ 在心里预设好止损点，触发止损价位后，自己手动执行止损。——译者注

权合约上钩取止损单。使用心理止损价位要求执行铁的纪律——这也是为什么期权交易不是初学者的游戏的另一个理由。

在标的证券和期权两者价格都设定心理止损价位。例如，你可能裸卖空行权价格为 80 的认购期权，标的股票当时的市场价格为 70，那么在标的股票 75 的价位设置心理止损价位，在期权变成实值期权之前退出你的裸卖空仓位。同时，对期权的价格也设置止损价位：如果期权价格上涨翻倍了，便买回进行止损。比如你以 1.5 美元卖出的期权，当它价格涨到 3 美元的时候，便买回来。这样虽然痛苦，但远没到人们担心卖出期权产生的"无限亏损"的水平。

- 开设一个保险账户

可能你卖出认沽期权，第二天市场就崩盘了，或者你卖出认购期权，突然标的股票公司发生收购。你希望这些永远不要发生，但只要交易时间足够长，一切事情迟早都会发生，这就是你需要一个保险账户的原因。没人会为你提供这份保险，因此你需要自保险。

开设一个货币市场账户，每当你了结一笔盈利的裸开仓期权时，把利润的 10% 放入这个账户。不要用这些钱去交易——让你的保险账户随着利润增长，让它来弥补灾难性的亏损，或者当你停止期权交易时再取出。最近对一位专业期权卖方的咨询中，我推荐他当利润规模超过一定阈值时，取利润的 10% 放入那家他做了房屋抵押贷款的银行里，用这些预付款来作为保险基金。

买入期权可否变得明智

在预期会有剧烈下跌的情况下，专业人士偶尔也会买入认沽期权。当长期上升趋势开始转向时，和远洋客轮更改航线时一样，在趋势顶点附近可能会出现巨大的波动。当波动率飞涨时，即使是经验老到的交易者也难以控制好仓位，做好有效的止损。这时候买入认沽期权可以帮助你规避这个问题。

价格下跌的速度通常是上涨速度的 2 倍。贪婪是快乐而长期的，是价格上涨趋势中的主导情绪。恐惧，是更尖锐而剧烈的，是下跌趋势中的主导情绪。相比认购期权，专业人士更愿意买入认沽期权，这样暴露在时间衰减中的周期比较短。在上升趋势中，交易股票或者期货会更合适。

交易者预期价格要下跌，那他需要决定买入何种认沽期权。最佳选择是跟一般直觉反着来，要和大多数人不一样。

- 先预估股票会跌到何种程度。只有会发生暴跌，认沽期权才值得购买。
- 避免购买离到期日还有超过两个月时间的认沽期权。只有当你预计会出现自由落体式的暴跌时，购买认沽期权才是有意义的。如果你预计是一个长期的下跌趋势，那么最好直接做空相应证券。
- 寻找那些毫无行权希望的低价认沽期权。看一下期权报价栏：认沽期权行权价越低，价格越便宜。起初，行权价每下降一格，认沽期权价格会比上一格便宜 25% 甚至 35%。到最下面的价位时，每个价位之间只有很少一点价差，表明所有行权的希望都已从认沽期权中挤出，剩下的像一张便宜的彩票。这正是你所要的。

买非常便宜的、深度虚值的认沽期权是违反直觉的。它的行权价和现货价相隔如此之远，而到期日如此之近，看上去极可能是到期后变得分文不值。你无法设置止损价，如果判断并不正确，那买入这些期权的成本将颗粒无收。为什么不买虚值程度不大的认沽期权呢？

只有当你想在一次重大逆转中获取非同寻常的收益时，才是购买认沽期权的唯一时机。在常规下跌中，最好还是卖空股票。因为你期待 10 倍或更高的收益，所以才买入便宜的深度虚值认沽期权。它的回报如此之高，因而能容忍你多次失败，只要最终会成功一次就行。抓住一次重大的逆转就可以填补多次失败产生的损失，最终你还是能有可观的利润。

为什么没有多少人用这种策略呢？首先，它需要足够的耐心，因为机会不常有。其次，这样的娱乐价值非常低，即使最终能赚钱，许多人也不能忍受连续错三次、四次甚至五次。所以很少有交易者去这么做。

我写这章是为了让你们集中于期权的关键想法上。如果对期权感兴趣，可以学习劳伦斯·麦克米兰（Lawrence MacMillan）的《期权投资策略》(*Options as a Strategic Investment*)⊖一书。

45. 价差合约（CFD）

价差合约是对未来货币、指数或者股票价值的赌注。如果你买了一份价差合约，对应标的的价格上升了，你能从卖给你合约的公司那儿得到相应差价；但如果价格下跌，你则要支付相应差价。价差合约是一种能让投机者赌价格上涨或下跌的衍生品。价差赌注（spread betting）与价差合约类似，这种形式在英国和爱尔兰是合法的，但在美国不合法。

我写这本书时，价差合约在澳大利亚、加拿大、法国、德国、中国香港、爱尔兰、意大利、日本、荷兰、新西兰、挪威、波兰、葡萄牙、新加坡、南非、西班牙、瑞典、瑞士和英国都可以进行交易。在美国，因为证券交易委员会（Securities and Exchange Commission）的限制，价差合约是被禁止的。

价差合约是20世纪90年代初期，由布莱恩·季伦（Brian Keelan）和乔恩·伍德（Jon Wood），两位在伦敦的瑞银华宝（UBS Warburg）员工发明的。机构交易者用它们来对冲股票风险和避税。在20世纪90年代末期，几家公司开始向普通交易者推广零售的价差合约，兜售杠杆和免税（在英国可以免税）的优势。有供应商将品种从伦敦市场的股票扩展到全球股票、商品、债券和外汇。指数价差合约，基于诸如道琼斯指数、标准普尔500指数、富时100指数、德国法兰克福指数等全球几大主要指数，很快成为这类交易工具中最受欢迎的品种。

⊖ 该书第5版中文版机械工业出版社已出版。

价差合约是个人交易者和供应商之间的合约，不同供应商所提供的交易条款不同。每个价差合约基于一定的标的品种，由供应商创建并与交易者达成交易。你必须准备好支付相应的差价、佣金和隔夜融资成本。合约期限通常都不长，但仓位一夜之间就可以建立好。融资费用和盈亏每天都要财务结算。价差合约以保证金的方式进行交易。

在较大的价差合约之外，还有很多迷你合约，这样小型交易者更容易参与。没有到期日意味着没有时间衰减的损失。多头支付融资成本，而空头获得相应的成本收入。

价差合约有几个缺陷。相对于合约的交易规模，价差合约的佣金通常比例非常高。买卖价差由合约供应商所控制，同时他们也控制着合约价格，这可能偏离标的证券的价格。换句话说，零售交易者所交易的对手是专业团队——专业团队在游戏过程中有移动门柱的能力。

一位新西兰的客户写信给我说："对于价差合约和价差赌注，必须明白的是买入价差合约，你不仅要打败市场，同时还要打败赌场，价差合约的提供者对产品有定价权，因为这是他们的工具。虽然有时它们模拟着真实市场的走势，但并不意味着它与真实市场的交易是一样的。"

价差合约着重定位于新手和没有经验的交易者，宣扬潜在的收益，而掩饰存在的风险。澳大利亚金融监管机构（澳大利亚证券投资委员会，ASIC）认为，价差合约交易的风险比赌马或赌场赌博的风险更大。价差合约在美国是被禁止的，管理者还没忘记在20世纪之初的时候野鸡证券交易所一度泛滥的情景。

证券交易委员会（SEC）在这个问题上的姿态让我想起了另一个联邦机构，食品和药品监督局（Food and Drug Administration），它一直在美国禁止销售沙利度胺——怀孕女性使用的镇静药物。结果，在它的全部副作用被公众知道之后，美国公民幸免于由该药物在欧洲引起的畸形儿流行病的灾难。

46. 期货

期货是以确定时间和确定价格,交割确定数量特定商品的合约。期货合约多头和空头的权利和义务正好相反。在期权中,买方有交割的权利,但是没有交割的义务。如果你买入了认购合约或是认沽合约,你可以随时放弃离开,但是在期货中,就没有这样的奢侈了。如果市场朝不利于你的方向改变,你只能认赔出局或追加保证金。期货比期权更为严格,但期货对市场波动的反应更平滑,所以期货交易起来更为简单。期货的另一个优势是总共只有几十个品种,更容易追踪。期货不像股票一样相互间的相关性那么高。股票走势整体会一起波动,但是期货的走势却不相关,可以提供给人们更多的交易选择。

商品是经济大厦中不可或缺的基石。小麦是一种大宗商品,但是面包不是,因为面包里包含很多成分。老前辈们过去经常开玩笑说,商品就是把它们砸在脚上时会痛的东西——比如金子、糖、小麦、一桶原油。最近几十年里,很多金融工具开始像大宗商品一样被交易——比如股票指数、债券和外汇。期货包括金融期货和传统的商品期货。

买入股票的人会成为公司股东中的一员,但是当你买一份期货合约的时候,你没有拥有任何东西。你只是买入了一份有约束力的合约,在未来的时点要买入某种商品,它可能是一车小麦,也可能是一捆国债。而卖给你期货的人则承诺了交割的义务。你用来买股票的钱会转移到卖出股票的人手中,但是在期货市场中,你存放的保证金还在清算中心,作为担保,确保期货到期时你会按时交割。那就是为什么过去叫它"诚实金"。在股票市场中,你会为借钱而付出利息,但是在期货市场中,你还能获取保证金的利息。

每份期货合约都有明确的规格和交割日期。大部分交易者会在交割日前平仓,以现金兑现盈亏。但是到期日仍然存在,这强制人们在到期前处理合约,让人面对现实。在股票市场中,人们可以持有一只亏损的股票很多年,告诉自己那只是纸面上的亏损。但是在期货市场中，有交割日总是提醒着做着白日梦试图拖延亏损的人。

大多数期货品种都有每日涨跌停限制，超过一定的价格就不再允许交易了。这些限制意在防止价格的非理性剧烈震荡，给人们时间来重新思考一下他们的头寸。连续几日涨跌停对被套住而不能离场的交易者来说压力巨大，他的账户将要血本无归。期货市场的全球化为你提供了一些紧急通道，使你能在其他地方平仓退出。就像乘飞机，登机之前，细心的交易者会先认清紧急出口在哪儿，而不是到需要的时候再去找。

在股票市场中，大多数人都只做多，只有很少人做空。在期货市场中，与期权市场一样，多头的规模和空头的规模总是相等的，因为如果有人买入一份开仓期货合约，必须有另外一个人对应地卖出开仓，也就是做空。如果你想交易期货，要对做空操作很顺手。

新手在期货市场的生存率很低——据说十分之九的新手在最初几个月就会被洗出局。要理解，危险的并不是期货本身，而是新手的风险管理能力欠缺。期货给成熟的交易者提供了非常好的交易机会，但是对业余交易者来说是很危险的。在你到期货市场中冒险之前，必须培养自己卓越的资金管理能力（将在第49～51节中详细讲述）。

期货和现金交易

为了比较期货交易和现金交易，我们做如下假设：当前是二月，黄金价格是1 500美元每盎司，你分析认为它可能在几周内涨到1 575美元。如果你有15万美元，你可以从经纪商那儿买入100盎司黄金并放入保险箱内保管。如果你的分析是正确的，几周后你持有的黄金就价值15.75万美元。此时，你可以卖掉它，扣除佣金前你赚到7 500美元的利润，或者是5%的收益率——这很不错了。现在我们看一下如果在一样的情况下，买入的是期货结果会是什么样。

现在是二月，四月是下一个黄金合约的交割月。每份期货合约为100盎司黄金，目前价值为15万美元，但交易这份合约的保证金只用7 500美元。换句话说，你用7 500美元的保证金就可以持有价值15万美元的黄金头寸。如果你的分析是正确的，黄金价格上涨了75美元每盎司，你得到的盈利与用购买100盎司实物黄金得来的盈利差不多一样。但是现在你的投资收益率是100%，而不是5%，因为你使用的保证金仅有7 500美元。

很多人在看到这组数字后，会有贪婪的冲动，而去成倍地买入合约。账户中有15万美元的交易者可以买到20份合约，如果在每份合约上他都可以赚一倍的钱，那么买入20份合约同样可以赚一倍的钱。如果这样重复两三次，他很快会变成百万富翁。

太棒了——但是这里面有一个陷阱。

市场很少以一条直线的方式运行。你的分析可能很正确，黄金在几周内从1 500美元每盎司涨到1 575美元每盎司，但是在这个过程中间曾下探到1 450美元是完全可能的。如果你是买的实物黄金，50美元每盎司的下跌会造成总计5 000美元的账面损失——不太愉快但还不是悲剧。但是对买了很多份期货合约的交易者来说，每份合约的保证金是7 500美元，50美元的下跌保证金就亏光了，意味着出局了。经纪商会让他追加保证金，如果没有任何储备资金，经纪商会替他强行平仓。

没有经验的交易者总是一次买入太多的合约，市场小的波动就会立刻使他们出局。他们的分析可能是正确的——黄金可能上涨到了目标价位——但是新手因为买入太多合约，没有回旋的余地，所以注定失败。并不是期货打败了交易者，是拙劣的资金管理能力击败了期货交易者。

对于有很强资金管理能力的交易者，期货是非常有吸引力的。高收益率需要铁一般的纪律。新手炒变化更慢的股票会更好一些。一旦成为成熟的交易者，你观察期货会更加清晰。另外，读一些介绍性的书，比如乔治·安杰尔

（George Angell）的《期货市场取胜之道》（*Winning in the Futures Market*）就是一本很好的书，其他的还有特维莱斯（Teweles）和琼斯（Jones）的《期货交易实用指南》（*The Futures Game*）。

套期保值

期货市场有一种重要的经济功能：商业生产者和消费者可以利用它对冲商品的价格风险，给予他们一种竞争优势。同时，期货还为投资者提供了品种比任何赌场都更丰富的赌博圣地。

套期保值是持有与其商品现货头寸相反方向的期货头寸。例如，大糖果厂商就能预测未来几个月需要多少糖。在糖的价格合适时，他可以在纽约或伦敦的期货市场买入相应数量的糖期货。在未来的几个月，他们需要的糖，通过持有糖期货的方式套期保值了，当他们需要进货的时候就卖掉相同数量的期货合约。

如果糖的价格上涨了，糖果厂买入原材料需要支付更高价格，但是他们持有的期货头寸的盈利大致抵消了现货的损失。如果糖的价格下跌了，他们在期货合约上是赔钱的，但买入原材料的成本下降了。而那些没有进行套期保值的竞争对手正在经历着风险。如果价格下降了，他们会买到便宜货，得到一笔意外之财，但是如果价格上升了，他们就亏惨了。进行套期保值的消费者可以集中注意力于他们的核心业务，不用受到未来价格波动的干扰。比如航空公司提前几年就可以知道未来需要多少航空燃油，买入期货合约可以保护他们免受燃油价格波动的影响，而原油价格暴涨暴跌是很常见的。

商品生产者同样可以从套期保值中获利。农业生产者可以在价格足以保证获利的时候，提前出售他们的小麦、咖啡和棉花。他们可以卖空足够的期货合约来覆盖他们预期的产量。从这点上来说，他们没有价格风险。如果价格下跌了，他们会通过期货市场的盈利来弥补现货市场的损失。如果价格上涨了，他们在期货市场的头寸会有所损失，但是在更高的价格上卖出真实的商品又把损失弥补回来了。

套期保值消除了未来要买入或卖出商品的价格风险。可以让商人把精力放在他们的核心生意上，提供稳定的销售价格，获得长期的竞争优势。

套期保值者放弃了发横财的机会，但是也避免了价格波动的影响。商业领域中存活着的企业更看重稳定。这就是为什么全球商品市场中埃克森、可口可乐和纳贝斯克（Nabisco）等都是商品期货市场的重要参与者。套期保值者都是顶尖的业内人士，好的套期保值部门不只是买了一份价格保险，同时还是一个利润中心。

套期保值者把价格风险转移给了进入市场的投机者，这些投机者被潜在的利润所吸引。有讽刺意味的是，有内部信息优势的套期保值者竟然对价格没有信心，而大众中的激进的门外汉会投大量的钱到期货中赌价格的变化。

最大的两个投机者群体是农民和工程师。农民是因为生产商品，而工程师则喜欢将科学方法运用到期货博弈中。很多农民最初进入期货市场是作为套期保值者，但是后来开始捕捉市场错误和投机。我总是会被有多少农民去交易股指期货所震惊。如果他们是交易玉米、牛或者大豆这些品种，与城市里的滑头交易者相比，他们对基本面认识的优势是存在的。但是在标普500指数上他们有什么优势呢？

供给、需求和季节性

在期货市场中主要的牛市和熊市都是由供需驱动的。供给推动的市场倾向于更快更剧烈，而需求推动的市场倾向于更温和更慢。为什么呢？想一下任意一种商品，比如说生长在非洲和南美的咖啡。

需求的改变是由人们的习性改变驱动的，通常很慢。咖啡的需求上涨是因为饮用咖啡更加流行了，每间酒吧里都有一台浓缩咖啡机。也可能因为饮用咖啡不流行了而出现需求减少，原因是经济不景气或是追求健康成为时尚。需求推动市场变化的节奏是很温和的。

现在想象一下某个主要的咖啡生产地受到了台风或是寒流的袭击，忽然全世界的咖啡供应量将减少10%，价格飞速上涨，人们的一些消费需求因为价格上涨而削减了。想象下一次新的OPEC会议达成大幅度削减原油供应的政策，某个重要的铜生产国发生大罢工。当一种商品的供应被减少或传言要减少时，它的价格会飙升，紧张的资源将重新分配给那些负担得起的人。

因为干旱、洪水和病虫害等威胁供给，粮食价格往往在春夏播种和生长季节期间大幅上涨。交易者常说，在收获前农民有三次机会可能失去他的作物。一旦收获完成，供给就是已知的，需求则变成了价格的驱动力。需求驱动的市场运行通道更窄，所以盈利目标和风险都更小。随着季节的变化，价格运行通道需要重新绘制，交易策略也必须相应调整。交易新手可能常常会觉得奇怪，为什么他的交易工具不起作用了。聪明的交易者则拿出一套适合于新季节的交易工具，并把旧工具收起来，等明年再用，就像他更换车子的普通轮胎和雪地轮胎一样。

期货交易者必须了解他正在交易的市场的关键供需影响因素。例如，在农产品关键的生长和收获月份，他必须保持对天气的关注。在期货市场中，趋势交易者倾向于寻找供应驱动的市场，然而波段交易者则在需求驱动的市场中也可以做得很好。

大多数大宗商品在不同季节之间波动。在美国，冰冻季节是燃料油期货的牛市。在佛罗里达州的霜冻季节，橙汁期货曾经有过疯狂的上涨，但由于在南半球的巴西柑橘产量的增加，现在它已经变得更加沉静了。季节性交易利用这种波动的优势，但你必须要小心，因为这些周期都很少完全相同。一定要通过技术分析审核你的季节性交易。

地板和天花板

与股票不同，商品交易很少低于一定的价格低点（地板）或高于一定的价格高点（天花板）。地板价取决于商品生产成本。不管是黄金还是糖，当一种商品价格低于该水平，矿工就会停止挖掘，农民就会停止播种。一些第三世界国家政府，渴望获得美元，同时想要避免社会动荡，可能会补贴生产，支付给当地人贬值的本国货币，而到世界市场上去倾销他们的产品。不过，只要有足够多的生产者停止生产并退出，供应将会萎缩，价格将会上涨，新的供应商便会被吸引进来。如果你看一下大部分商品20年的图，你会发现很多年以来，地板价都在相同的价格区域。

天花板取决于替代品的成本。如果一种商品的价格上涨了，消费者便会转向其他替代商品。如果重要的动物饲料（如豆粕）变得太贵了，需求将会转向鱼粉；如果糖变得太贵了，需求就会转向玉米甜味剂。

为什么很少有人在地板价或天花板价的水平上进行交易呢？他们为什么不在靠近地板价的位置买入和在天花板价附近卖出，就像钓取水桶里的鱼一样轻松获利呢？首先，无论是地板价还是天花板价都不是石板一块那么稳定，市场可能短期内违背它。更重要的是，人性与这些交易是相冲突的。大部分投机者都没有勇气在市场上近乎沸腾屡创新高的地方卖出，或者在市场已经崩溃后的位置买入。

升水、反转和价差

所有的期货市场针对不同的交割月份提供了几种不同的合约。例如，你可以买入或卖出交割月份在今年9月或12月、明年3月等的小麦合约。正常来说，近月合约比远月合约价格要便宜，这种关系叫作升水。

远月合约价格更高，体现了"持仓成本"——融资、存储和商品保险等成本。交割月份之间的这种差异称为溢价，套期保值者会密切关注它们。当供给收紧或需求增加时，人们开始买入近月合约，远月合约的溢价萎缩。有时近月合约变得比远月合约更加昂贵，市场反转了！出现了真正的短缺，人们愿意付出额外的钱以更快地拿到想要的商品。这种"反转"是商品市场出现牛市的最强烈标志之一。

当你寻找反转的时候，请记住，有一个市场其升水反转结构是常态的，那就是利率期货。因为那些持有资金头寸的人在持续收息，而不是支付财务和仓储费用。

专业人士不会等待反转出现——他们监测溢价的缩小或扩大。好的投机者能对最新的价格脱口而出，而场内交易商能告诉你最新的溢价。精明的交易者对不同交割月份之间的正常价差了然于心。

套期保值者是市场的主要空头力量，大多数投机者则是永远的多头，但场内交易者喜欢交易差价。差价交易表示在市场中买入某月合约的同时卖出其他月合约，也可以是做多一个品种的同时做空另一个相关品种。

如果另一重要的动物饲料（如玉米）价格上升的速度比小麦要快，在某些时候牧场主将转而使用小麦，以代替玉米。他们将减少购买玉米，同时购买更多的小麦，把它们的价差拉回正常水平。差价交易者赌价格背离的回归，依靠价格恢复正常来获利。在前面那种情况下，差价交易者会做空玉米同时做多小麦，而不是在其中任何一个品种上直接进行方向性交易。

差价交易比方向性交易更安全，并且保证金要求较低。业余者不懂差价，并对这些可靠的、但变化缓慢的交易兴趣不大。我找不到关于价差的书可以推荐，这说明专业人士开拓了这一领域并且把业余人士排除在了门外头。这是市场中为数不多的有利可图的领域之一，在这里专业人士可以获得很高的回报，但是没有人把它写成书传递出来。

交易者持仓报告（COT）

经纪商向商品期货交易委员会（Commodity Futures Trading Commision）报告他们客户的持仓情况，而商品期货交易委员会不公布个体的数据，只向公众发布汇总的数据。他们的交易者持仓报告是期货市场上了解聪明资金在如何运作的重要信息来源。

交易者持仓报告能揭示三类交易者的头寸：套期保值者、大交易商和小交易商。套期保值者将他们的身份向其经纪商报告，这可以给自身带来一些优势，比如较低的保证金。大交易商指的是那些持有合约的数量超过政府设定的标准的交易者。除了上述两种之外的交易者是小交易商。

过去大交易商常常被认为是聪明的钱。但现在市场已经比过去大多了，报告要求的下限提高，而且大交易商更多是商品基金，他们中的大部分并不比作坊式运作的交易商聪明。现在聪明的钱是套期保值者，但是弄清楚他们的持仓并不像看上去的那样容易。

例如，交易者持仓报告可能显示，在某个市场中套期保值者持有市场70%的空头头寸。菜鸟可能会以为熊市来了而彻底离场，但他不了解正常的套期保值者会持有这个市场90%的空头头寸，70%的空头头寸意味着在经历非常疯狂的牛市。专业分析师分析交易者持仓报告时，会将现在的持仓和过去的正常水平进行对比，来寻找套期保值者（或者叫聪明的钱）与小交易商（多数是投机者）在相互死拼对方的时机。如果你在市场上发现聪明的钱完全压在一方，而小的投机者聚集在另一方，那么你可以利用技术分析来找到进入套期保值者那方的通道。

保证金和风险控制

期货的低保证金要求使得它比股票回报更高，同时风险也更大。在美国，当你购买股票的时候，即便经纪商给你提供保证金贷款，你自有资金也至少要达到股票价值的一半。如果你股票账户上有4万美元，那么你最多可以买市值8万美元的股票，这是极限了。这个保证金限制条款是1929年股市崩盘后开始实行的。当时明显是由于过低的保证金导致过度的投机，最终导致严重的萧条。1929年以前，投机者可以用10%的保证金买股票——这造就了大牛市，但是当股价下跌时的强制平仓也使得市场在熊市中更加低迷。

期货市场上3%～5%的保证金比例是很常见的，这样交易者可以用少量的钱进行巨大的赌博。在瘦肉猪期货或者股指期货市场上，你可以用账户里的4万美元撬动百万美元的标的资产。

举个例子，如果金价是1 500美元每盎司，你用7 500美元的保证金买下100份合约，那么当价格变动达到75美元时，你就可以获得100%的收益。一个菜鸟看到这些数字惊叫"我早干吗去了"。他认为他找到了一条通向财富的光明道路。但是，这里还存在一个问题。在市场价格上升75美元之前，它可能先下跌50美元。这个不是很起眼的短暂的下跌将会触发追加保证金的要求，导致小的投机者账户爆仓，不管最终他的判断是否是正确的。

低门槛的保证金标准吸引着上瘾者，让他们的财富瞬间化为乌有。只有当你能严格遵循资金管理原则，而不会变得疯狂不理智时，期货交易才是适合的交易。专业投资者先投入少量的初始头寸，当交易朝着有利于他们的方向变动时再渐渐增加仓位。他们会逐步增加合约数量，并在盈亏平衡线之上设置止损位。

当你开始对期货感兴趣的时候，建议首先涉足那些你了解其中一些基本面的品种。比如你是畜牧养殖员、建筑工人或贷款人员，那么相应去做牛、木材或利率期货是较理性的。如果你没有特别的兴趣爱好，那些相对便宜的期货市场是较好的起点。在美国，玉米、糖和平缓时期的铜等品种对初学者来说是比较好的市场。它们流动性好，波动性大而且单价不是很贵。

我们在第9章（风险管理），将再讲到期货市场。你将学到期货合约是否适合交易取决于标的资产的价格、波动性和你账户里的资金规模。

账户较小的期货交易者有时交易迷你合约。例如，一份黄金期货的标准合约代表100盎司黄金，但是迷你合约只代表20盎司。迷你合约的交易时间与标准合约相同，迷你合约基本上跟随标准合约的价格走势。其佣金也与标准合约类似，所以相对来说从每次交易中提取佣金的比例更高。由于它们的成交量比较小，它们的滑动价差通常会更大。有一个例外是股指期货，迷你合约比标准合约成交量更大。

47. 外汇

就成交量而言，外汇市场是世界上资产规模最大的市场，每天的成交量超过 4 万亿美元。外汇交易从格林尼治时间星期天的 20:15 到星期五的 22:00，只有周末不交易。外汇市场上除了进出口商的套期保值需求外，大部分交易都是投机的。

美国是世界上唯一一个多数国民都不关心外汇的国家。当美国人踏出国门的第一步，他意识到每个人——从高管到出租车司机都会关心汇率。当美国以外的人得到一些投资资本的时候，通常他们的第一个想法是交易外汇。

外汇市场没有中心的交易场所。机构在银行间市场利用诸如彭博、路透社这样的线上平台交易。除非你可以一次交易 1 000 万美元的即期外汇，否则你都是零售交易者，需要通过经纪商交易。

大多数初学者在外汇超市开户，在那儿他们立刻陷入一个致命的弱点——你的经纪商是你的敌人。当你交易股票、期货、期权的时候，你的经纪商是你的代理人。他们执行你的交易指令，并收取一定的费用。而在外汇交易场所（价差合约也是同样情况），你的经纪商是你交易的对手。你赢他们就输，你输他们就赢。因为交易平台手中拥有更多的牌，他们有更多的方式来获得他们想要的结果。

大多数的交易平台对客户的指令"投机倒把"——接受它们，但并不执行交易。他们对未进行的交易收取差价、佣金和利息等费用。我从一位在欧洲外汇交易所爱闲谈的高级交易者那里得到他们交易规则清晰的解释。这个交易平台目前已经扩展到全世界，在美国也有分支机构，我在纽约看到了他们的宣传广告。

这个外汇交易平台接受客户的各种外汇交易申报，不管是长期的还是短期的，但是经常变换买卖价差按照有利于自己的方式成交。但这些所谓的"交易"那里也不会去，它们只是记录在了公司的电子账本上。如果客户持有这种有名无实的仓位过夜，即便是没有任何真实头寸，交易平台也会向他们收取利息，因为交易平台每次都持有相反方向的头寸。只有在一个外汇品种上，众多客户指令都集中在一个交易方向，并且超出另一个方向百万美元以上时，外汇平台才会进入真实的交易市场对其暴露的头寸进行套期保值。

当你要交易股票、期权或者期货时，你的经纪商会代表你进行买卖操作，并赚取这个服务的佣金。他们并不会关心你是赚钱还是赔钱——这很棒，因为经纪商没有动力去促使你赔钱。但不同的是，外汇经纪商会对你的订单"投机倒把"，他们希望你赔钱，只有这样他们才能盈利。除了变换买卖价差和收取虚拟头寸的利息外，他们甚至可能每日都收取"置换费用"——对你持有的头寸每日收取一个全额的买卖价差。

外汇经纪商通过提供致命的杠杆来确保他们的客户会赔光。我已经见过他们提供 100∶1，甚至 400∶1 的杠杆比例。东拼西凑收集了 1 000 美元资金的新手突然可以控制价值 10 万美元的头寸，这意味着价格很小的波动都必然会导致他本金赔光。这就是为什么这些经纪商信心十足地将客户的资金保管在自己那儿，从不把他们的交易订单报传到真正的市场去成交——为什么要将战利品与其他人分享呢？经纪商是那么肯定他们的客户会失败，所以对员工按拉进来的客户存款规模的一定比例进行奖励。客户存在外汇经纪商那里的资金就像外汇经纪商自己的一样。

根据《纽约时报》的报道，"这个外汇市场一直有诈骗者掠夺单纯的人的不良名声。"《华尔街日报》写道："根据美国商品期货交易委员会记录，平均每个受害者外汇交易的损失大约为 15 000 美元。"而美国商品期货交易委员会的迈克尔·道（Michael Dunn）也说："（外汇交易）已经成为现在流行的诈骗方式。"

2008 年 8 月，美国商品期货交易委员会设立了一个专项组织去解决日益增长的外汇交易诈骗。2010 年 1 月，美国商品期货交易委员会认定了外汇零售市场的"一系列不正当行为"，"在这当中包括引诱诈骗，交易执行和定价缺乏透明度，不处理客户投诉，开发缺乏相关知识的、年老的、低资产净值的或者是其他抗风险能力差的客户等"。委员会建议新的规则将外汇交易杠杆限制在 1～10 倍。

诈骗可能包括擅自动用顾客的账户，售卖无用的软件，不恰当操纵"管理账号"，进行虚假广告和庞式骗局。推广人员一直在声称外汇交易是通向财富之路。

真正的外汇市场是零和博弈的，参与者都是资本雄厚的专业交易者，其中大多数为银行工作者，他们把所有的时间都投入在交易上。没有经验的个人外汇交易者信息劣势相当大，而且个人外汇交易者通常支付买卖价差，这会降低他获胜的概率。个人外汇交易者通常资金规模也较小，需要面对"赌徒破产原则"——即使是两个竞争者的公平博弈，资本较少的一方长期来说破产概率更大。

对外汇交易者观察了数十年，看到我最好的学生对外汇感兴趣后，我被逗乐了。这个大富翁交易者开立许多大额账户来检查外汇经纪商。等到晚上，外汇交易所的成交量到最清淡的时候，他就挂上订单，通常是容易识别的不规则的大单，然后看自动交易报价系统。结果只有两家经纪商的报单上了自动交易报价系统——其他的显然都被经纪商投机倒把了。

我喜欢交易外汇，但我不会通过外汇交易平台来交易，而是选择电子外汇期货来交易。我也推荐给所有喜欢外汇交易的人们这个交易品种。期货的经纪商是为你工作的，而不会与你对着干。期货的买卖价差很小，佣金更为合理，也不会对占用的头寸收取利息。大多数主要的外汇都有相关的合约品种，其中有欧元兑美元和日元兑美元还有迷你合约。

外汇交易真正的挑战之一是，它们会随着时钟的变化而变化。你可能持有一个交易头寸，晚上做好了分析，决定明天兑现利润。但当你一觉醒来时，已经没有利润可以让你兑现了。你分析到的转折点已经过去了。这种现象不仅仅在美国，在亚洲和欧洲都是如此。有人趁着你睡觉的时候将你钱包里的钱拿走了！

大型金融机构为解决这一问题使用了"账本传递"系统。某个银行可能在东京开立了一个账户，做日内交易，然后在晚上闭市前将交易头寸转移到在伦敦的分支机构，由伦敦公司继续经营这些头寸，然后到晚上再把账本转移到纽约，直到最终转移回东京，外汇交易跟随着太阳的步伐。但小额交易者是跟不上这一节奏的，如果你想要交易外汇，你要么有长周期的视野而忽略日内的波动，要么做日内交易但避免隔夜头寸。

| 第9章 |

风险管理

好的交易系统在一段时间内实现的盈利比亏损要多，但即使是设计最细致的交易系统也不能保证每次交易都成功。没有交易系统可以确保从不遭受亏损，甚至要避免出现一系列连续亏损都很难。

交易系统是一种计划，但正如19世纪德国陆军元帅毛奇（Helmuth von Moltke）说过："两军交锋时，任何计划都是纸上谈兵。"美国拳击手迈克·泰森（Mike Tyson）被《经济学人》（The Economist）杂志引用的那句话说得更为犀利："在别人的拳头真正打到脸上之前，每个人心里都能有个方案。"这就是为什么风险控制是任何交易系统都必不可少的部分。

没有管理亏损的能力是交易中最严重的缺陷之一。当不断恶化的损失将前期很多次成功交易的利润吞没时，新手会像车头灯前被吓住的鹿一样，僵在那儿。一般人的本性都是很快就止盈，但却会一直拿着亏损的交易，希望能回本甚至盈利。当这些业余的交易者放弃了希望，在巨亏后平掉头寸的时候，他们的账户往往已经严重亏损甚至无可挽回了。

要想成为成功的交易者，你需要学习风险管理规则，并严格执行它们。

48. 情绪与概率

金钱能激发强烈的情绪。赚钱或者赔钱产生的情绪会影响我们的交易。

急切下单的新手可能会因兴奋而眩晕。但他很快就会发现市场提供的这种乐趣代价十分昂贵。我在事业之初，曾听一位专业的交易者说："成功的交易应该是有些无聊的。"他每天都花费很长的时间做功课，筛选市场数据，计算风险，坚持记录。这些耗时的任务并不有趣——但他的成功正是建立在这些枯燥乏味的工作之上的。新手和赌徒们觉得很好玩，但结果是以损失为代价。

另一种错误是反复盘算持仓头寸中的盈亏。新手幻想着持仓浮盈可以买到什么，或者比较持仓浮亏和自己的工资，就吓傻了。反复想钱的问题，干扰了我们及时去做决定。专业的交易者总是集中精力管理交易，他们只有在平掉头寸之后才会去关注账户中的资金。

交易者在持有头寸时去计算浮盈，就像是律师在审讯之中就开始盘算着用酬金买什么好一样。审讯还在进行中，他的对手正在想方设法地对付他的客户，去盘算酬金不能帮他赢取胜利——恰恰相反，只会分散他的精力，使他输掉官司。业余者因为盘算头寸的损失而沮丧，就像当病人还躺在手术台上流血时，外科医生却把手术工具给扔了——他的沮丧对解决问题毫无帮助。

专业的交易者不会在持仓过程中计算得失。他们只是在账期末——比如说月末，才会去统计盈亏情况。

如果你要问我的持仓情况怎样，我会回答稍微盈利、较大盈利或稍微亏损（较大亏损是不可能的，因为我会及时止损）。如果你一定要我说出具体数字，我可能会说我赚或赔了几个点，但从不会转换成具体多少金额。持仓时去计算得失是很不好的习惯，我花了好几年的时间才让自己克服掉这个不良习惯。我可以关注收益或亏损的百分点，但是我不会把它们转化成钱来考虑。这和节食一样——有很多食物，但你不能碰它们。

把精力集中在管理交易上，钱随后自然会来。

另一个关键点是：专业人士不会因为单次交易的成败而生气。在市场中有太多的随机成分。交易中我们可能每个步骤都是对的——但是仍然可能会以失败告终，就像外科医生可能把每件事情都做对了，但仍然可能救不好一个病人。这就是为什么交易者仅应该关注如何去拥有预期得到正收益的交易方法，尽量使自己的账户到账期末时是盈利的。

任何领域里，成功的专业人士的目标都是在每一个阶段都能达到他自己的最好水平——成为最好的医生、最好的律师或是最好的交易者。要像掌控手术步骤一样掌控每一笔交易——严肃、冷静，不能马虎、心急。把精力放在如何正确交易上。当你以这种方式交易时，自然会挣到钱。

为什么强尼（Johnny）不能卖出

生存和成功与否，取决于当亏损还不大时你止损的意愿。

当市场变化的方向开始与新手预计的相反时，新手往往会等待着，期望着市场会向他预测的方向转变。当他需要追加保证金时，他会毫不犹豫地向经纪商划款，似乎之前的亏损并没有太糟糕。为什么亏损着的交易会向他所想的方向转变？没有任何逻辑，只是痴心妄想。

固执地持有亏损的交易头寸只会加深亏损的程度。亏损会以一种滚雪球的方式增长，直到最初看起来很糟糕的亏损比例开始显得不算什么了，因为现在的亏损放大了很多。最终，绝望的失败者忍痛清仓出局，遭受了严重损失。

当他一离开，市场就开始反转，强势回归。

此时的交易者恨不得拿头撞墙——如果他再坚持一下，他本可以赚钱的。这些反转一次又一次的发生，因为大多数输家对刺激的反应是一样的。人们有相似的情绪，这与他们的种族或教育无关。提心吊胆的交易者满手是汗、心跳加速，不管他们是在美国纽约还是在中国香港长大，也不管他接受过 2 年还是

20年学校教育,他们的感受和反应是一样的。

交易对智力的需求比较适度,但是它对情绪的需求是巨大的。很多年前,一个高学历但是很情绪化的交易者向我展现了怎样在通道线附近利用背离进行交易。我微调了他的方法,并加入了风险管理规则,直到今天我还从其中获益。而教会我这种方法的那个人早已经出局了,因为他缺少纪律性,最终只能沿街推销铝墙板。情绪化交易和冲动对交易毫无帮助。

本小节的标题就借用纽约心理学家罗伊·夏皮罗（Roy Shapiro）的一篇文章,他在其中写道:"抱着无限的期待,我们独自拟定交易决策,我们现在的想法早就已经形成……卖出的一个困难是我们对所持头寸的依赖感。毕竟,一旦某件东西成了我们的,我们自然地就会倾向于依恋它……这种对我们所买东西的依恋感被心理学家和经济学家称为'禀赋效应',并且它于金融交易中普遍存在,就像我们挂在橱柜里不愿扔掉的旧夹克一样。投机者发明了这一概念……头寸代表着自我的延伸,甚至可能相当于一个人的孩子……即使所持头寸亏得所剩无几,强尼没有卖出的另一个原因是他还抱有幻想……对很多人来说,在建仓的那一刻起,冷静的判断就被削弱了,而逐渐加强的愿望掌控了决策的过程。"

在市场中,梦想是我们承担不起的奢侈品。

夏皮罗博士曾做过一项测试,说明人们对待商业机会的行为模式。首先,要求一组人从两种情形中选择一项：一是75%的机会获得1 000美元,25%的可能什么都没有；二是直接获得700美元。五分之四的人选择了选项二,即使是向他们解释了长期来说选项一的预期收入是750美元。大部分人都做了情绪化的决定,只得到了较小的收入。

另一个测试的两个选项：一是人们必须选择确定的亏损700美元；二是75%的可能损失1 000美元,25%的可能什么都不损失。四分之三的人选择了选项二,比起确定损失700美元,他们情愿多损失50美元。为了避免风险,他们最大化了损失。

情绪化交易者渴望确定的回报，放弃了利润最大但包含不确定性的机会。他们选择赌博来推迟损失兑现。迅速兑现盈利，推迟兑现损失，这是人类的天性。人们在感到压力时，会出现更多非理性行为。据夏皮罗博士称："在每天最后两场赛马中，选择胜率很小的赛马，企图以小博大的人数会增加。"

丹尼尔·卡尼曼（Daniel Kahneman）教授在他的《思考，快与慢》(Thinking, Fast and Slow)中写道："确定的损失是非常令人厌恶的，它会促使人们去冒险……即使亏损的数量与你的财富相比微不足道，仍然有很强烈的厌恶感……损失相对盈利来讲对情绪的影响会被放大。"他又补充道："动物，包括人类，与获得盈利相比，会花更大的力气去防止损失。"然后他解释道："当人们面临选择时，愿意接受大概率会使事情可能变得更糟，但有小概率可能避免损失的选项。但这类选项经常使本来可控的损失变成灾难性的损失。"为什么我们会这样做呢？卡尼曼教授解释道："除了非常穷的人，只要是收入可以满足生活的人，挣钱最主要的动因不一定是经济层面上的。金钱在某种程度上是个人自我实现和成功与否的度量标准。"这些奖励和惩罚、希望和威胁，都在我们的脑子里。

是情绪化交易击败了输家。重新审视自己的交易记录经常会发现最致命的往往是为了摆脱困境，弥补亏损，反而导致几笔大的损失或一连串亏损。遵守良好的资金管理纪律会使你一开始就远离那些困扰。

概率与数盲

数盲是指那些不会算数、不懂概率理论的人，这对交易者来说也是致命缺陷。算数能力并不难学，可以从众多基础书籍中学习，然后在练习中加以熟练。

约翰·艾伦·保罗斯（John Allen Paulos）著有一本生动的《数盲》(Innumeracy)。这本书是学习概率知识非常好的初级读本。根据保罗斯的描述，在一次鸡尾酒会上，一个看起来十分聪明的人告诉他："如果星期六下雨的概率是50%，星期日下雨的概率也是50%，那么周末下雨的概率是100%。"如果有人对概率的了解是这种水平，那他交易的时候肯定会赔钱。在交易中，你要自己去掌握交易相关的基础数学知识和逻辑概念。

在市场分析中，很少有铁定的事，很大程度上是基于概率的。"如果信号A和B出现了，那么结果C将会发生"，市场运行的逻辑并不是这样。

拉尔夫·文斯（Ralph Vince）的重要著作《投资组合管理公式》(*Portfolio Management Formulas*)中有一段有趣的文字："把一枚硬币抛向空中，在这一瞬间，你将面对世界上最令人着迷的难题之一——随机过程。当硬币还在空中的时候，人们无法判断硬币落地时哪一面朝上。然而抛很多次的话，结果可以被合理地预测。"

数学期望对交易者来说是一个很重要的概念。每一个交易都有一个正的期望收益——这也被叫作玩家的优势，或是一个负的期望收益——也称作庄家的优势，这取决于赌局中谁的胜率更大。如果你和我抛硬币，我们都没有优势——每个人都是50%的概率获胜。但如果你去赌场抛硬币，庄家从每轮游戏中抽取5%的提成，那么你输掉的每一美元，只能赢回95美分。这种"庄家的优势"会导致一个负的数学期望收益。长期来说，没有任何资金管理系统可以克服负的期望收益。

正的期望值

有经验、会算牌的人相对赌场来说有优势，除非赌场发现了他并且把他赶出去。赌场喜欢醉酒的赌徒，讨厌会算牌的人。在一段时期内，胜率能够让你赢的次数比输的多。如果没有胜率，还不如把钱捐给慈善组织呢。在交易中，胜数源于一段时期内扣除价差和佣金后盈利多于损失的交易系统。仅靠预感操作会导致亏损。

最好的交易系统简单而稳定。它们的构成要素很少。系统越复杂，其部件出错的风险越大。

交易者喜欢用历史数据回测来优化系统，但问题是你的经纪商不会让你回到历史去交易。市场在变化，一个指标能很好地跟踪过去一个月趋势不一定会很好地预测未来一个月的走势。所以不要优化你的系统，而是解除对系统的优化。稳定的系统能经受住市场的变化，在真实交易中可以战胜过于优化的系统。

最后，一旦你开发出了一个好的系统，不要再改来改去。如果你喜欢修修补补，那就再去开发一个系统。罗伯特·普莱切特（Robert Prechter）曾提出："大多数交易者有一个很好的交易系统，但为了改造成一个完美的系统反而毁了它。"

一旦你有了一套能稳定运行的系统后，接下来要制定资金管理规则，帮助你从敏锐的交易系统中获得正的期望收益。资金管理规则能帮助开发出一个好的系统，但并不能拯救一个没用的交易系统。

商人的风险或损失

我们分析市场是为了识别趋势。预测未来价格变化时不要过分自信，未来是未知的。当我们预测市场要上涨了，准备大举建仓时，完全有可能发生一个未曾预见的事导致市场继续下跌。你对突发事件的反应决定了你是怎样水平的交易者。

专业的交易者管理自己的交易时，接受"商人的风险"。这意味着他持有的头寸只会使自己头寸的本金承担很小的风险，否则亏损可能会影响一个账户的持续运作甚至导致彻底出局。我们在商人的风险和损失之间划定了清晰的界线，这个界线由交易者账户中的持仓头寸所能承担风险的大小决定。

如果你遵循下面所说的风险管理规则，你仅会承担正常的商人风险，违反既定的界线将使你自己暴露于巨大的损失风险之中。

某个缺乏纪律性的交易者会说："这次是不同的，我要给这次交易一些额外的空间。"市场总是吸引交易者违背他们的规则。你会遵守自己的交易规则吗？

我曾经主持过一个资金管理者交流会，其中一位发言嘉宾的管理账户中有近十亿美元资金。这位中年男子是20岁左右时开始他的事业的，当时他自从毕业后一直在为一家海军顾问公司工作，但他厌倦了每天的日常工作。他自己设计了一个交易系统，但是一直无法运转起来，因为这个交易系统最少需要20万美元资金，而当时他还没有那么多钱。他说："我当时必须寻求别人的帮助，向他们借钱。只要我向他们解释了我要做什么，而他们信任我，将钱借给了我，我就必须坚持这个系统。因为我告诉过他们我会遵守这个交易系统，如果违背这个交易系统将是很不合情理的。是贫困帮助了我。"——是贫困和诚信。

49. 风险控制的两条主要原则

如果交易是高空走钢丝，那么为了安全，需要在钢丝下方拉一张保护网。如果我们从钢丝上滑落了，保护网能救我们的命。比拉一张保护网更好的办法是拉两张保护网：如果第一张保护网没能接住我们，还有第二张。

即使是最周全的交易计划也有可能会出差错，因为市场有随机性。即使是最好的分析和最清晰的交易结构也不能完全避免事故的发生。你唯一能控制的只有风险。可以通过管理交易规模、设立止损线来控制风险。这样你才能将不可避免的损失保持到最小，不让损失拖累你的账户，在长期中才能获得成功。

从大多数账户记录来看，最醒目的往往是个别损失巨大的交易。查看了很多账户记录，显示某次的巨大亏损或一连串的小损失占了账户亏损的绝大部分。如果交易者能早一些止损，他的账户规模会大很多。交易者做梦都想着盈利，但是当亏损的交易袭来时，他们却不知如何是好。如果遵守风险管理原则，你能快速脱离危险的方向，而不是一味地去等待和祈祷市场反转。

只需要一次致命的损失，就能毁掉一个账户，使交易者退出游戏，就像是鲨鱼咬了致命的一口。市场也可以通过一串连续的损失毁掉账户，每次损失都并不致命，但汇集起来会使账户所剩无几，就像是一群食人鱼一样。资金管理的两大支柱是2%原则和6%原则，2%原则可以帮助躲避市场鲨鱼式的攻击，6%原则可躲避市场食人鱼式的攻击。

两种最糟糕的错误

有两种方式可以快速毁掉一个账户：从不使用止损和持有相对账户来说过高比例的仓位。

没有设置止损的交易会使你暴露在无限的损失之中。在接下来的章节中，我们会讨论风险控制的原则和规则，但只有你真正使用止损策略时它们才会起作用。

设立止损策略有几种方式，我们会在第54节中讨论它们。我们要谨记使用止损策略是必要的，但不要把止损线设得太高也不要太低。你必须知道所能承担的最大风险水平是多少，如果你不知道风险水平，会像闭着眼睛飞行一样危险。

另一种致命的错误是过度交易——相对于你的账户来说持有过高的仓位。这就像在一艘小船上装上了一个大帆——一阵强风会将船掀翻，而不会使它跑得更快。

人们之所以持有过高比例的仓位，是由于无知或贪婪，或者是二者兼有。有一条简单的数学理论会帮助你确定每次交易的最大规模，接下来会进行介绍。

50. 2% 法则

单次交易出现灾难性的亏损对账户来说，就像倒霉的游泳者被鲨鱼袭击了。可怜的新手在一次交易中就亏了四分之一资金，就像是被鲨鱼咬去了一条胳膊或腿，鲜血在海里弥漫。在后面的交易中，他必须要有 33% 的收益才能回本，而他能够做到的机会微乎其微。

"鲨鱼的一击"一般会使受害者损失更多的钱，因为他会失去自信，对操作产生恐惧。躲避"鲨鱼的一击"的方法就是遵守 2% 原则，它能将你的损失限制在可控的规模内——正常的商人风险。

2% 原则会防止你的账户在单次交易中出现本金亏损 2% 以上的风险。

举个例子，如果你账户中有 5 万美元，那么 2% 原则要求你每次交易承担的最大风险控制在 1 000 美元以内。这不是交易规模，而是账户中本金风险的大小，基于入场点和止损点之间距离大小来计算。

假定你决定按 40 美元的价格买入股票，止损线设在 38 美元。这意味着你每股要承担 2 美元的风险。你总的可承受风险为 1 000 美元，除以每股 2 美元，得到你可以交易不超过 500 股。当然，你愿意交易更少的股票更好，并不需要每次都以最大额度买股票。如果你对那只股票非常有信心，想尽可能多地买入，最多可买的数量为 500 股。

仅仅是市场分析能力强并不能使你成为赢家。善于寻找交易机会的能力也不能保证成功。市场中不乏好的分析师，但他们很多都最终以失败出局。只有当你保护自己不会遭到市场鲨鱼式的攻击时，你才能从你的研究中获利。我曾见过交易者连续 20 次、30 次，甚至 50 次盈利，但最终结果仍然是亏损出局。当连续赢钱的时候，你觉得自己已经完全了解了这个游戏。这时，往往一次灾难性的损失会把历史的盈利一扫而空，甚至连本金都折进去。你需要能抵抗"鲨鱼的一击"的资金管理方法。

长期来说，好的交易系统能给你一个胜数，但是在短期内市场有很强的随机性。任何一次交易的结果都像抛硬币一样不确定。专业的交易者预期月底或季度底能盈利，但是如果问他下次交易是否会赚钱时，他会很诚实地说不知道。这就是为什么要使用止损策略：防止失败的交易毁了他的账户。

技术分析能帮你决定止损点位置，这会将每股损失限定在一定范围内。资金管理规则能从整体上保护你的账户。最重要的一个原则就是在每次交易中都要将你账户承担的风险控制在 2% 以内。

这条原则中的本金范围仅仅指你交易账户中的钱，并不包括你的储蓄、家中的财产、退休金账户或圣诞节储蓄㊀。交易资产是你投入到交易中的资产，这是你真正的风险资产——属于你交易事业的资产。如果你有各自独立的股票、期货、期权账户，那就对每个账户分开运用 2% 原则吧。

我注意到了当人们第一次听到 2% 原则时反应各不相同，较小账户的新手通常抗议说这个数字太小了。有人问我当对某笔交易很有信心时，2% 原则这个数字是否可以增加，我的回答是这就像你蹦极时，因为喜欢桥上的风景，而额外加长了蹦极绳长度一样。

不同的是，往往专业人士经常说，2% 太高了，他们一般只愿意冒更小的风险。如果有 100 万美元，你肯定不愿意一笔交易在一天内就亏掉 2%。一位对冲基金经理在与我咨询时说，他未来六个月的目标是增加交易规模。在单次交易中，他从不会承担超过 0.5% 的风险——现在他正在努力使自己将风险水平提高到 1%。好的交易者会倾向于把风险远控制在 2% 的限制以下。无论何时，业余人士和专业人士出现对立时，你肯定知道应该选择哪一边。尽力把风险控制在 2% 以下吧——这绝对已经是最大的风险水平了。

在每个月的第一天统计一下你账户中的资产。如果这个月开始时你账户中有 10 万美元，2% 原则允许你每笔交易承担的最大风险水平是 2 000 美元。如

㊀ 为圣诞节购物而设立的零存整取的存款形式。——译者注

果你这个月操作得比较好,市值涨到 10.5 万美元,那么下个月你的 2% 原则变成多少了呢?——要快,好的交易者计算能力要强。如果你账户中有 10.5 万美元,2% 原则允许你承担 2 100 美元的最大风险,可见交易规模能更大一些。另一方面,如果你这个月操作得不好,市值降到了 9.5 万美元,在接下来的一个月你的 2% 原则最大水平就要降到 1 900 美元。2% 原则将你能交易的规模与你的操作表现以及账户中资金的多少联系起来了。

风险控制的铁三角

下一笔交易你准备买入或卖空多少数量的股票呢?新手经常会随意地选择一个数量,比如说 1 000 股或 200 股,如果他们上一笔交易挣钱了,他们可能会多买一些,如果他们上一笔赔钱了,这一笔就会少买一些。

事实上,交易规模应该是根据公式计算出来的,而不是随意决定的。可以使用 2% 原则对你可以交易的最大数量做出理性的判断。我把这个过程叫作"风险控制的铁三角"(见图 50-1)。

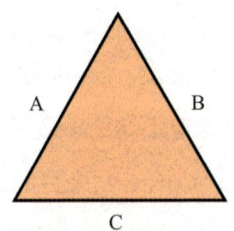

图 50-1　风险控制的铁三角

构成铁三角的三步:

A. 你计划要进行的交易的最大风险额度(永远不能超过账户规模的 2%)。

B. 你预计的进场位和止损位之间的价差——你每股所承担的风险。

C. 将 A 除以 B,得到所能交易的最大股数。你并不一定要交易这么多,但是不应该超过这个数字。

举个例子，曾经我志愿去本地一所高中教授为期一年的课程——"金钱和交易"。我想让学生们的体验更加真实，于是我开了一个4万美元的账户。我告诉学生们，在学年结束时，如果我们挣钱了，我会将一半的盈利捐给学校，另一半则分给班上的参与者。同时，我告诉他们，每笔交易所允许的最大风险是本金的1%，也就是说班上某个同学要以16美元的价格买入诺基亚的股票，14.5美元是止损线。"我们可以买入多少股呢？"我问道。每笔交易的最大风险额度是400美元，每股风险是1.5美元，所以同学们的最大可买量为250股，剩下一点余地是给佣金的成本。

如果你的账户比较小，可能你每次交易都要使用所允许的最大量。随着你的账户增大，你可能会想让每笔交易规模差异化，比如对一般的交易是最大限额的三分之一，对比较有信心的交易使用三分之二，其他更有信心的可能就全额使用了。无论你怎么做，风险控制的铁三角总会为你设定最大允许的交易规模。

期货市场中的2%法则

最近，有位交易者问我，他账户里有5万美元，他应该如何在电子迷你期货中运用风险控制的铁三角。我的回答是：

（1）如果你的交易账户有5万美元，2%原则要求你任意一笔交易的风险额度控制在1 000美元以内。假如你想保守一些，也可以将账户的风险额度控制在本金的1%以内，也就是500美元以内——这就是"风险控制的铁三角"的第一条边。

（2）如果选择你最喜欢的电子迷你期货，你想在1 810点卖空一份合约，盈利目标是1 790点，止损位是1 816点。你所承担的风险是6个点，因为电子迷你期货中一个点需要50美元，你承担的总风险就是300美元（加上佣金和可能的价差）——这就是风险控制铁三角的第二条边。

（3）要完成风险控制铁三角，第三条边是将A除以B，得到你能交易的最大规模。如果你允许承担的最大风险额度是500美元,那么就交易一份合约;如果是1 000美元,就可以交易三份合约。

请设想有两个期货交易者——野兔先生和乌龟先生,它们的账户都是5万美元。敏锐的野兔先生发现每天黄金合约价格的平均波动幅度大约是30美元,对应每份合约总价值的波动是3 000美元;每天玉米的价格波动幅度是10美分,对应每份合约总价值波动幅度是500美元。他想如果能抓住黄金合约每天波动幅度的一半,就可以在每份黄金合约上赚1 500美元,但同样的操作在玉米上的话,仅能赚250美元。于是,野兔先生登录交易账户买了两份黄金合约。

谨慎的乌龟先生有另一番打算。他先按照2%原则,把每次交易的风险额度确定为1 000美元,他发现如果交易黄金的话不可能设定有效的止损价位,因为每天的波动幅度达3 000美元。如果买黄金的话就像是抓着一头大老虎的短尾巴。另一方面,如果他交易玉米的话,他将有很强的承受能力,就像是抓住一头小老虎的长尾巴,他甚至可以在手腕上缠绕几圈。所以,乌龟先生买了一份玉米合约。你认为长期来说谁会取胜呢,野兔先生还是乌龟先生?

期货市场比股票市场更致命,不是因为它的复杂性。当然,期货有很多复杂的地方,但是那不难学。期货通过引诱交易者以很小的保证金比例交易,导致交易者亏损出局。期货提供很大的杠杆——可以以5%的保证金交易很大的头寸。如果市场按照你设想的方向变化,收益是很可观的,但如果市场朝相反的方向运动,你会亏得血本无归。

在期货市场中只有运用更敏感的风险控制才能取胜。你可以使用2%原则。

(1)计算你的账户规模2%的值——这是每次交易所能承担的最大风险水平。如果你的期货账户中有5万美元,那么最大的风险额度是1 000美元。

(2)找到你感兴趣的交易品种的图表,确定好入场点位、盈利目标点位和止损点位。记住：没有这三个价位的交易不是真正的交易，而是赌博。计算你设定的入场点位和止损点位的差值。

（3）将 A 值除以 B 值，如果结果小于 1，不要交易——那意味着一份合约的风险你都承担不起。

让我们看两个例子，上面两幅图特征相似（见图 50-2）。假设你的账户中有 5 万美元，意味着你每次交易的最大风险额度是 1 000 美元。

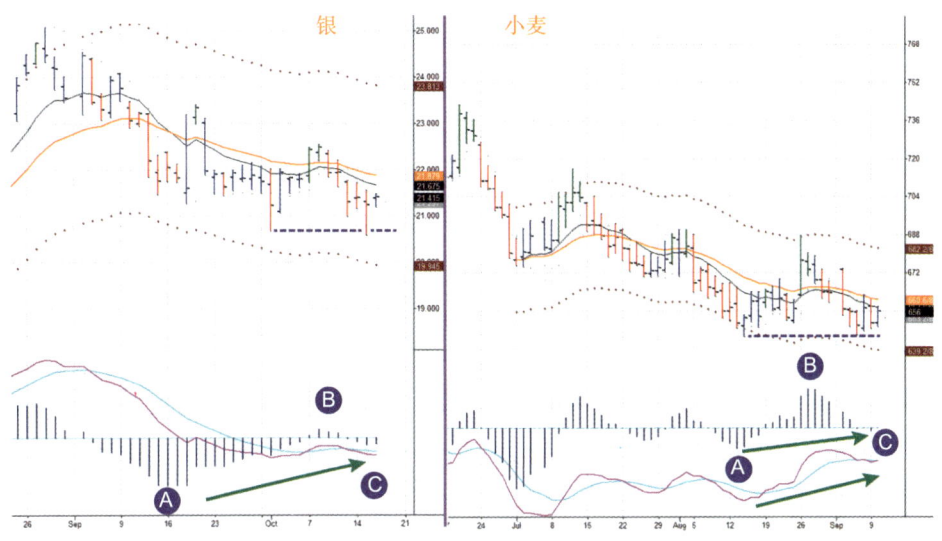

图 50-2　13 日和 26 日指数移动均线，自动包络线，动力系统，MACD 柱（12-26-9）

资料来源：TradeStation。

期货的 2% 原则——银和小麦

设想你想根据这幅银期货的线图进行买入操作。其价格已经二次筑底，有一个向下的假突破，MACD 线柱图已经显示为牛市背离，动力系统也显示为蓝色——允许买入。在收盘前几分钟，近月合约价格大约是 21.415 美元。

你分析，如果买入的话，盈利目标价格大约是 23 美元，是从 EMA 线到上通道线距离的一半。你的止损位设在 20.60 美元，这是前期最低价水平。你将承担 0.815 美元每盎司的风险，预期利润是 1.585 美元每盎司——收益比风险是2∶1，这是一个可以接受的数字。

但是这次交易你可以进行吗？绝对不行！0.815美元每盎司的价格风险转化成每份合约的总价值风险是4 075美元，因为每份合约包含5 000盎司银。记住，你最大的风险承受能力是1 000美元，如果你想进行这次交易，你可以买一份迷你期货合约。迷你期货合约仅包括1 000盎司银，意味着一份合约你承担的风险额度是815美元。希望这笔合理的交易能有好运。

现在，你根据上面的小麦期货线图，有买入小麦期货的兴趣。它的技术指标看起来与银的很相似：价格二次筑底，MACD线和MACD柱线图显示为牛市背离，动力系统也已变蓝——允许买入。收盘前价格是658美分左右。

你决定如果买入，盈利目标价位可能在680美分左右，接近上通道线，止损位是652美分，是近期低点的水平。你将承担10美分每蒲式耳[⊖]的风险，盈利目标是22美分每蒲式耳——收益比风险是2∶1，与银的是一样的。

但是你可以进行这笔交易吗？可以！每份合约10美分每蒲式耳的价格风险转化成合约总风险是500美元，因为每份合约包含5 000蒲式耳小麦。记住，你最大的风险承受能力是1 000美元。如果你很有信心，你甚至可以买入两份合约。

当进行期货交易时，你应该记住，不同品种的技术分析图可能很相似，但是你应该根据你的资金管理规则决定是否可以交易。

只有在严格的资金管理下，你才能比较安全地交易期货合约。期货的杠杆可以为你所用——只要你远离那些会让你早早出局的合约。

在我早期开始交易事业的时候，有位专业的期货交易者告诉我，他会花三分之一的时间在风险管理上，这让我当时很震惊。新手交易时并不做过多思考，中级水平的交易者把精力放在市场分析上，而专业人士会把很大部分时间

⊖ 1蒲式耳约为36.369升。

都花在风险控制上——然后从初学者和业余人士那里赚钱。

如果你还没有足够的财力进行某个品种的交易，你依然可以下载它的行情数据，自己做功课，进行模拟交易，就像你拿真实的钱在做一样。这有利于你做好准备，以便当你的账户增长到足够大，或市场变得足够平静时，你能进入市场进行交易。

51. 6% 法则

食人鱼是热带河流中的一种鱼，不到人类的一只手掌大，但却有一副可怕的牙齿。它们十分危险的原因是，其会以群体的方式进行攻击。不论是狗、驴还是人，只要跌入热带河流里，整群食人鱼会围上来攻击，将猎物咬光。如果是一头牛走进河里，受到了食人鱼的攻击，几分钟之后河里就只剩它的骨头了。通过 2% 原则可以远离鲨鱼攻击的交易者，仍然需要保护，免受市场食人鱼式的攻击。6% 原则能将你从一连串致命的攻击中拯救出来。

当发现自己遇到困难时，我们中的大多数人会加大赌注。亏钱的交易者经常加大头寸，试着拯救他们的交易。亏钱时更好的选择是退后一步，停下来去思考。6% 原则给每一个账户都设定了一个当月最大回撤比例。如果你达到了限制，这个月接下来的时间就要停止交易。6% 原则强制你在受到食人鱼攻击前，从水里走出来。

当你这个月总损失和持仓头寸的风险额度之和达到账户总金额的 6% 时，在本月剩下的时间内，6% 原则将不允许你进行新的交易。

在与市场的周旋中我们都有过连续盈利的时期，当我们的每笔交易都点石成金时，应该积极地交易。

同样，有一些时候我们的交易变得非常糟糕。交易系统与市场步调完全相反，接连亏损。在这个时候，要重新审视这段时期，不要给自己太大的压力，退后一步、冷静一下尤为重要。专业人士在赔钱的时候可能会去休息一下，但会继续盯着市场，等待与市场的节奏重新匹配上。而业余人士更可能加大交易规模，直到账户出现严重亏损。6%原则会使你暂停下来，这时你的账户大体上还是完整的。

可用风险的概念

在你下单交易前，问一下自己：如果你所有的交易都向不利于你的方向发展怎么办？如果你用2%原则来设定止损位和交易规模，那么6%原则能给你的账户设定最大风险额度。

（1）把你这个月所有的亏损加总。

（2）把你现在所有的持仓头寸的风险额度加起来。一笔持仓交易的风险额度是你入场点位和止损点位之间的价差，乘以持仓数量。假如你以50美元的价格买了200股股票，止损价是48.50美元，每股承担的风险是1.50美元。这样，你该笔交易的风险额度是300美元。如果市场向有利于你的方向发展了，你把止损价位上调到盈亏平衡的价位，你的该笔交易的风险额度就会变成零。

（3）将以上两项相加（这个月的总损失加上持仓头寸的风险额度）。如果两者之和已经超过你月初账户资产的6%时，这个月剩下的时间你都不能再增加交易头寸了，除非市场顺着你持仓的方向发展了，允许你提高了止损线。

6%原则将一个常见的问题——"我有足够的钱进行这次交易吗？"——转变成了一个更有意义的问题——"我对这次交易有足够的风险承受能力吗？"在任何一个月份风险水平都不要超过账户资产的6%，这条限制将你总的风险保持在可控范围之内，保证能在市场中长期存活下去。你每月的总的可用风险是你账户本金的6%，每次交易前你都要问自己的第一个问题是："考虑自己这个月所有持仓头寸和已了结的交易，我还有足够的可用风险进行这笔交易吗？"

你知道当前这个月你已经亏损了多少钱（如果有的话），再算一下你持仓头寸占用的风险额度有多少。如果你这个月的前期亏损加上你现在持仓交易占用的风险额度之和达到你账户本金的 6% 时，你就不能再交易了。

如果你根据 6% 原则已经不能再进行新的交易，还是要继续跟踪自己感兴趣的股票。如果你看到了一个确实想交易的机会，但没有足够的可用风险额度了，可以考虑平掉部分持仓头寸，释放出一些风险额度给它。

当你已经接近 6% 原则的限制，但发现了一个非常有吸引力的交易机会，此时你有两种选择：你可以兑现一个盈利的持仓头寸来释放可用风险额度；也可以收紧一些持仓头寸的止损线，减小持仓的风险。只要保证你想要的交易可以进行，而原持仓头寸的止损线又不至于过紧就行（见第 54 节）。

让我们回顾一个例子，为了简便，假设交易者对任何一笔交易都将风险控制在账户规模的 2% 水平。

（1）在月底时，交易者账户中有 5 万美元资金，无持仓头寸。他在月初确定好了最大的风险控制指标——每笔交易采取 2% 原则，也就是 1 000 美元；总账户采取 6% 原则，也就是 3 000 美元风险额度。

（2）几天后他发现了一只非常有吸引力的股票 A，设定好止损线后买入了该股票，风险为账户本金的 2%，也就是 1 000 美元。

（3）几天后他又发现了股票 B，并做了一笔相似的买入交易，增加了另外的 1 000 美元风险。

（4）在这个星期快结束时，他又发现了股票 C 并买入，又增加了另外的 1 000 美元风险。

（5）第二个星期，他发现一只股票 D 比之前的三只股票都更有吸引力，他可以买入吗？——不可以，他不应该买入，因为他整体账户的风险暴露已经达到 6% 了。他有三个持仓的交易，每一个的风险都是 2%，意味着如果市场变坏他可能损失 6%。6% 原则不允许他再增加任何风险。

（6）几天后，股票 A 上涨了，交易者将其止损线提高到了盈亏平衡的位置。在几天前还不能买入的 D 股票，现在依然有吸引力。他现在可以买入了吗？——可以，他可以买它，因为现在他账户承担的风险仅为 4%。在股票 B 上承担的风险为 2%，在股票 C 上承担的风险也为 2%，但是股票 A 已没有承担任何风险，因为它的止损点在盈亏平衡点之上。交易者买入股票 D，占用了另外的 1 000 美元，也就是 2% 的风险额度。

（7）在这星期的之后几天，交易者发现了股票 E，前景非常看好。他可以买入 E 吗？——不可以，根据 6% 原则，他的账户已经暴露在了 B、C 和 D 等三个合计 6% 的风险中（A 已经没有风险了），因此他不能买入股票 E。

（8）几天后，股票 B 被止损了，此时股票 E 仍然很诱人。他可以买它吗？不可以，因为他已经在股票 B 上亏损了 2%，股票 C 和 D 又承担了 4% 的风险暴露，此时买入新头寸会使他每月的风险暴露超过 6%。

三个持仓头寸并不是非常分散，如果你想进行更多次交易，那就让每笔交易承担的风险小于 2%。例如，如果每笔交易的风险仅为账户资产的 1%，你持有 6 笔头寸才达到 6% 的限制。当交易的账户很大时，我依然使用 6% 原则，但是对 2% 原则，我会收紧到 1% 以下。

6% 原则允许你在一个好的趋势中，增加交易规模。但是在连续亏损的趋势中，会让你提早结束交易。当市场向着有利于你的方向变化时，你可以把止损线调整到盈亏平衡的水平，这样会有更多的可用风险用于增加新的交易。另一方面，如果头寸的趋势向着不利的方向变化，并且触及止损线时，你应该立即止损，保证账户主要资产的安全，以便下个月能有个全新的开始。

2% 原则和 6% 原则为资产增值提供了准绳——持仓头寸盈利后可以新增交易。如果你买了一只股票并且涨了很多，足以把止损线提高到成本线以上时，那么你可以加仓这只股票，只要新开头寸的风险额度不超过账户资产的 2%，总的账户风险也不超过 6% 即可。对每次加仓当作一笔单独交易进行管理。

很多交易者都会有情绪波动，在市场高位时表现得兴致高昂，而在市场低位时则感到沮丧。这些情绪波动是不利于你交易的，只会起相反作用。把精力放在风险控制上是更好的选择。2%原则和6%原则可以把你的努力转换成更安全的交易。

52. 从下降中恢复

当风险提升时，我们的交易水平会随之下降。初学者能在小交易上赚钱，于是开始有了信心，然后提高交易规模。这往往是他们赔钱的开始。随着头寸的增加，风险也逐渐加大，使得他们的行动变得僵化，不再灵活，这也是他们赔钱的原因。

在纽约给一个做日内交易的公司做心理训练时，我看到了一个很好的例子。公司教他们的交易者使用公司专用的交易系统，然后让他们用公司的资金去交易，当然，利润是共享的。他们最好的两个交易员一个月内挣了100万美元，另一些人挣得少些，剩余大部分人是亏损的。公司老板请我去帮助那些失败的交易员。

听说心理学家要来，他们都非常震惊，并抗议说他们不是疯子。老板提出了让他们中表现最差的员工必须参加的理由——不参加就会被开除。结果六周后，已经有第二批准备接受培训的人的名单了。

因为公司教交易者用的是公司自己的系统，我们就把精力放在心理和风险控制上。在第一次会议上，一位交易员抱怨过去13天里他每天都赔钱。他的经理也参加了我们的会议，证实了这位交易员确实是用的公司的交易系统，但是没能挣钱。我当时说，连续13天都没有挣钱却仍然有勇气在第二天早上继续交易的人是值得尊敬的。我问那位交易员他交易了多少股票。该公司为每位交易员都设定了最大的交易额度，而他可以交易700股股票，但他自愿减少到了 500 股。

我告诉他将交易规模减少到 100 股，直到他在一周内的盈利天数多于亏损天数，而且最后整体是盈利的时候。一旦他连续两周越过了这个障碍，下一周他可以将数量提高到一次交易 200 股。然后，再经过两周的盈利，他可以将数量提高到 300 股，以此类推。只要连续两周都盈利，他就可以增加 100 股股票的交易额度，但是如果他有一周亏钱了，他就要退回前一周的额度。换句话说，他必须从小额度开始，慢慢地增加额度，但在遇到困难的时候要快速下调额度。

那位交易员大声反对说 100 股太少了，根本不能挣钱。我告诉他不要欺骗自己，因为 500 股他也挣不到钱，他勉强认同了。当我们一周后再见的时候，他说他已经有四天盈利了，而且总体上也是盈利的。他赚的钱并不多，因为只能买 100 股，但是他的表现很优异。下一周他继续盈利，然后将额度提高到了 200 股。另一个盈利的一周过去后，他对我说："博士，您认为这是心理作用吗？"整个团队都轰动了。

为什么他交易 500 股的时候一直赔钱，但是交易 100 股或 200 股时挣钱呢？

我从口袋中拿出了一张 10 美元的钞票问他们谁想得到它，只要他能从狭长的会议桌的一边爬到另一边。有几个人举起了手。"等一下，"我说，"我提供一个更好的选择，只要谁愿意跟我一块儿爬到我们办公楼的 10 层楼顶，并通过和这张桌子一样宽的木板穿过大马路爬到对面建筑的 10 层楼顶上，我就给他 1 000 美元现金。"——这下没人愿意了。

我开始鼓舞他们，说木板会很结实，我们会选择在没风的时候去走，我会当场兑现 1 000 美元。这个心理挑战跟走过会议桌是一样的，不过奖励要丰厚很多倍。但是仍然没有愿意尝试的人。为什么？因为如果你在桌子上失去平衡，那也只是落到地毯上。但是如果你在两幢 10 层高的楼顶之间失去平衡，你会在柏油马路上摔成泥。

更高的风险妨碍了我们的交易能力。你需要训练自己通过计划好的步骤慢慢地接受风险。基于你交易的频繁程度,这些步骤可以以周或月为单位,但原则都是一样的——你要在两个时间单位内盈利,然后进入下一个阶段,承担更大的风险。如果你在某个时间单位内赔钱了,则后退一步,减小你承担的风险。这对巨大亏损后,想重新回到交易中的人来说尤其有帮助。你要不带恐惧地逐渐以自己的方式回到交易中。

大多数新手都想很快有所斩获,但是猜猜谁会赔钱呢。无良的经纪商为了赚取佣金,会鼓励过度交易——持有对于账户来说太大的头寸。美国之外的一些股票经纪商提供 10∶1 的杠杆,也就是你通过在交易商那里的账户存 1 000 美元保证金可以购买价值 10 000 美元的股票。有些外汇经纪商竟然将杠杆提高到致命的 100∶1 甚至 400∶1。

交易就像潜水寻找宝藏。在海底有的是黄金,但是挖金子时,别忘了看一眼自己的气压计。海底留下很多潜水者的遗体,因为他们只看到巨大的机会,却耗光了携带的氧气。专业的潜水员总是会关注他的氧气供应。如果他今天没能挖到金子,那么可以明天再来。他所需要的只是活着并且再次潜水。初学者因氧气耗尽,已经死去。免费黄金的诱惑太大了,免费的黄金啊!这让我想起了一句俄罗斯谚语——这世上唯一免费的东西是老鼠夹子上的奶酪。

成功的交易者存活下来并获得了胜利,这得益于他们的纪律性。2% 原则会保护你远离鲨鱼的袭击,6% 原则能将你从食人鱼口中救出来。如果你遵守这些规则并且有一个合理的交易系统,你将会把竞争对手甩开很远。

交易经理

为什么机构里的交易员整体会比个人交易者表现好那么多呢?这个问题一直困扰着我。在美国,个人交易者一般是 50 岁左右的已婚人士,接受过大学教育，通常是有自己生意的商人或专业人士。你可能认为这些有思想、学过电脑、读过书的人比那些23岁左右、经常在大学里打球、从大三开始就不再看书了的年轻人强多了啊。事实上，机构交易员（往往是年轻人）作为一个整体，一直比个人交易者表现好。这是因为他们反应更加敏捷吗？其实并不是，因为年轻的个人交易者并不如年长的表现得好。机构交易员表现得更好也不是因为经过训练，大多数公司对于培训都是很吝啬的。

一个很有意思的事实是：当成功的机构交易员出来自己单干时，他们中的大多数人都会赔钱。即使他们使用的可能是相同的设备、相同的交易系统，仍然保持着社会关系，但最终他们仍会失败。几个月后，很多单干的人又会重回猎头公司那儿找一份交易员的工作。为什么他们能给公司赚钱，却不能给自己赚钱呢？

当一个机构交易员辞职后，他就离开了他的经理，而经理正是负责管理纪律和风险的那个人。经理设定了每笔交易最大的风险额度，这与个人交易者可用的2%原则很像。公司一般都掌管着巨量的资本，它们的风险额度限制按美元计算可能很大，但是按百分比计算却很小。违反了风险额度限制的交易员会被开除。个人交易者可能打破2%原则的限制，却没人会知道，但是一个机构的经理会像老鹰一样监督着底下的交易员们。个人交易者可以把自己的成交确认单扔进鞋盒里，但是交易经理会当场炒掉冲动的交易员。他强制执行纪律，可以避免交易员们出现巨大亏损，而正是这类巨大的亏损会毁掉个人交易者的账户。

除了给每笔交易设定限制外，经理也会为交易员设定每月的最大回撤。当一位雇员回撤到了限值以下时，那他这个月剩下的时间就不能交易了。交易经理通过强制他们暂停交易来避免他们连续亏损。设想一下，与一群在热火朝天交易着的同事在同一间屋子里工作，而你只能削铅笔和被要求去取三明治。所以交易员都会极力避免这种情况发生在自己身上。这种社会压力是交易员激励自己不要亏损的巨大动力。

离开机构的交易者知道如何去交易，但他们的纪律以前都是外在约束的，而不是内心的。一旦没有了交易经理的约束，他们往往会快速地亏钱。个人交易者没有经理约束，这就是为什么你需要成为自己的经理。2%原则会帮你避免一次性的大损失，6%原则可以帮你避免一系列的小损失。6%原则会强制你做很多人做得太晚的事——打破连续亏损，停止交易。

| 第10章 |

实 践 细 节

当股票创出新高后,你会买吗?在双重顶时会卖吗?在回调中会买吗?你会寻找趋势反转吗?以上这些的方法各不相同,每种方法都可能赚钱,也可能赔钱。你应该选择那些吸引你、让你很舒服、适合你能力和气质的交易方法。没有一种交易方法是适合所有人的,就像没有一种运动是适合所有人的一样。

要想成功地交易,先要选定一种交易模式。在进行行情数据扫描之前,你应该十分清楚你想要找到什么。开发你的系统,并通过一些小交易先测试一下,确定你可以遵守交易纪律。你必须确定在你看到设计好的交易信号出现时,会按计划交易。

不同的交易风格需要不同的入场技术、不同的设定止损线和确定盈利目标的方法,以及不同的扫描行情数据的方法。但是,有几条关键的原则是适用于所有交易系统的。

53. 怎样设定盈利目标:"足够"是关键词

为交易设定盈利目标跟找工作时要想清楚自己所需要的工资和福利待遇是

一样的。你实际得到的可能比预想的或多或少，但是你要有一个预期值。

在每次交易时，记下你的入场价格、盈利目标和止损线，以便比较你的风险和收益。盈利的潜力应该至少是风险的两倍。很少值得去为了赚一美元而承担一美元的风险——那样的话还不如直接去轮盘赌桌上赌颜色。在每次交易中符合实际的盈利目标和坚定的止损线能帮你做出是否参与交易的决定。

在交易事业的早期，我从来不考虑盈利目标。如果有人问起来，我会回答我不想限定盈利的潜力。今天，我肯定会嘲笑这种答案。新手没有清晰的盈利目标，当股票价格上涨时他们非常高兴，而当它们下跌时他们又感到特别沮丧。他们的情绪会引导他们在最坏的时机做出反应：在最高点买入，并继续持有；在最低点卖出。

当计算交易者的盈利潜力时，我们陷入了一个悖论之中——你的预期持有时间越长，盈利潜力越大。在一个月内，股票上涨幅度肯定能比一周多。但另一方面，你持有的时间越长，不确定性越大。对短期价格变化来说，技术分析很可靠，但是长期内可能会出现很多重大失误。

在以前关于选择交易时间长度的章节中，我们检验了三种主要的选项。长线交易或者说投资，持有期是以月来衡量的，有时甚至是年。波段交易可能就几天，有时可能是几周。日内交易是以分钟来计算的，甚至很少用到小时。

移动平均线和通道线可以帮助我们设定波段交易的盈利目标。它们对日内交易也是很有用的，只是要更注意使用震荡指标。一旦出现与你交易方向背离的信号，马上退出。长线交易的盈利目标通常参考前期的支撑位和阻力位。

上面提到的三个目标位——移动均线、通道线和支撑/阻力位，是很合适的。它们并不是高不可攀的目标，而是很现实的。记住，"足够"是很有力的词——在生活和交易中都是如此。这使一切都在你的掌控之中，通过一个又一个交易达到"足够"后，从长时间来看，你会取得相当不错的成果。

但是怎样才是"足够"呢？我认为移动平均线、包络线与近期支撑和阻力位可以告诉我们什么是"足够"。下面举几个例子来说明，第一个是针对波段交易的，第二个是针对日内交易的，第三个则是针对长期投资的。

威瑞信公司股票（见图53-1）非常适合作为波段交易操作的例子：在通道线附近进场，在两条移动均线的价值区间内获利。这不是猎杀大象的操作，而是成功率更高的捕捉兔子行动。

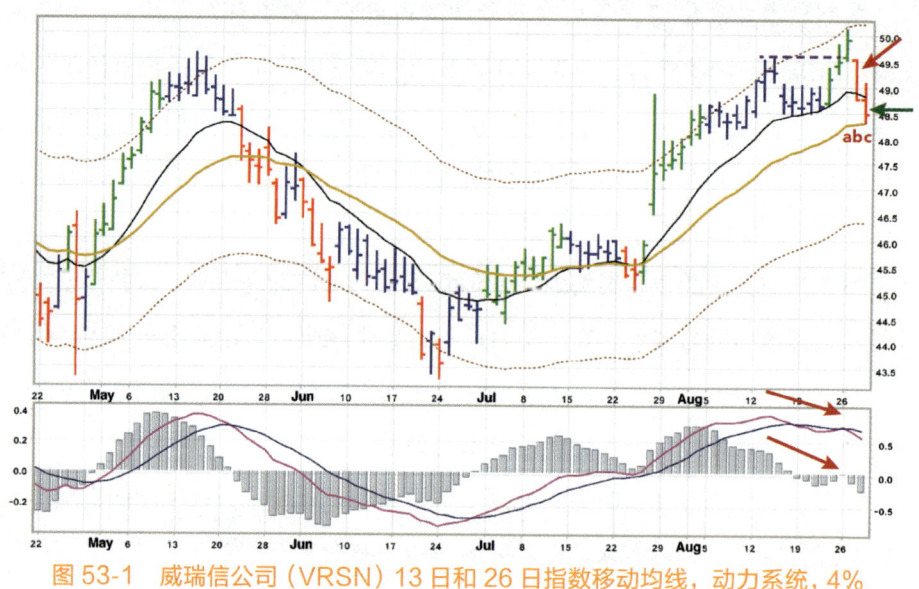

图 53-1 威瑞信公司（VRSN）13 日和 26 日指数移动均线，动力系统，4%自动包络线，MACD 柱（12-26-9）

资料来源：Stockcharts.com。

波段交易：在价值区间兑现利润

这张图是我交易中做空威瑞信公司（VRSN）的记录，这个是符合我的"假突破伴随背离"设定的几只股票之一。表中的最后三天被标记上了a、b和c。在a日，威瑞信股票向上突破压力位，也就是图中的水平虚线，但是MACD柱甚至没能上到0值之上。第二天，也就是b日，股票开盘价在橙色线以下，说明前一天是一次向上假突破（有些人称之为"逆冲"），只要MACD柱向下，形成一个熊市背离，我所要的模式就形成了，立即做空。

威瑞信整天都在下跌并且收在最低的位置。第二天，也就是 c 日，它试图筑一次底，因为它的价格已经在价值区间内了。我觉得已经足够了，所以平掉了仓位。我有 3 000 股，每股扣除佣金钱赚了 82 美分的利润，也就是合计 2 460 美元。如果持有更长时间，我本可以赚得更多的，但是在波段交易中，快速地赚 0.25 美元要好过慢慢地赚 1 美元。在价值区间内兑现利润减小了不确定性，也减少了你暴露于风险中的时间。

做埃尔拉多黄金公司股票（见图 53-2）的日内交易。在上升趋势中，当价格回调到价值区域时买入，将上通道线作为盈利目标。当市场达到设定的盈利目标时，利用震荡指标寻找卖出时机，快速离场。

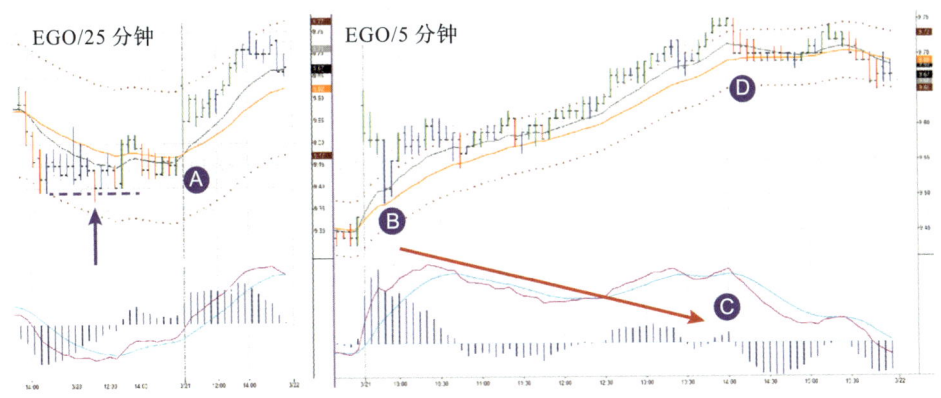

图 53-2　埃尔拉多黄金公司（EGO）25 分钟和 5 分钟线图，13 根线柱和 26 根线柱指数移动均线，动力系统，自动包络线，MACD 柱（12-26-9）
资料来源：TradeStation。

日内交易使用上通道线获利

这是我的交易日志上一篇买入埃尔拉多黄金公司（EGO）股票的交易记录。这展示了使用三重滤网交易系统进行日内交易并兑现利润的方法。买入 EGO 的策略是根据 25 分钟线图中的区域 A 做出的。在这个区域里，移动平均线转而向上，动力系统也变绿了（注意在前一天有一个向下假突破——说明这只股票并不想下跌，很有可能转而向上出现反转）。

我在这里采用的交易策略是"回调到价值区时买入"，使用的是 5 分钟线。价格一开始的时候有一个向上跳空，但是随后回调到了价值区间（区域 B）。我在 9.51 美元的时候买入了，最初设定的盈利目标是 9.75 美元——接近 25 分钟线图的上通道线，止损线是 9.37 美元，盈利比风险大约是 2:1。因为这是一个日内交易，所以一整天我都盯着它。

首先，向上的趋势很稳固，我想持有至第二天。但是随后在区域 C 熊市背离开始出现，所以我在 9.75 美元的位置下了一个卖单。这个价格竟是这一天的最高价，我的订单并没有成交。随着价格从 5 分钟线上的熊市背离处开始下跌，我迅速地将卖单价格降低到了 9.70 美元。这次它成交了，在收盘前我锁定了利润，在几个小时内我交易的 2 000 股每股赚了 19 美分，也就是合计 380 美元的总收益。

"堕落天使"（fallen angels）是一款用来寻找投资机会的扫描程序。它能找出那些从最高价位下跌了超过 90%，不再进一步下跌，反而慢慢开始上涨的股票。一只跌去了 90% 价值的股票有很多理由继续下跌，但是如果它选择了上涨，可能意味着它就要开始反转了。

寻找"堕落天使"的最好时机是当熊市开始显示出底部信号时。此时，很多股票在熊市攻击中存活下来，并开始从底部慢慢恢复。艾戈公司股票（见图53-3）的例子显示的是上一次牛市中的宠儿受伤惨重，但是已经止跌了，并且开始上涨。从图 53-3 的周线图可以看到有两次曾试探回到前期的顶部区域，但每次都只回升了前期跌幅的一半。

这笔交易会很简单吗？不会。首先，最近的底部价格在 2 美元左右，如果你把止损线设置在这个位置，每股所冒的风险会相当高，导致你必须减小交易规模。而且预期中的反转时间并不确定，可能是几个月，也可能是几年时间，这也意味着你的资金要锁定这么久。你做好等这么长时间的准备了吗？最后一点，同样重要的是这只股票的交易量很小。如果价格反转成功了，交易量会上升，但如果反转失败了，想要卖出就没有那么容易了。把这些因素都考虑进来，你会发现买一只长期股是多么不容易。

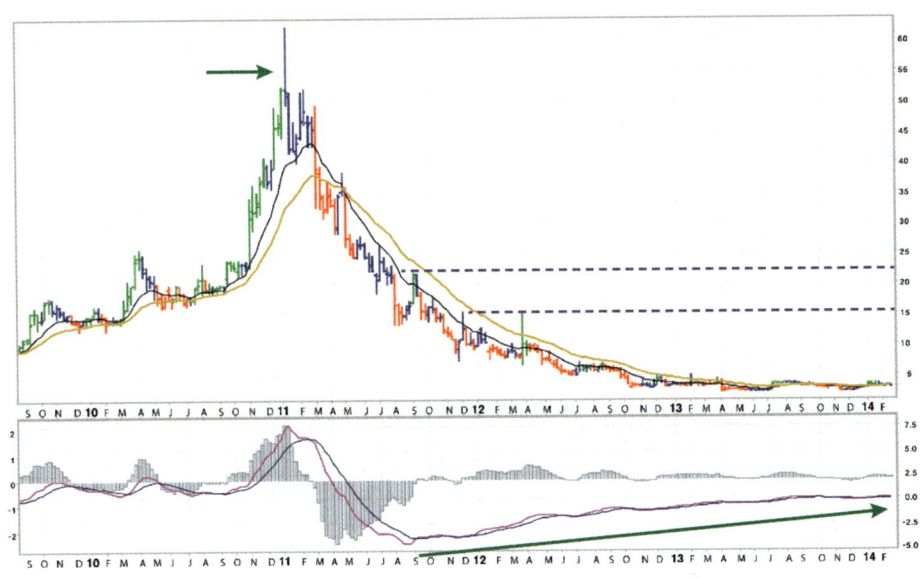

图 53-3　艾戈公司（IGOI）13 日和 26 日指数移动均线，动力系统，4% 包络线，MACD 柱（12-26-9）

资料来源：Stockcharts.com。

在阻力位为长线交易设定盈利目标

艾戈公司（IGOI）在上面所示周线图的右侧的最新交易价格为 3 美元偏上水平，逐渐向上的 EMA 确认了一轮新的上升趋势。它之前的高点是 60 美元以上（注意有一个"袋鼠尾"），中间最近的两次反弹都以失败告终了，最近的一次是在 15 美元附近，之前的一次在 22 美元附近（都以紫色虚线标注）。如果这里开启了新一轮的上涨趋势，应该将第一盈利目标设在 15 美元，第二个设在 22 美元。

54. 怎样设定止损线：不要异想天开

没有设止损价位的交易就是赌博。如果你喜欢寻求刺激，最好去真实的赌场，比如中国澳门、拉斯维加斯或者是大西洋城。在那里赌场会为你提供免费的酒水，当你玩得尽兴了，甚至他们会赠送你一间舒服的房间。在华尔街输钱的赌徒得不到这样的安慰。

对长期的生存和成功来说，止损是非常必要的，但是我们大多数人都非常不情愿去使用它们，市场的反复促使我们强化不止损的坏习惯。我们都有过这样不愉快的经历：你买入了一只股票，接着它的价格跌到了止损线，结果你亏损割肉出局了——但是你又眼睁睁地看着它反转上行了，跟你最初所预想的一样。如果你不设止损线，而是一直持有这只股票，本可以赚钱而不是亏钱的。像这样双重打击几次后，你就会对止损非常厌恶了。

经过几次这样的事情后，你的交易逐渐开始不使用止损策略了。在一小段时间内这也确实表现得很好，没有了那样的双重打击。有些交易虽然不成功，但在没有止损线的情况下，你也退出了——你有足够的纪律性。但这个幸福的旅程会在一笔大的交易开始走坏时结束。你一直等着，期待它可以稍微反弹一些，让你有个更好的退出价位，但它却一直下跌。随着时间的流逝，它对你的账户造成了越来越严重的伤害——你正在被一只鲨鱼吞掉。很快你的生存会受到威胁，你的信心也濒临崩溃。

当你的交易不设止损时，环绕在账户周围的鲨鱼会变得越来越大，也越来越凶残。如果你交易时没有设止损线，那么被鲨鱼攻击只是时间问题。是的，止损线是痛苦的——但是有止损策略的交易会比没有止损策略的交易麻烦少很多。这让我想起了温斯顿·丘吉尔（Winston Churchill）说过的一句关于民主的话："民主是最坏的政府形式，除了其他所有已被试验过的政体形式以外。"

我们应该怎么做？我建议接受止损带来的烦恼和痛苦，但要尽力使它们更加合理和少一些不愉快。

在我之前写的《以交易为生Ⅱ：卖出的艺术》一书中，我用了很长的一章讲解设定不同形式止损线的复杂之处。此处我不再重复自己已经说过的，而是做一个精练的归纳。

在"市场噪声"之外设定止损

如果把止损线设得离成交价格太近的话，会受到市场无意义波动的影响；如果把止损线设得太远的话，起到的保护作用会减少很多。

借用工程学概念，所有的市场变动都由两个因素构成：信号和噪声。在股票市场中，我们可以把信号定义为股票的趋势性变化；把噪声定义为上涨趋势中当日股价低于前一交易日最低价的部分，和下降趋势中当日股价高于前一交易日最高价的部分。

安全区域止损在我的《走进我的交易室》一书中已有详细的描述。先度量市场噪声，再把止损位设在市场噪声区域外数倍的位置。简言之，使用22日EMA来定义为趋势线。如果趋势是向上的，标记出所有回溯期（10～20天）内向下穿透EMA线柱的深度值，将其加总后除以向下穿透的线柱数量，得到回溯期的平均向下穿透值。它反映了当前上升趋势中平均的噪声水平。你应该把止损位设在远离市场平均噪声水平的位置。这就是为什么你需要把平均向下穿透值乘以一个系数，通常是2以上的数字。如果止损位设得太近容易弄巧成拙。

当EMA趋势是下降的时候，我们使用前期线柱的最高价向上穿透来计算安全区域。我们数一下选定期间内线柱的向上穿透情况，计算它们的平均值，得到平均向上穿透值。选一个系数乘以它，比如可以从3开始选，将得到的值加到每次高点上。在高点卖空比在低点买入需要更宽的止损空间。

正如本书中其他所有的系统和指标，安全区域不是可以取代独立思考的自动工具。你必须选好回溯期,也就是计算安全区域的时间周期。你也需要调整好乘以平均穿透值的系数,这样你的止损线才能在正常的噪声水平之外。

即使不使用安全区域,你也可以根据其原则计算出其平均穿透值——然后将你的止损线设在市场噪声区域之外。

不要把止损线设在明显的位置

从密集的价格区间向下探出显眼的新低点,最容易吸引交易者在新低点下方设置止损位。问题是太多人在这里设止损线,造成这个区域里止损的人过多。市场有一个神秘的习惯,会很快地跌穿这些明显低点,引发止损后再反转,发动新的上升趋势。为了避免这种情况,我有几点建议。

把止损位设在并不明显的位置比较好 要么更接近市场目前水平,要么离明显位置更远一点。更近的止损位可以减少亏损规模的风险但是会增加被洗盘出局的风险。更低的止损位可以躲过一些假突破,但是一旦真触及止损,亏损规模会更大。

是做选择的时候了。对短期波段交易来说,把止损设在更近的位置比较好,然而对长线交易来说,最好设定更远的止损线。记住"风险控制的铁三角"——更远的止损可以交易的规模会较小。

我喜欢一种叫**尼克止损**的方法。这是根据我的澳大利亚朋友,尼克·格罗夫(Nic Grove)命名的。他发明的这种止损方法是把止损位设在近期的次低点,而不是设在最低点附近。这里面的逻辑很简单——如果股价跌到了次低点附近,那么很有可能还会继续下跌并触及最低点,而这正是止损单扎堆的位置。使用尼克止损法后,同样市场下跌情况下,承受的损失和滑点要少很多。

当作为空方的时候这个原则也是一样的——不把止损线设在最高点之上,而是设在次高点。现在我们在图54-1中回顾一下几个多头和空头的例子。

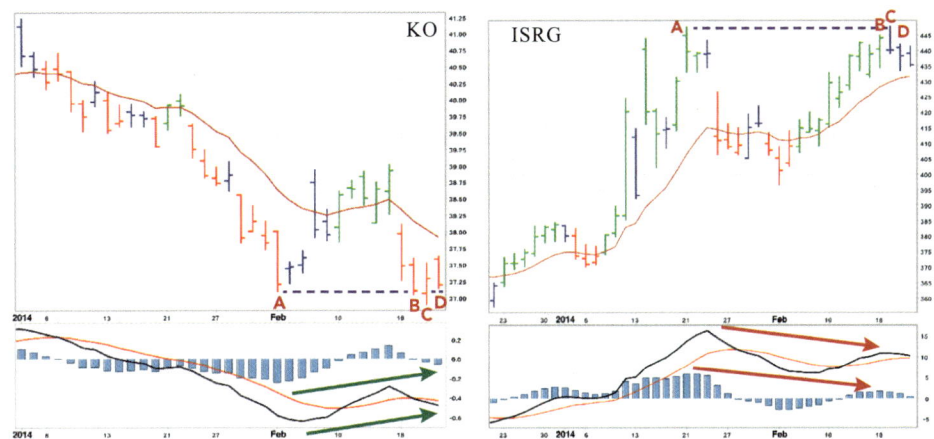

图 54-1　可口可乐（KO）和直觉外科公司（ISRG）日线图，13 日指数移动均线，动力系统，MACD 柱（12-26-9）

资料来源：Stockcharts.com。

尼克止损——做多 KO，做空 ISRG

在可口可乐（KO）公司的图中，我们发现了一个伴随着牛市背离的向下假突破，动力系统从红色变成了蓝色——允许买入。如果我们做多买入，我们应该在哪里设定止损线呢？

线柱 A——最低点是 37.10 美元；

线柱 B——最低点是 37.05 美元；

线柱 C——最低点是 36.89 美元（一个向下假突破，比线柱 A 的最低点还低 21 美分）；

线柱 D——最低点是 37.14 美元。

大众通常会把止损线设在 36.89 美元下面，但是尼克止损会设在 37.04 美元——比近期的次低点少 1 美分，是线柱 B 的最低点。

在直觉外科公司（ISRG）的图表中，我们可以看到一个伴随着熊市背离的向上假突破，动力系统由绿变蓝——允许卖出。如果我们做空卖出，我们应该在哪里设置止损线呢？

线柱 A——前期高点 447.50 美元；

线柱 B——最高点是 444.99 美元；

线柱 C——最高点是 447.75 美元（向上假突破，比前期高点还高 25 美分）；

线柱 D——最高点是 442.03 美元。

大众通常会在 447.75 美元以上设止损线，但是尼克止损会设在 445.05 美元——比最近的次高点——线柱 B 的高点，高几美分。

你可能想要多尝试几种设立止损的方法，像在本书前面提到的抛物线止损法、安全区域止损法和波动止损法。你可以激进，也可以保守，但是要记住最重要的原则：第一是要有止损；第二是不要把止损位设在太明显的位置，也就是图上谁都能看出来的位置。设止损位时要比显眼的位置更近或更远一点——要与集中的群体保持距离，因为你并不想做一个平庸的交易者。

同样的道理，不要把止损位设在整数价格上。如果你是在 80 美元买入的，不要把止损位设在 78 美元，而应该设在 77.94 美元。如果做日内交易时，你的入场价格是 25.60 美元，不要把止损位设在 25.25 美元，可以移到 25.22 美元，甚至是 22.19 美元。整数价位会吸引很多人——把你的止损位设在稍远一些的位置，先让其他人承受第一次价格下跌触发止损线的冲击，可能你的止损线就不会被触及。

另一种方法是克里·洛沃恩推广的，**平均真实波幅（ATR）止损**（详见第 24 节对 ATR 的解释）。当你在最近的一根线柱中入场时，把你的止损位设在离当前这根线柱的极值至少一倍 ATR 的位置，如果是在两倍 ATR 的位置设置止损位就更安全了。你可以把它当作一种移动止损的方法，随着线柱的转变而移动它。原理还是一样的——把止损位设在市场噪声区域之外（见图 54-2）。

使用移动止损的一个优点是它们逐渐减小了所暴露的风险额度。前面我们讨论过"可用风险"（见第 51 节）的概念。使用移动止损时，如果交易价格朝对你有利的方向变化时，它可以逐渐释放可用风险额度，从而允许你开始做新的交易。

图 54-2　标准普尔 500（S&P 500）、20 日新高 - 新低指数
资料来源：TradeStation，克里·洛沃恩编程。

出现"尖峰反弹信号"后在 2 倍 ATR 处移动止损

尖峰反弹信号（在第 34 节中已讲述）出现在当 20 日新高 - 新低指数跌到了负 500 以下的时候，这意味着下跌的趋势难以进一步持续，然后指数重新反弹到这个水平之上，表明牛市在重新回来。尖峰反弹信号由垂直的绿色箭头标示。在这里，标普线是绿色的，但是当尖峰信号消失时，它会变成紫色。红线跟踪的是标普 500 指数线柱最高价下方 2 倍 ATR 的价位。

尖峰反弹信号发出对整个市场的买入信号，这张图表用 2 倍 ATR 收盘价止损（日内波动超过止损线不触发止损，必须收盘价在止损线之下才触发止损）来跟踪每个买入信号。注意富有成效的信号 A、B 和 C。在写这篇文章时 E 点的买入信号仍然是有效的。D 点的信号会导致损失——说明信号并不总是能获利。

即使你不用安全区域止损或 ATR 止损,也务必把止损位设在离最新价格稍远一点的位置。你肯定不想像那些胆小的交易者一样把止损位设在离现在价格很近的位置,结果一些无意义的扰动就触发了止损。

信号和噪声的概念不仅能帮助你找到合适的止损位,还能帮你找到好的入场点位。如果你发现了一只股票正处于强劲的趋势之中,但你又不想追高,你就降一个时间周期维度。比如说,周趋势是上升的,那就下降到日线图表,你可能会发现每隔几周,日线会有一次回调到价值区间的机会。测量一下最近几次穿透到长期 EMA 下方深度的平均值,得到平均穿透值(见图 39-3)。提前一天在低于 EMA 均线一个平均穿透值的距离下一个买单,未成交之前每天都需要对它进行跟踪调整。你可以利用市场噪声为进入趋势跟踪交易,找到一个好的入场价格。

不要让盈利变为亏损

不要让有丰厚账面浮盈的未平仓头寸变为亏损!在交易之前,就要计划在什么水平开始保护你的利润。比如有一笔交易的盈利目标是 1 000 美元,那么在有 300 美元盈利的时候就需要开始保护利润。一旦你的未平仓头寸浮盈达到 300 美元,你可以将止损线调整到盈亏平衡的位置。我们称这种移动为"为交易翻边"。

一旦你将止损线调整到盈亏平衡点,你需要专注于如何保护住部分持续增长着的浮盈。提前计划好要保护多大比例的利润。

比如,你的决定可能是一旦止损线超过盈亏平衡点了,考虑保证三分之一的浮盈。那就意味着,如果你目前的交易有 600 美元的账面盈利,那么至少要得到 200 美元。

此比例并不是固定不变的,可以根据你的信心和风险偏好来决定。

当交易的发展已经兑现了你的预期,这笔交易的盈利潜力逐渐变小。而你的风险(盈利和止损线之间的距离)会不断增加。交易就是在管理风险,当盈利与风险的比例渐渐恶化时,你便需要减小承担的风险。通过提升止损线,保护一定比例的利润,可以使盈利与风险比例控制在更平衡的位置。

只顺着你交易的方向移动止损线

当你买了一只股票,作为有纪律的交易者,会在买入价下面设定止损线。股票开始上涨,产生好看的账面浮盈。但接着,上涨停止了,开始下跌一点,然后再下跌一点,这时浮盈变成了浮亏,市场价格离你的止损线只差分毫了。这时你再分析图表,认为从图形上看,这只股票出现了很好的底部形态——牛市背离,可能会带来一波强劲的上涨趋势。接下来你该怎么做?

首先,要认识到你的错误是没有及时提高你的止损线。在最初上涨的时机中你就应该将止损线提高到盈亏平衡线之上。没能做到这一点,导致你目前的选择余地很小,要么马上卖出承担损失,等到以后再重新买入;要么一直持有。但麻烦在于,你可能会倾向于去做第三种选择——调低止损线,"给下跌更大的空间"。

但千万别这么做!

"给下跌更大的空间"只是一种美好的、单纯的想象。这个选项不应该出现在一名严谨的交易者的工具箱中。

"给下跌更大的空间"就相当于你告诉自己的孩子,如果他表现不好就没收他的车钥匙,但当他真的犯错时,你却并没有按说好的实施。这相当于告诉他之前说好的规则并不重要,甚至鼓励他去犯更大的错。立场坚定才能带来更长远的收益。

当一笔交易表现糟糕时,符合逻辑的做法是接受出现的损失,但保持关注这只股票,做好准备,当底部出现的时候重新买进。坚持就是胜利。专业交易者一般在股票步入正轨之前会尝试几次快速的试探性交易,这样佣金成本也会低一些。

灾难性止损：专业交易者的救生衣

我在搬到湖边别墅居住后，买了一个皮划艇，接着立即买了一件救生衣。因为按照法律，我需要在皮划艇中放一件救生衣，即使是一件质量十分糟糕的也可以。但我还是花了很高的价钱买了一件质量上乘、穿着舒适的救生衣。

其实，我计划的只是在湖面上平静地划皮划艇，而不是去什么水流激烈的地方，因此也并不认为有一天会用到那件救生衣。那我是在浪费钱吗？如果有一辆摩托艇撞上我的皮划艇，一件高质量的救生衣可能就是生与死的区别。

这和止损线的作用是一样的。它们很麻烦，并且会有成本，但总会有一天，这些止损线将拯救你的账户于危机之中。记住，在股票市场中出现意外的概率可比在湖中大多了，这就是为什么一定要有止损线的原因。

"硬止损"是一种给你的经纪商下达的指令，而"软止损"是你心中的止损线，当到需要的时候你才会去执行真实操作。新手或业余交易者一定要使用硬止损线；而对每天盯盘的专业交易者来说，当系统提升需要止损时，他能遵守纪律去执行，那他可以使用"软止损线"。

然而意外时有发生。一个专业交易者朋友曾给我描述有一次他与市场反转做斗争的经历。他将软止损线设在了亏损 2 000 美元的水平，但当他承认失败，准备退出时，亏损已经到了 40 000 美元，达到了他交易生涯中最糟糕的记录。这也是为什么哪怕你不经常使用硬止损，但至少需要为每笔交易设定"灾难性止损线"的原因。

对于任何一笔 A 级交易来说，无论做多还是做空，你都需要在图表中画出你最不希望看到的价格极值。然后在这个位置设定你的硬止损线，在取消之前，这个止损线会一直有效，这就是你的"灾难性止损线"。接下来你便可以开始灵活地使用软止损了。就像有了一件可靠的救生衣，你便可以使劲地划动手中的桨了。

假如我朋友在亏损 2 000 美元到 40 000 美元的过程中，设定了"灾难性止损线"，他有可能只用承担相对较小的损失，而避开一次大灾难，避免"鲨鱼的一咬"在心理上和经济上造成的伤害。

止损线和隔夜跳空：仅对专业交易者

如果你持有的股票在休市期间出现了一个重大利空，你怎么办？在第二天早上开盘之前查看集合竞价情况，你意识到股价将大幅低开，远低于你的止损线，意味着滑点会很大。

这情况不常见，但它确实会发生。

如果你是一名新手或者业余交易者，那并没有什么可选择的，只能咬紧牙关承受损失。但对于冷静的、有纪律的专业交易者来说，还有一种方法，那就是用做日内交易的方式退出。首先，撤走止损线，开盘之后当作开盘第一秒买入了一样，后面进行日内交易的操作。

开盘跳空缺口常常伴随着反弹，这给那些机敏的交易者提供了减少损失的机会。但这样的情况并不是一定会发生，所以大多数的交易者不要轻易尝试这种技术。因为这么做可能导致亏损更多，而不是减少亏损。

记住在收盘前要及时退出——已经走坏了的股票，可能当天会反弹，但明天将会有更多的卖家进场卖出，驱使股价进一步下跌。不要让一次反弹引发你对反转的希望。

55. 这是 A 级交易吗

无论在哪个领域，只要练习得多了，你的表现都会更好。将它们分出等级能让你认识到自己的强项和弱项。然后你就可以开始加强自己好的方面，纠正不好的方面了。

一旦你结束了一笔交易，市场将对你的入场、退出和最重要的整体交易三方面做出评级。

如果你是一位使用周线图和日线图做波段交易的交易者，那就用日线图来计算你每笔交易的级别。你的**买入评级**取决于入场点、购买当日的最高点和最低点的情况。

$$买入评级 =（最高价 - 买入价）/（最高价 - 最低价）$$

你的买入点离线柱的最低价越近，离最高价越远，你的买入成绩就越好。假设今天的最高价是 20 美元，最低价是 19 美元，你的买入价是 19.25 美元。把这些数字代入公式中可以得到买入评级为 75%。如果你的买入级别是 100%，则意味着你的买入点是当天的最低点。那自然是极出色的，但不要总期望它发生。如果你的买入评级是 0%，则意味着你买到了当天的最高价，这非常糟糕，应该成为不要盲目追涨的教训。每笔交易我都会计算买入评级，而且我认为大于 50% 就是不错的成绩了，意味着我是在当日线柱的较低部分买入的。

下面是**卖出评级**的计算公式：

$$卖出评级 =（卖出价 - 最低价）/（最高价 - 最低价）$$

你的卖出价离当日线柱的最高价越近，离最低点越远，你的卖出评级就越高。假设今天的最高价是 20 美元，最低价是 19 美元，你成功地在 19.7 美元的价位卖出了。把这些数字代入上式可得卖出评级为 70%。如果你的卖出评级是 100%，则意味着你卖在了当日的最高点。如果卖出评级是 0%，则意味着你卖在了当日的最低点，这样糟糕的成绩提醒你要及时抛售而不是陷于恐慌。每次交易我都计算卖出成绩，如果在 50% 以上，它就是一笔好的交易，意味着我卖到了当日日线的上半部分。

当评估一笔交易时，大多数人认为他们在交易中挣到或赔掉的金额是交易质量的反映。资金规模对画资产曲线来说很重要，但对单笔交易来说并不是很好的评价指标。通过比较你实际获得金额和潜在可获得金额的比值来评价交易质量可能更有意义。我自己计算**交易评级**的方式是，比较交易的损益与入场点当日通道线的高度。

交易评级=（卖出点 – 买入点）/（通道线高点 – 通道线低点）

好的通道线包含过去 100 天日线里 90% ~ 95% 的价格（参考第 22 节）。你可以使用任何通道线——EMA 的平行线、自动包络线、肯特纳通道或者 ATR 通道——只要你前后标准始终一致就行。通道将正常的价格波动包含在内，只有极高或极低的价格点才会突破到其之外。在你交易当日的上通道线到下通道线之间的距离，代表市场中波段交易者实际的盈利目标。然而直接把盈利目标定到最高值是非常危险的。我认为任何一笔交易的获利是通道线高度的 30% 或是更多，就是一笔 A 级⊖交易（见图 55-1）。

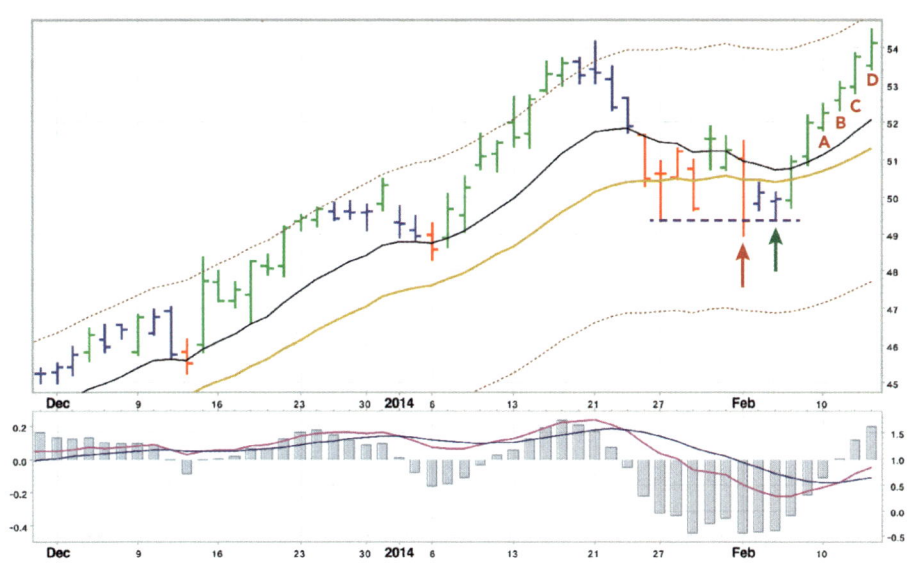

图 55-1 欧特克（ADSK）日线图，13 日和 26 日指数移动均线，7% 包络线，动力系统，MACD 柱（12-26-9）

资料来源：Stockcharts.com。

⊖ 这个术语来自美国学校的评分体系：A 是优秀，B 是良好，C 是及格，D 是不及格。

买入、卖出和交易评级

图 55-1 来自我交易欧特克（ADSK）股票的交易日志，当时我正在写作此书（在前面章节中的图 38-1，可以找到关于我这笔交易的计划）。我在此处的策略是"回调到价值区域时买入"。ADSK 最近出现比平均水平更深的跌幅——注意由红色箭头标注的向下假突破，接着由绿色箭头标注出的二次探底。

A 日——2014 年 2 月 10 日，星期一：高点是 52.49 美元，低点是 51.75 美元，上通道线是 53.87 美元，下通道线是 47.61 美元（我们需要通道高度来计算退出的交易评级）。买入价为 51.77 美元。买入评级 =（52.49-51.77）/（52.49-51.75）≈ 97%。

B 日和 C 日——星期二和星期三：继续上涨，开始向上移动止损线。

D 日——星期四：高点 54.49 美元，低点 53.39 美元。卖出点为 53.78 美元。卖出评级 =（53.78-53.39）/（54.49-53.39）=35%。交易评级 =（卖出点 - 买入点）/ 通道高度 =（53.78-51.77）/（53.87-47.61）=32%。

在这次交易中我的买入评级异常高，卖出评级比平均水平低，但是总的交易评级很好。因为忙于写作此书，我仅交易了 200 股，所以我扣除佣金之后的盈利只有不到 400 美元。如果我是通过盈利数量来评价交易评级，这次交易显得微不足道，但是我抓住了 32% 的通道高度，交易评级是 A。

克里·洛沃恩在尖峰交易（Spike Trade）2012 年年会上的发言引起了我的注意：他向所有参会者提出了一个定义——"什么是 A 级交易"——建立卓越交易的标准。他说："你必须为你自己定义这种模式，如果你不知道自己的 A 级交易是什么样子，在市场中你根本就没有自己的业务模式。"

我很清楚自己的 A 级交易是什么——"价格背离加上假突破"或"回调到价值区域"。但是，如果我一时找不到 A 级交易，我会去找 B 级交易，如果真的没有合适的机会，才会转向 C 级交易。

那次聚会回到家后我将一张塑料纸条贴到我的交易屏幕上，写着："这是一笔 A 级交易吗？"从那以后，我每次交易下单时都要问一下自己这个问题。效果很快显现出来了：随着非 A 级交易的急剧减少，我的股票资产曲线开始陡峭地上升。

你需要有一个明确的概念，知道什么是你的完美交易——A 级交易。完美不保证一定盈利——这个市场没有绝对的保证——但这意味的是有强烈盈利潜力的交易。这也是你之前感觉很舒服的交易模式。一旦你知道这种模式是什么样的，你就可以寻找符合这种交易模式的股票了。

个人交易者比机构交易者为数不多的优势之一是，我们可以在喜欢时交易，在不喜欢时不交易。我们可以自由地等待优质的交易机会出现，这对机构交易者来说是很奢侈的。不幸的是，我们中的大多数人过于急切地进行交易，没有利用好这个优越的有利条件。

我把"这是一笔 A 级交易吗？"这个问题加入到了我的"交易准则"之中——我们将在下一章中讨论相关的交易管理表格。无论什么时候我发现有潜力的交易机会，我都会问自己这个问题，如果答案为"是"，我再开始计算风险水平、头寸规模，谋划买入价位。但如果答案为"不是"，我就会翻过这一页，继续寻找下一个交易机会（见图 55-2）。

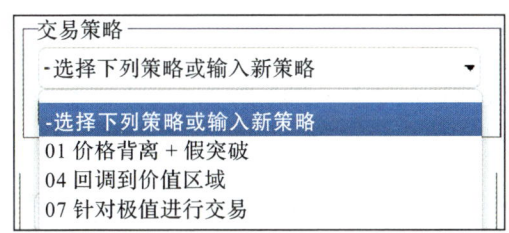

图 55-2　交易日志中的策略箱

资料来源：SpikeTrade.com。

当你计划做一笔交易时，一定要界定清楚你将用什么系统。反问一下自己，按照你的交易系统这笔交易是否属于 A 级交易。

我所说的"系统"和"策略"两个词是可以互换的——它们都表示交易的计划。就像从我的这份 2013 年 9 月的交易日志中可以看到，当时在策略箱中，我使用了三个交易系统，主要的一个是"价格背离 + 假突破"，我也有时使用"回调到价值区域"这个策略交易——在上升趋势中的回调时买入，或在下跌趋势中的反弹时卖出。在极少数情况下，我会"针对极值进行交易"——在股价降到极低的时候买入，或在股价疯狂上涨后减速时卖出。

无论一个想法或一只股票有多好，如果它不符合我的三种交易策略，我就不会进行交易。想法总是来了又走，成功或失败，但策略会随着时间的推移，随着你持续探索它们如何在不同的市场条件下表现得更好，能保持下去甚至会变得更好。

逐渐地，你可能会开发出新的策略，然后淘汰其他的策略。你可以看到我使用的是 1 号、4 号和 7 号策略，剩下的那些策略都是我已经停止使用的了。

你的系统可能很自动化，也可能只是很概括的一些关键原则——像我的三重滤网交易系统。无论哪种方式，在你计划下一次交易的时候，你必须知道你的 A 级交易是什么样的。

我将分享给你们我的交易策略，但是你并不需要复制它们（见图 55-3）。我们每个人的交易方式像我们的笔迹一样不可复制。找到一个让你感觉舒服的交易策略，检验它，然后寻找一张可以完美体现这个策略的图表。把这个表打印出来贴到你交易桌旁边的墙上。现在你可以通过与这幅图表比较来寻找交易机会了。

接下来的小节，是关于交易计划的部分，你将会看到怎样使用我命名为"交易单"的表格，以更客观的方式做交易决定。每笔交易都有一系列参数，在交易正激烈的时候，很容易就忽视掉其中一些参数。就像飞行员需要飞行前的例行检查清单一样，交易者在决定下单前也需要检查一下他的清单。

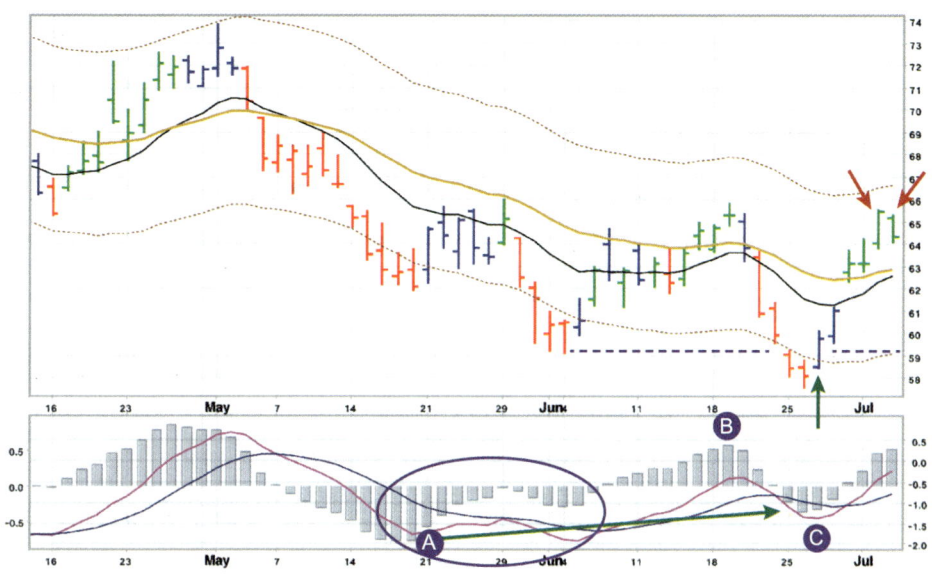

图55-3　斯伦贝谢公司（SLB）日线图，13日和26日指数移动均线，6%包络线，动力系统，MACD柱（12-26-9）

资料来源：Stockchart.com。

牛市背离加上向下假突破

图55-3是从我的交易记录中摘录的，它是波段交易策略的一个非常理想的例子，我将其缩写为"01 FB+BD"——伴随有牛市背离或熊市背离的假突破。图中，斯伦贝谢公司（Schlumberger, Ltd., SLB）的股票处于很明显的下降趋势中，当它在A点到达新低时，看起来只是漫长下跌途中的阶段底。在我看来，在MACD柱图中标出的整个椭圆形区域是一个底部，因为它从来没有向上穿透过0值线。在B区域里，图线开始变得比较有意思了：MACD柱上升到0值线以上，"打断了熊市的后背"。动力系统的周线图（此图中并没有显示）在这之前都显示为红色，现在变成了绿色——禁止买入信号被移除了。在C区域，SLB股价创下了新低，但是MACD柱的新低点却很浅，出现了牛市背离。

仔细观察在 C 区域中连续几条红线之后的第一条蓝线，那是 MACD 柱上涨形成牛市背离的地方。另外，那条上涨的日线，收在前期向下突破位的上方，图中用紫色的虚线标出：这说明前期是向下假突破。

我是在这条日线中买入的（图中用垂直绿色箭头标出）——并没有等到收盘后才做决定，在 60.80 美元处买入了 2 000 股，止损线设在 59.12 美元。几天后，当价格开始接近上通道线，也是前期高位时，我开始兑现盈利，在 66.55 美元的位置卖出了 1 000 股，剩下的是第二天以 67 美元的价格卖出（图中都用红色箭头标出）。我每股盈利是 6 美元，5 个交易日内扣除佣金前收益是 11 950 美元，这个交易系统完成了一次出色的交易。

这幅图是我在寻找股票和期货的交易机会时，会浮现在脑海中的图表。我想找到类似的图形，完成了它们的 A 底和 B 顶，而且开始下跌有形成 C 底的趋势。在这个图形背后，动力系统的周线图不能显示为红色，因为那将禁止买入交易。

56. 仔细搜寻可能的交易

股市中有几千只股票，在未来几天或几周一些会上涨，一些会下跌，还有一些可能是反复震荡。只要交易系统和股票匹配，每只股票都可能赚到钱，否则很可能就是亏钱了。在寻找股票交易机会之前，必须先开发一个交易系统或是交易策略。如果没有一个清晰的交易系统，你寻找什么呢？

从开发一套你信任的交易系统开始，一旦你有了交易系统，搜寻交易机会就变得很有逻辑性，并且很明确。看着你搜索到的交易机会清单，对每个机会的第一个问题是"这是一笔 A 级交易吗？"换句话说，这次交易机会与你理想中的模式一致吗？如果答案为"是"，你就可以开始着手交易了。

搜寻交易机会是指对一些交易品种进行复盘，然后聚焦到一些有潜力的品种上。可以用肉眼搜寻，也可以用计算机来扫描——你可能要翻阅很多图表，每一个都只是瞅一眼；或者用你的计算机处理清单上的图表，标记出符合你交易模式的股票。重述一遍，确定一种自己信任的交易模式是最重要的第一步，搜寻是第二步。

确定你对扫描有比较现实的期望。没有扫描能帮你找到藏在干草堆里的一根针——那笔最有价值的交易。一次好的扫描是找出一些潜在的机会，然后再集中注意力到这些机会上。你可以通过放松或收紧扫描的参数使候选的目标组更大或更小。扫描能帮你节省时间找出候选目标，但并不能帮你从必要的分析工作中逃脱出来。

首先要想好你要找什么样的股票。比如，如果你是一个趋势跟随者，但是并不愿意追高，你可以建立一个扫描程序来搜寻移动平均价格正在上升，但最新价格仅比平均价格高一点的股票。你可以自己写一个这样的扫描程序，也可以雇别人帮你做——有提供这种服务的程序员。

要扫描股票的原始范围，可以是几十个，也可以是跟标普500成分股一样多，甚至是跟罗素2 000成分股一样多。我喜欢在周末扫描潜在交易机会，我会根据有多少时间，在两种不同方法中进行选择——一种是比较懒的方法，另一种是要做很多工作的勤快方法。我会在时间有限时使用比较懒的方法，就是回顾本周Spiker的精选下周自选股票。Spiker是SpikerTrade.com的精英会员，我发现由非常优秀的交易者在相互竞争之下选出的几十只股票中，总有一两只可以供我借鉴。我会检验一下选出的股票，然后根据我对下周市场走势的看法，选择做多或做空的机会。

需要做很多工作的勤快方式是把标普500所有成分股下载到我的软件中，然后筛选出有潜在MACD背离的股票。我见过很多针对价格背离的扫描程序，但是没有一个是可靠的——它们都会出现太多的误报，同时会错过很多好的价格背离机会。此后我才意识到价格背离是"类比模式"——用肉眼可以很清晰地发现，但是对数字程序来说却很难识别。于是我去找约翰·布伦斯，他为我开发了一套半自动的 MACD 背离扫描程序。它并不扫描价格背离，而是扫描价格背离早期的形态，把可能会有交易机会的潜在目标提供给我（见图 56-1）。

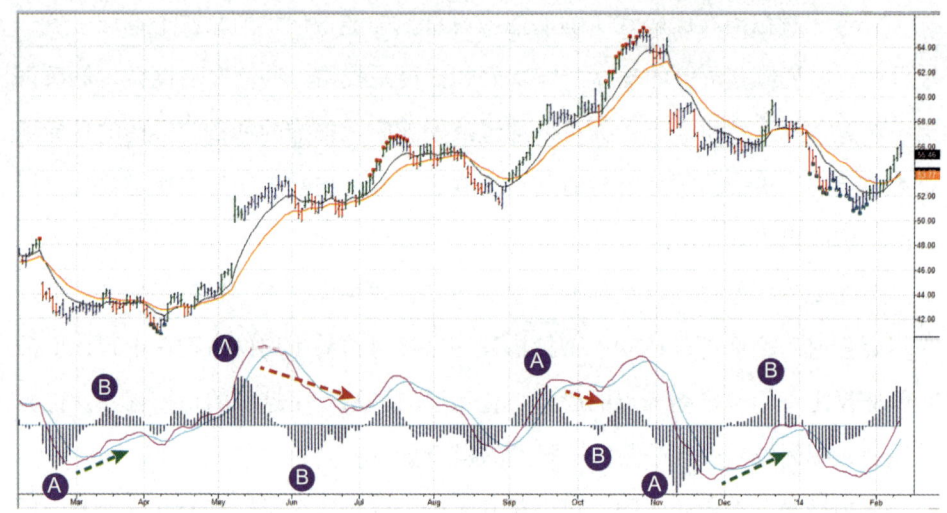

图 56-1　美国有机商品超市（WFM）日线图，13 日和 26 日指数移动均线，动力系统，MACD 柱（12-26-9），红点——潜在或实际的熊市背离，绿点——潜在或实际的牛市背离

资料来源：TradeStation，由来自 elder.com 的约翰·布伦斯扫描。

半自动 MACD 背离扫描程序

在第 23 节中我们介绍了 MACD 和它的背离模式，并且在本书从头到尾反复提到此种模式。我这个半自动扫描程序不是要寻找完整的 MACD 背离，而是要寻找具有 A 和 B 两部分形态的潜在背离。当 C 部分（次高点或次低点）开始浮现的时候，这个扫描程序就会在线柱的上方打上红点或在下方打上绿点来警示可能要出现的背离。

美国有机商品超市（Whole Foods Market，WFM）的线图说明了扫描程序不能成为自动的交易者。它只是一只看门狗，可以警示市场可以交易的机会——做多或做空。收到这样的信号后,交易者需要研究一下这只股票可能出现背离的价格水平,并把入场价格、目标价格和止损价格写下来。

用我的半自动 MACD 背离扫描程序去对标准普尔 500 指数成分股的周线和日线进行扫描,仅需要花费一分钟时间,但真正的工作是从我分析扫描提供的看涨和看跌的结果开始的。首先,我比较看涨清单和看跌清单的规模。例如,在写本章的前几周,我对标普 500 指数成分股扫描显示潜在牛市背离的股票有 4～5 只,但是潜在熊市背离的股票有 70～80 只。这个极大的不平衡表明市场正处在悬崖的边缘,我需要寻找一些做空的机会以应对将要来临的下跌。我把自己的下周股票清单压缩到 5 或 6 只股票,它们代表了最有吸引力的交易模式和最佳的收益风险比。这些就是我将要在下一周交易的股票。我有的朋友一下可以选出 20 只股票——这是可以做到的,但不是我,每一个严肃的交易者都要懂得自身的极限。

另一种需要做很多工作的方式是,通过分行业扫描股票来寻找潜在机会。比如说,当我觉得黄金到了重要的底部区域,我会将全部 52 只黄金股和 14 只白银股的名单放入程序扫描,寻找潜在机会。当做这些的时候,我脑子里会有图 55-3 中的 SLB 的线图——我想找到与理想更接近的股票。

如果你要扫描更大数量的股票,需要增加一些"**负面规则**"。比如,你需要剔除每日成交量少于 50 万股或 100 万股的股票。这些股票的图表通常很不规则,滑点也比其他交易活跃的股票要大。你还可能会把高价股从买入名单或低价股从卖出名单中剔除。选择筛选标准的参数,依个人而定。这也是为什么扫描最好由有经验的交易者来做。就像在撒网捕鱼之前,首先要学会用渔竿来钓鱼。

| 第11章 |

保持良好的记录习惯

"世上没有免费的午餐。和其他许多事情一样，要么预付，要么马马虎虎完事之后再付款。不幸的是，当你准备离开的时候，付出的价格往往更高……"安德鲁 J. 麦伦（Andrew J. Mellen）在《放松你的生活》(*Unstuff Your Life*) 一书中这样写道。

市场在分发奖惩方面并不始终一致。这样的情况时有发生，比如一笔缺乏计划的交易赚钱了，而一个计划周密、执行认真的交易却亏钱了。这种随机性使我们颠覆了本应遵守的原则，鼓励草率地进行交易。

好的记录交易日志的习惯是培养和坚持纪律性的最好工具。它将心理、市场分析、风险管理联系到了一起。每一次讲课时，我都会说："如果你们让我看到的是有良好记录交易日志习惯的交易者，我会让你们看到什么是好的交易者。"

记录下你的交易计划可以确保你不会错过任何一个重要的市场影响因素。记录交易日志的习惯将帮助你避免掉入冲动交易的陷阱。交易纪律和控制体重一样，对于多数人来说是很困难的。如果你不知道自己今天的体重是多少，你的体重曲线在上升还是下降，你怎么能控制它？减肥是从坚持每个清早脱光站到秤上记录下当天体重开始的。

我们都会犯错误，但是如果你能坚持复习自己的交易日志，并且反思过去的错误，你不太可能会重蹈覆辙。好的交易日志记录习惯能让你成为自己的老师，并让你的账户净值出现奇迹。

快速浏览一篇文章不会使你变成一个有纪律性的交易者。你必须投入时间来完成功课，接受止损的痛苦，先有付出才能有收获。随着你账户的增长，你会体会到成就带来的无与伦比的快感。

让我们来回顾一下交易日志的三个核心要素：

（1）纪律的第一步是完成功课（我会提供一份功课进度表的模板）。

（2）纪律的进阶是写下你的交易计划。

（3）纪律的高潮是执行这些计划并且完成交易日志（我会提供一个在线交易日志的链接）。

对于这些提供的文件请按自己的喜好来使用。市场是庞大而多样化的，并不存在所谓"万能"的分析、交易以及交易日志系统。基本的原则都在这本书中，但怎样理解它们是因人而异的。

57. 每日功课

当你早上起来，意识到必须在一个小时内赶到办公室时，你不会浪费时间去计划每一个步骤。你会按照既定的程序：起床、洗漱、穿衣、吃饭、上车等。这个程序让你一早就能进入最佳状态，放松你的头脑来进行策略思考。当你到办公室的时候，你已经为全天做好准备了。

在市场中，也有必要做好晨间准备程序：用一系列的步骤来了解会对今天交易产生主导作用的关键因素。这种程序帮你在开市前上紧发条、严阵以待，并且随时可以进行操作。

我用电子表格来准备开盘前程序。给我这个建议的人是一位俄亥俄州的基金经理马克斯·拉森（Max Larsen）。我也对马克斯的电子表格做了一些变动——我的最新版本是No3.7，包括两处重大修改和少数细微调整。电子表格是基于我如何来观察市场而设计的，其中内嵌的链接能帮助我去各个网站获取所需要的信息。

我的电子表格（见图57-1）目前还在继续使用中，我仍继续对其不断调整。如果你准备使用它，我确信你也会根据自己的需要进行调整。我的网站Elder.com 提供最新的表格，完成上面作为公益服务的心理测试，然后写邮件给 info@elder.com 就可以索要到了。

#	项目	周三
1	埃尔德每日功课	
2	v 3.7	2/19/14
3	查看远东市场	up .2 - 1.1%
4	查看欧洲市场	down .5%
5	经济日历	Starts, permits down
6	Marketwatch	Crash of 2014
7	欧元汇率	1.375 g/g
8	日元汇率	98.1 g/g
9	原油	102 g/g
10	黄金	1317 g/b
11	债券	133,23 g/b
12	波罗的海干散货运价指数	1,146
13	新高 – 新低指数	1208 / 365
14	VIX	13.9 r/b
15	标准普尔 500 指数	1841 g/g
16	日线的价值	at upchannel
17	强力指数指标	pos
18	对标普指数的预判	down
19	状态：积极地、保守地、防御地，或进行日内的交易	def

图57-1　每日功课电子表格

资料来源：elder.com。

我从海外市场开始看起，然后是重大新闻、主要货币及商品，最后是重要的市场指标。这个程序可在15分钟内完成。一行一行，我们一起来做吧！

（1）查看远东市场。这条链接将我带到雅虎财经的相关网页。我会写下隔夜澳大利亚及中国市场指数的百分比变化。每个人形成记忆的方式各不相同，对我来说写下来是最有效的办法。

（2）查看欧洲市场。这里我写下德国法兰克福指数及英国富时指数的百分比变化。市场闻鸡起舞，你会体会到在美国产生的风波在重新返回西海岸之前，如何波及亚洲，然后传到欧洲的。

（3）经济日历。这条链接将我带到 Briefing.com 的网页，这里把每天将要发布的基本面数据整理成列。同时也会显示之前发布的数据及市场对本次发布数据的预测值。当一份重要的数据，比如失业率或产能利用率，低于或超出市场预期，你便可以期待市场将出现绚丽的烟花秀。

（4）Marketwatch 网站。这是一个大众流行的网站，我会看一下今早它正在关注什么。通常来说它是反向指标。

（5）欧元汇率。我会写下最活跃的期货合约的现价，后面用动力系统状态的首字母标记——绿色（G）、蓝色（B）或者红色（R）——前面是周线图的，然后是日线图的。下面提到的其他市场，我所采用的是同样的格式。我关注欧元期货走势有两个原因。第一个原因是无论与美国股市表现一致或相反，欧元期货的走势都能延续一段时间；另一个原因是欧元期货有时候能提供非常好的日内交易机会。

（6）日元汇率。上一条所述两个原因中，第二个原因比第一个在日元汇率上更适用。

（7）原油。它是经济的血脉，并且原油期货会随着其上涨下跌而变化，原油期货是可以用来交易的。

（8）黄金。它是市场恐慌情绪与通胀预期的一个敏感指标，同时也是很受欢迎的交易品种。

（9）债券。利率的上涨或下跌是股市走势的主要驱动因素之一。

（10）波罗的海干散货运价指数（BDI）。对于世界经济而言，它是一个敏感的先行指标。BDI 表示干散货的运送成本，例如把纺织品从越南运往欧洲，或是把木料从阿拉斯加运往日本。BDI 的波动非常大，没有直接基于 BDI 的交易品种，这有助于 BDI 更准确地反应经济活动的实际情况。如果你交易航运业的股票，这个指标格外有用。

（11）新高－新低指数。我认为新高－新低指数是股票市场最好的先行指标。我喜欢每天早上写下这个指标最新的周数据及日数据来帮助记忆。

（12）芝加哥期货期权交易所波动率指数（VIX 指数），也被称为"恐慌指数"。人们调侃："VIX 走高，放心买入；VIX 走低，小心慢行。"横批是，"提防 VIX 的 ETF"——VIX 的 ETF 因在交易中与 VIX 指数不同步而臭名昭著。

（13）标准普尔 500 指数。我会写下前一个交易日指数的收盘价，并且将动力系统周线和日线显示状态的首字母标写在后面。

（14）日线的价值。我转到标普指数的日线图，留意最新一根线柱是收在价值区域的上方、正中还是下方，以及它与通道线的关系。这帮助我识别现在市场是超买了还是超卖了。

（15）强力指数指标。我会注意这个指标的 13 日 EMA 均线是在它中心线的上方还是下方（对应牛市或熊市）以及是否有背离。

（16）对标普指数的预判。测验自己对市场预测的精准度：写下对今天收盘价会比开盘价高还是低的预测，如果没有观点就空着。根据自己的预测是否正确，次日我会给这一栏涂上绿色或红色。

（17）在电子表格的最后一行，我会总结今天将如何交易：积极地、保守地、防御地（仅进行平仓交易），日内的交易或者完全不进行交易。

在完成表格内容之后，我想谈谈自己的开盘交易。我回顾止损位与盈利目标，在有必要时，提前做好调整。如果我准备当天进行交易操作，我会重新审视自己的候选股清单，集中关注计划好的买入点、盈利目标和止损点。这样，我就能跟上市场的节奏，准备好发出指令了。即使我知道当天将无法交易——比如在旅行的时候——我仍然会完成这项功课。这个纪律就像在某些你不去上班的日子，也仍然会早上起来穿衣洗漱一样。

今天你准备好交易了吗

有时候你会觉得踩准了市场的节奏，但其他时候你会和市场脱节。你的情绪、健康以及时间的压力会影响你的交易操作。例如，设想当你在牙痛的时候进行交易，将根本无法把注意力集中到市场上。此时你应该打电话给你的牙医，而不是你的经纪人。

这是为什么每天早上，我都会花30秒来做一个自我心理测试，来客观评价自己的交易备战状态。我见到第一个使用自我测试的人是前Spike交易成员鲍勃（Bob Bleczinski）。他可能在网上发布过他的测试——在2011年，我看到Spike交易成员艾琳·布鲁斯（Erin Bruce）在年会发言时展示了她的自我测试。她测试自己的问题与鲍勃的完全不同，但格式是相似的。

我按照自己的个人特点修改了艾琳的表格，并且坚持在每天开盘前进行测试。任何自我测试都必须简短且有针对性，而我的只有五个问题。每个都是进行三选一的选择题：是、不是或者一般。我们会在后面的章节讨论设计此类测试的逻辑。如果你决定使用这种测试，一般你都需要根据自身特点来进行调整，提出那些对你来说最重要的问题（见图57-2）。

感觉生病了 0	感觉正常 1	感觉好极了 2	2
昨天亏损 0	有盈有亏或者没有交易 1	盈利 2	1
没做计划 0	还凑合 1	准备得很好 2	1
情绪低落 0	正常 1	棒极了 2	1
今天很忙 0	正常 1	很闲 2	1
4分或以下，不要交易	5分、6分以及9分、10分，非常小心地交易	7分、8分，可以交易	6

图57-2 "我做好交易的准备了吗？"自我测试

资料来源：elder.com。

我会在完成功课之后，立即做这个自我测试。让我们一条一条来看：

1. 今天身体感觉怎么样？

A. 感觉生病了 =0

B. 感觉正常 =1

C. 感觉好极了 =2

2. 昨天交易得如何？

A. 亏损 =0

B. 有盈有亏或者没有交易 =1

C. 盈利 =2

3. 早上我做好交易计划了吗？

A. 没做 =0

B. 还凑合 =1

C. 准备得很好 =2

4. 情绪如何？

A. 低落 =0

B. 正常 =1

C. 棒极了 =2

5. 今天行程安排如何？

A. 很忙 =0

B. 正常 =1

C. 很闲 =2

然后在电子表格里将五个问题得分加总，用 Excel 的条件格式功能，将总得分进行涂色。如果得分在 4 分或以下，标为红色——有这么多不利的条件，今天最好不要进行交易；5 分或 6 分标为黄色——要非常小心地交易；7 分或 8 分是绿色——可以交易；如果得分达到 9 分或 10 分的话，会再次变为黄色——所有条件都如此完美时，任何变化都会朝坏的方向发展。不要让前面的成功冲昏了自己的头脑。

如果测试中某些问题得分为 0 分的话，我将不会进行交易操作。比如我没有完成交易计划，或者我当日的行程已经安排满了，这都不是交易的好日子——最好袖手旁观，或者只做平仓交易。

你以及你的想法、情绪和个性，都是交易的重要影响因素。这就是为什么快速自我测试能帮助你观察你今天是否应该进行交易。

58. 制作并评价交易计划

任何交易计划都要依据所采用的策略量身定做。交易计划必须能提示你检查财报期、分红派息日期，以及期货交割日期，使你避免被可预见的新闻所侵袭。它必须清楚地记录你计划好的买入价、目标价、止损价以及交易规模。

把交易计划写下来能让其变得真实。一旦你进入了一笔交易，并且你的股票开始出现波动，你可能会感到紧张，而忘了去执行特定的操作。在进入交易之前，先写下计划能帮你在风暴中建立一个理智和稳定的堡垒，它能帮助你不会忽略任何必要的事情。

真正好的计划要有能衡量其质量的标准。我们将在后面章节探讨这种标准，操作起来花费不超过一分钟，但却能鼓励你只去实施那些有更大成功可能性的计划。它会提示你放弃那些成功概念较小的计划，不去追逐不靠谱的交易想法。

虽然我的所有记录都是电子表格形式的，但我喜欢将交易计划写在纸上。我使用自己称为"交易单"的印制表格——像我们网上购物包裹上的运货单。某公司在寄给你一个产品时，会在运货单上注明产品名称、产品数量、寄送地址、运送方式、退款须知以及其他必要元素。我的交易单会从筹划阶段一直到交易结束，一直陪伴着我。

我有两种交易单对应所有交易系统，一种对应买入，另一种对应卖空。这里我们来看看其中一个我最偏好的策略的交易单。你可以借鉴它作为设计自己交易单的基础。

无论何时，当一笔潜在交易吸引了我的注意时，我首先会判断它适合哪种交易系统，然后找到对应的交易单。这时，如果是一笔看起来非常诱人的交易机会，但我没有任何交易系统能与之匹配，那么我不会进行这笔交易。决定好交易系统之后，我写下日期和股票代码，然后按照后面所示的为潜在交易进行评分。如果评分足够高，我继续完成交易计划；否则，我就把这张表扔进垃圾箱，然后去寻找其他交易机会。

无论在哪儿，我都会随身携带我的交易单，随时为交易做准备。如果我坐在自己的桌子旁，会把交易单放在键盘旁边。如果我白天要外出并且带着我的笔记本电脑，我会把交易单夹在键盘与屏幕之间，我打开电脑时第一眼就能看到它。

很多年以来我都坚持写下自己的交易计划，逐渐培养了一种在执行交易计划前，给交易计划打分的方法。读到丹尼尔·卡尼曼教授的《思考，快与慢》一书后，我坚定了给交易计划打分这一信念。这本关于决策制定的书是由获得诺贝尔奖的行为经济学家撰写的，它强调了简单评分系统的价值——能让我们的决定多一些理智，少一些冲动。

为你的交易计划评分（交易的阿氏评分）

卡尼曼教授的书中所举的一个例子，是对一位哥伦比亚大学的儿科麻醉师维珍尼亚·阿普伽（Virginia Apgar）医生的工作的描述。她因挽救了无数生命而广受赞誉。医生和护士们普遍运用阿氏评分法，来决定哪个新生儿需要立刻进行医疗护理。

大多数婴儿的诞生过程是正常的，即使有一些会有不严重的并发症，但其他的新生儿则有生命危险。在阿普伽医生的评分法推广之前，医生和护士们需要使用医疗诊断来将新生儿们进行鉴别分组，而他们的失误会直接导致婴儿夭折。阿普伽医生的评分系统让他们的判断更加客观。

阿氏评分总结了五个简单问题和答案。每个新生儿会根据脉搏、呼吸、肌肉张力、拧捏反应以及皮肤颜色得到一个评分。对任何一个问题是好的反应都会得到 2 分，不好的话会是 0 分，在两者之间则得 1 分。这项测试通常在出生后 1～5 分钟内进行。7 分及以上被认为正常，4～6 分会有点低，而 4 分以下是过低。得分优秀的婴儿们会被放心地送去普通护理，而在阿氏评分中得分过低的婴儿需要即刻进行医疗处理。整个决策过程，关注于谁需要积极的治疗，是快速而客观的。阿普伽医生简练的评分系统提高了全世界新生儿的存活率。

在读了卡尼曼教授的书后，我把自己的评分系统重新命名为"交易的阿氏评分"。它帮助我辨别自己的交易想法是健康而有力的，还是病态而脆弱的。当然，作为一名交易者，我的行动与儿科医生完完全全相反。医生会关注病得最重的小孩，帮助他们生存下来。而我作为一名交易者，会关注最好的想法，而把其他的扔得远远的。

在展示我的交易阿氏评分之前，有一些注意事项：你将要看到的这个评分系统是为特定交易系统而设置的——我的"伴随背离的假突破"策略。如果是其他的交易系统则需要不同的评分测试方式，但你可以将我的交易阿氏评分作为设计自己评分系统的基础。

举个例子，我最近将我自己的阿氏评分档案寄给一位曾经向我咨询过的专业期权卖家。他十分喜欢这个进行书面测试的主意。这有助于帮助他减少冲动交易，而冲动交易是他最大的问题之一。几周内，他就将他自己的，并且与我的完全不同的阿氏评分展示给我看。他用自己最喜欢的相对强弱指标和随机摆动指标替代了我的一个指标，并且加上了与期权卖空直接相关的问题。我十分高兴地看到他做交易越来越赚钱。

交易阿氏评分需要对体现交易策略核心的五个问题给出明确的答案。随着你为自己的策略发展出了属于自己的阿氏评分，我建议保持问题数目不要超过五个，且答案得分仍是 0 分、1 分和 2 分三种。简洁能够让这种测试更加客观、实用和快捷。

当看到交易机会时，我会抽出一张空白的交易单，圈出我对五个问题的回答。在红色框画圈的得 0 分，在黄色框画圈的得 1 分，在绿色框画圈的得 2 分。我在每个分数框里填上得分，然后将五个得分加总。如果我圈出的是红色框，我还会在其旁边写上价格到什么位置时我会将其改为更令人喜爱的黄色或绿色。那时，计划的评分会得到提升，在那个价格可能可以进行交易。图 58-1 展示的是做多的交易阿氏评分，而图 58-2 展示的是空头交易的交易阿氏评分。

	0 分	1 分	2 分	分数	等级
强力系统的周线图	红色	绿色	蓝色（紧跟在红色之后）		
强力系统的日线图	红色	绿色	蓝色（紧跟在红色之后）		
日线价格	高于其价值	在价值区间内	低于其价值		
假突破	没有	已经发生	很有可能将要发生		
完备性	没有周期符合	有一个符合	两个周期看起来都很完备		

图 58-1　交易阿氏评分在做多交易（此例为"假突破伴随背离"的策略）的使用

资料来源：elder.com。

将你对五个问题的答案按 0～2 分进行打分：

（1）强力系统的周线图（前面章节有描述）——周线图是红色得 0 分，周线图是绿色得 1 分，周线图是蓝色得 2 分。

强力系统为红色时，是禁止交易的；绿色时还可以进行交易，但是可能有些太晚；蓝色（紧跟在红色之后）表示恐慌正在褪去，是买入的好时机。

（2）强力系统的日线图——与上一条同样的问题、同样的评分，标记在日线图上。

（3）日线价格——在日线图上，如果最新价格在其价值区间之上得 0 分；在价值区间范围内得 1 分；低于其价值得 2 分。

价格在价值区间之上时，买入已经有些迟了；在价值区间内还可以；在价值区间之下则是一笔好买卖。

（4）假突破——没有的话得 0 分；已经发生得 1 分；很有可能将要发生得 2 分。

（5）完备性——没有周期符合得 0 分；有一个符合得 1 分；两个周期看起来都很完备得 2 分。

我通常会用两个时间周期来分析市场。对任何策略来说必须有其中之一符合一种入场交易的完备形态。极少情况下两个时间周期的形态都是完备的——在一个完备，另一个可以接受的情况下就可以进行交易了。如果没有一个时间周期的形态看起来是完备的，则不是一笔 A 类交易——抛弃这只股票，转移到另一只上面去。

	0 分	1 分	2 分	分数	等级
强力系统的周线图	绿色	红色	蓝色（紧跟在绿色之后）		
强力系统的日线图	绿色	红色	蓝色（紧跟在绿色之后）		
日线价格	低于其价值	在价值区间内	高于其价值		
假突破	没有	已经发生	刚刚发生熊市背离		
完备性	没有周期符合	有一个符合	两个周期看起来都很完备		

图 58-2　交易阿氏评分在做空交易（此例为"假突破伴随背离"的策略）的使用

此处与"图 58-1 交易阿氏评分在做多交易（此例为'假突破伴随背离'的策略）的使用"是对应的。

计算任何一只股票的阿氏评分都不会花费超过一分钟。我只想进行那些得分在 7 分及以上，并且没有任何一个框是 0 分的交易机会。遇到这样的交易机会，我会继续执行我的交易计划，选择进场点、目标价、止损价和交易规模等。

交易的阿氏评分为潜在的交易提供了客观的评级。我们有成千上万的交易工具，没有必要将精力耗费在差劲的标的上。使用交易阿氏评分能帮助你聚焦于最有前景的机会上。

使用交易表

当你对某只股票产生兴趣,并且交易的阿氏评分肯定了你的交易想法,完成交易表将有助于你专注于此交易最核心的部分。

让我们看一张做多的交易表(见图58-3)。

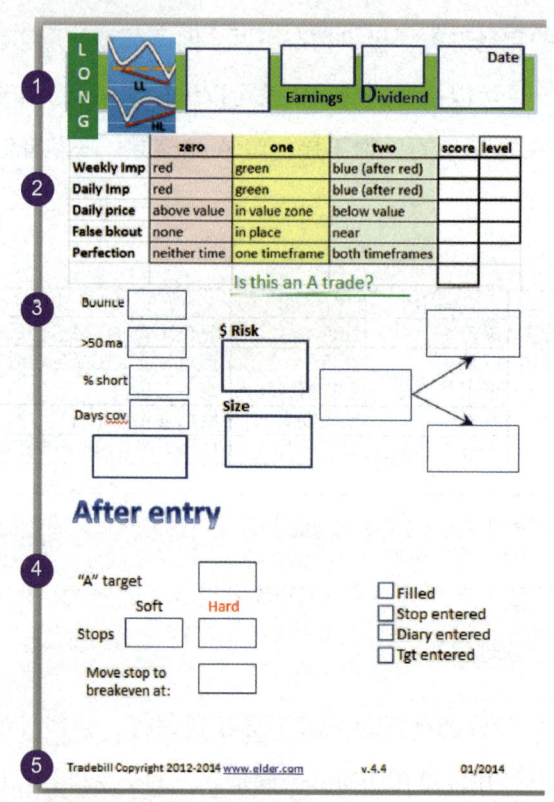

图58-3 交易表在做多交易(此例为"假突破伴随背离"的策略)的使用

资料来源:elder.com。

第一部分:交易鉴定

绿色条纹标志为多头交易。

用一张指甲盖大小的、画有牛市背离伴随假突破的K线图作为图标,标示出这种策略。

第一个空格用来填写股票代码。

接下来一个空格用来记录下一个财报披露的日期。你可以在很多免费网站上找到它们。例如 www.Briefing.com，www.earning.com，或者 www.Finviz.com 等。很多交易者在股票将要公布财报时会避免持有该股票。因为差劲的盈利表现对你的持仓很不利。写下披露的日期，以强迫自己避免陷入麻烦。

再下一个空格用来记录除息日——如果有的话。我通常在 http://finance.yahoo.com 上查找。分红时，股票持有者需要缴税，而空头必须支付分红。所以人们都不希望在分红那天持有该股票。

最后一个空格是我做计划的日期。

第二部分：交易的阿氏评分

我的交易阿氏评分描述如下。记住，每种策略都需要符合其特点的阿氏评分。十分欢迎你用符合自己交易系统特点的问题来代替我设置的问题。例如，你的问题可能是随机摆动指标是处于哪种状态：超买（0分）、超卖（1分）或者超卖伴随着牛市背离（2分）。

当你将交易阿氏评分的各项得分加总时，将下面这个重要问题的答案写下来：这会是一笔 A 级交易么？如果总分在 7 分以下，则放弃这只股票，去寻找其他的。

第三部分：市场、买入点、目标价、止损点和风险控制

最左边的五个空格要求我回答有关市场基本状况的问题。尖峰反弹信号是否有效，追踪股票均线的指标是看多还是看空，这只股票的空头净额是多少，需要多少天来补上，所有这些内容都已在本书前面描述过。最后一个空格是简短的总结。

用箭头所连接的三个空格是我决策制定过程的核心部分。它们所要的是每笔交易最重要的三个数字：买入价、目标价、止损价。

资金风险——这笔交易中，你愿意冒亏损多少钱的风险？这个数额永远不应该超过你账户资产的 2%。我通常把它控制在远远低于这个门槛的位置。

持仓规模——根据持仓限额和入场点与止损点的差额，可以算出你能买多少数量。这已经在第 50 节 "风险控制的铁三角"中详细论述过。

第四部分：买入之后

A 级盈利目标是在买入价上加日通道线高度的 30%。

软止损是记在脑海中的指令，而硬止损或灾难性止损是实在的指令。它不应该比第三部分中所写的止损价低。

记下你将把止损位移到盈亏平衡位置的价格水平。

当你执行这些必要步骤时，检查右手边的方框：设置止损价，创建一个日志，下达止盈订单。

第五部分：版权信息

这一行显示的是此交易单是何时更新的。作为本书的读者，我很欢迎你们写邮件给 info@elder.com 索取最新版本，这是我们为交易者提供的公益服务。

我通常使用 PPT 来设计交易表格，可以在两页幻灯片里设计好。我通常会准备一些空白的交易表放在手边，但是不会预印太多，因为我一直在对这个表进行调整。

我的空头交易用的交易表也是类似的，只有交易的阿氏评分会不同，如图 58-2 所示。当你开始制作自己的交易表时，只能复制第 1、3 和 4 这三个部分，但第 2 部分需要自己制作——制作符合你自己系统或策略的交易阿氏评分。

59. 交易日志

记忆是文明的基石。它能让我们从成功中——当然更多的是从失败中，获取经验教训。坚持写交易日志能帮助你成长，成为更好的交易者。

持续记录详尽的交易日志是很烦人的事——所以只有严肃的交易者才会去做。在我出版了那本对交易者的采访集《进与退，2006》（*Entries & Exits*）之后许多人问我，交易者们有什么共同点？他们在不同的国家生活，在不同的市场交易，使用不同的策略——但是都很好地坚持记录交易日志。

最好的例子莫过于书中第 1 章中提到的采访的那位女士。当完成手稿时，我意识到我的采访是不完整的，需要再多问她几个问题。一年后，我再次来到她所在的加利福尼亚，我要求再次会面。我预想她会给我展示一些她最新的交易日志，但她走向一个文件柜，拉开抽屉，里面是我前一次拜访时的交易资料。我们整个采访都在回顾她一年前的图表，就像这些交易是昨天发生的一样。牛市当时正如火如荼，她表现也很优异，但是她仍然努力地提升她的水平。她详尽的交易日志就是她自我提升的工具。

让你的日志成为你的"额外记忆"，成为帮你走向成功的工具。

多年来，我致力于开发一种易于更新和分析的交易日志记录系统。最初的时候，我在纸质日记本上记交易日志，将打印的图表贴在上面，并标记出来——至今我仍在自己的交易桌旁边保留着一份这样的"古董"。随后我在 Word 电子文档中记录日志，然后是在 Outlook 中。最终在 2012 年，克里·洛沃恩和我一起创造了一种基于网络的交易日志[⊖]。

这个交易日志使用起来是一种乐趣。克里和我都使用它来记录我们所有的交易日志。我们的交易日志对所有人开放，并且免费使用（但有次数上限）。这些日志是在线的，但有密码保护，绝对保护隐私——但尖峰交易（Spike

---

[⊖] 我们依靠的是海琳娜·特伦特（Helena Trent）卓越的编程技术，也借鉴了杰夫·帕克（Jeff Parker）的很多想法。

Trade）的会员有将他们优选交易的日志进行分享的权利。

图 59-1 展示的是我们的交易日志。即使你更喜欢自己构建交易日志，也可以看看这个。参考一下在你自己的交易日志中，有什么是需要有的。

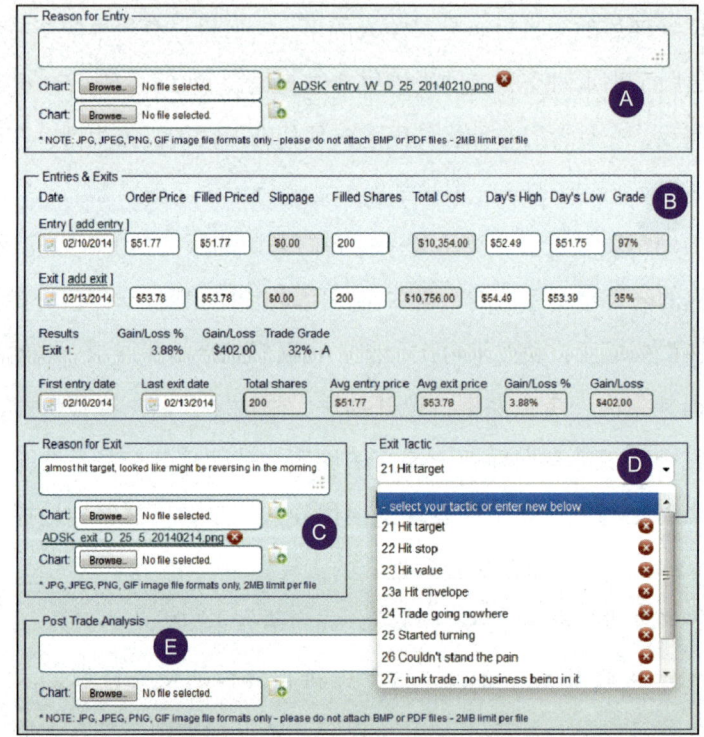

图 59-1　网页版交易日志（部分）

资料来源：Spiketrade.com。

A 部分：交易日志需要我回答为何决定交易这只股票。我通常会空着这个格子，因为我喜欢用 SnagIt 软件在线图上写下这些观点。在欧特克（ADSK）的例子中，我附上了合成的线图，包括周线图、日线图和 25 分钟线图。

B 部分：记录下入场和退出的日期和价格。记录滑点和买入量、卖出量及交易等级。

C 部分：退出的原因，需要附上显示入场点和退出点的合成线图。

D 部分：退出策略的清单要比交易策略的清单长。退出的原因可能是到了目标价或止损价，也可能是到了价值区间或包络线。我也可能会因为股票不再延续趋势方向或者开始掉转方向而选择退出。还有两种消极的退出：已无法承受下跌的痛苦，或是买入后发现这是一笔糟糕的交易。

E 部分：交易后的回顾分析。我喜欢在退出交易两个月后回顾这笔交易。我设计了一个跟踪图表，用箭头标记出入场点和退出点，然后写下时过境迁后对这次交易的评论。这是吸取经验教训最好的方法。

网页版交易日志设计的初衷是使日志简洁而有逻辑，方便你计划、存档和从中学习提升。我们已经看过网页版交易日志的几个部分了。图 38-1 展示的是其中三个部分——建立、风险和参数。图 55-2 展示的是交易日志网站中的策略箱。

我们中的大部分人会很快忘掉过去的交易，但是交易日志网站会提示你对它们进行回顾。当时你在 K 线图最右边区域艰难地决定买入卖出，如今这些 K 线已经到了图表的中间位置了，这个时候你可以重新审视你当时的决定，并学会如何改进它们。

三种好处

记录交易日志会有三大好处。第一个好处是即时的——写完日志能有更好的秩序感。第二个好处是会在 1～2 个月后，当你开始回顾已经结束了的交易时。第三个好处是，当你积累了几十个记录后，你会有多种方法去分析它们，并且能从你的资金曲线中有所成长。

秩序感与结构感来自记录好每笔交易的计划、入场点和退出点。究竟在什么价位入场，你的目标价是多少，在哪里安排止损。决定好这些数字能加强你的纪律性。因此你不会轻易地去冲动买入，把有浮盈的股票持有过久，或让亏损的股票因为没有止损而越亏越多。填写风险管理参数能帮助你控制交易规模。将退出价记录下来能让你面对自己的交易成绩。

在退出交易一两个月之后，**回顾每笔交易**是最好的学习方式之一。交易信号在图形右侧时，可能会显得模糊不定。而当你在图形中间看到它们时，已变得无比清晰。回顾你已经完成了的交易，并且加上一个"交易后"图表，能让你重新评估自己当时所做的决定。现在你可以清楚地看出自己做得对还是不对。你的日志能给你珍贵的经验和教训。

我在周线图上做战略性决定，在日线图上做战术性决定。因为我的日线图会显示5～6个月的数据，每个月我会花几个小时去回顾我两个月前退出的交易。例如，在3月底或4月初，我会回顾所有在一月退出的交易。我会找出它们现在的图表，用箭头将入场点和退出点标注出来，并写下对每笔交易的评价。我将分享两个例子给你们（见图59-2和图59-3）。

图59-2　探索传播公司（DISCA）日线图，13日和26日EMA日线，6%通道线，动力系统和MACD柱（12-26-9）

资料来源：Stockcharts.com。

后续分析（顶点卖空）

我做空探索传播公司（DISCA）的策略是"极值衰竭"，我的退出战略是"开始反转"。入场点及退出点已用箭头标记出。两个月后的回顾证明这两个决定都是正确的。经验：下一次我看到这种形态，毫不犹豫地一扑而上。

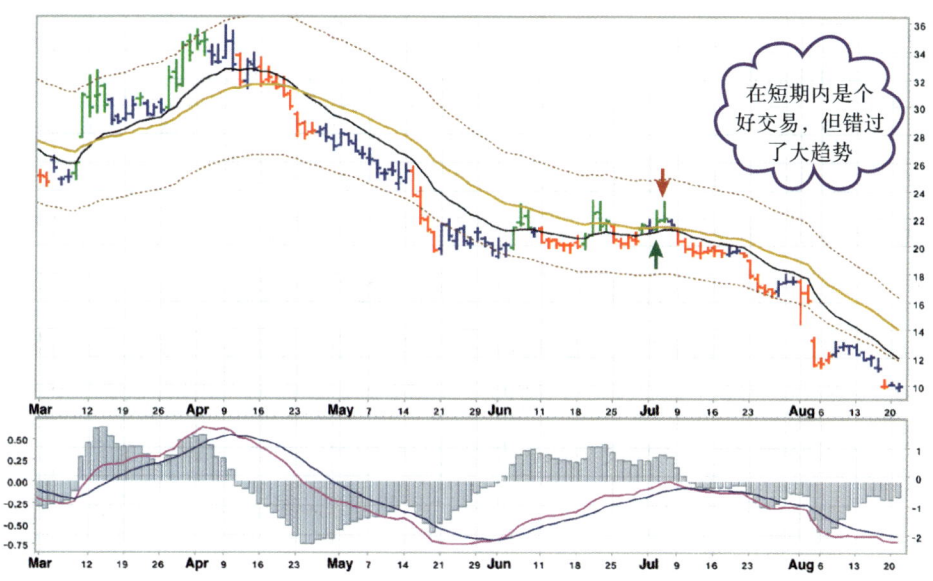

图 59-3　莫利矿业（MCP）日线图，13 日和 26 日 EMA 日线，16% 通道线，动力系统和 MACD 柱（12-26-9）

资料来源：Stockcharts.com。

后续分析（回调时买入）

我买入莫利矿业（Molycorp, Inc., MCP）的策略是"回归到价值"——我认为此时新的上升趋势已经开始。第二天，我便不那么确定了，于是立即进行止盈操作。两个月后的回顾显示我逃过了一轮下跌，我的止盈决定是正确的，但是我却错过了这个向下的大趋势机会。经验：已经退出的交易，在一周后要继续监控，做好准备重新进入或做反向操作。

这些回顾能帮你发现哪些交易做得对，哪些需要改变。在我开始做"两个月后"回顾不久，很快发现了自己在退出上存在两个问题。一是我的止损位设置得太紧了，如果我增加一点承担的风险，可以大幅度减少止损被触及后价格开始反弹的现象，避免过早退出交易。二是我注意到，虽然我的短线波段交易操作得不错，但经常会错过了大的长线趋势。我基于这些认识，调整了后来的方法。

回顾你的资产曲线是非常必要的，因为只有上升的曲线才能证明你是一位成功的交易者。如果你的资产曲线是下行的，说明或者你的系统可能有错误，或者你的风险管理十分薄弱，或者你缺乏交易纪律性——无论是什么，你都必须查找清楚并予以解决。

但是，资产曲线将你所有的交易汇集到一起，是十分初级的分析工具。网页版交易日志能让你细化，追踪特定市场的资产曲线、交易策略、退出战术等。例如，我可以将做多和做空的操作分开来画资产曲线，也可以将采用不同策略、不同退出甚至不同交易想法来源的交易分别绘制资产曲线。相信我，一旦你看到退出的交易资产曲线的特点是"不能承受这样的痛苦"，你将再也不会不设置止损线了！

参 考 文 献

Angell, George. *Winning in the Futures Market* (1979) (Chicago: Probus Publishing, 1990).

Appel, Gerald. *Day-Trading with Gerald Appel* (video) (New York: Financial Trading Seminars, Inc., 1989).

Ariely, Dan. *The Honest Truth about Dishonesty* (New York: HarperCollins, 2013).

Belveal, L. Dee. *Charting Commodity Market Price Behavior* (1969) (Homewood, IL: Dow Jones Irwin, 1989).

Bruce, Erin. SpikeTrade Reunion presentation, 2011.

Cameron, Peter. Personal communication, 2012.

Davis, L. J. "Buffett Takes Stock," *The New York Times*, April 1, 1990.

Douglas, Mark. *The Disciplined Trader* (New York: New York Institute of Finance, 1990).

Edwards, Robert D., and John Magee. *Technical Analysis of Stock Trends* (1948) (New York: New York Institute of Finance, 1992).

Ehlers, John. *MESA and Trading Market Cycles* (Hoboken, NJ: John Wiley & Sons, 1992).

Elder, Alexander, *Come into My Trading Room* (Hoboken, NJ: John Wiley & Sons, 2003).

———, *Directional System* (video) (New York: Financial Trading Seminars, Inc., 1988).

———, *Entries & Exits* (Hoboken, NJ: John Wiley & Sons, 2006).

———, *Force Index* (video) (New York: Elder.com, Inc., 2010).

———. *MACD & MACD-Histogram* (video) (New York: Financial Trading Seminars, Inc., 1988).

———, "Market Gurus," *Futures and Options World*, London, September 1990.

——— & Kerry Lovvorn, *The New High–New Low Index* (Alabama: SpikeTrade, 2012).

———, *The New Sell & Sell Short: How to Take Profits, Cut Losses, and Benefit from Price Declines* (Hoboken, NJ: John Wiley & Sons, 2011).

———, *Technical Analysis in Just 52 Minutes* (video) (New York: Financial Trading Seminars, Inc., 1992).

———, "Triple Screen Trading System," *Futures Magazine*, April 1986.

———, *Triple Screen Trading System* (video) (New York: Financial Trading Seminars, Inc., 1989).

———, *Two Roads Diverged: Trading Divergences* (New York: Elder.com, 2012).

Elliott, Ralph Nelson, *Nature's Law* (1946) (Gainesville, GA: New Classics Library, 1980).

Engel, Louis, *How to Buy Stocks* (1953) (New York: Bantam Books, 1977).

Freud, Sigmund, *Group Psychology and the Analysis of the Ego* (1921) (London: Hogarth Press, 1974).

Friedman, Milton, *Essays in Positive Economics* (Chicago: The University of Chicago Press, 1953).

Frost, A. J., and R. R. Prechter, Jr., *Elliott Wave Principle* (Gainesville, GA: New Classics Library, 1978).

Gajowiy, Nils, Personal communication, 2012.

Gallacher, William, *Winner Takes All—A Privateer's Guide to Commodity Trading* (Toronto: Midway Publications, 1983).

Gann, W. D., *How to Make Profits in Commodities* (Chicago: W. D. Gann Holdings, 1951).

Gawande, Atul, *The Checklist Manifesto: How to Get Things Right* (New York: Henry Holt and Company, 2011)

Gleick, James, *Chaos: Making a New Science* (New York: Viking/Penguin, 1987).

Goepfert, Jason, SentimenTrader.com

Granville, Joseph, *New Strategy of Daily Stock Market Timing for Maximum Profit* (Englewood Cliffs, NJ: Prentice Hall, 1976).

Greenson, Ralph R., "On Gambling" (1947), in *Explorations in Psychoanalysis* (New York: International Universities Press, 1978).

Grove, Nic, Personal communication, 2004.

Gunter, Jock, Personal communication, 2013.

Havens, Leston, *Making Contact* (Cambridge, MA: Harvard University Press, 1986).

Hurst, J. M., *The Profit Magic of Stock Transaction Timing* (Englewood Cliffs, NJ: Prentice-Hall, 1970).

Investopedia.com.

Kahneman, Daniel, *Thinking, Fast and Slow* (New York: Farrar, Straus and Giroux, 2011).

Kaufman, Josh, *The First 20 Hours: How to Learn Anything ... Fast!* (New York: Portfolio/Penguin, 2013).

Kaufman, Perry, *Trading Systems and Methods* (Hoboken, NJ: John Wiley & Sons, 2013)

Larsen, Max, SpikeTrade Reunion presentation, 2007.

LeBon, Gustave, *The Crowd* (1897) (Atlanta, GA: Cherokee Publishing, 1982).

Lefevre, Edwin, *Reminiscences of a Stock Operator* (1923) (Greenville, SC: Traders Press, 1985).

Mackay, Charles, *Extraordinary Popular Delusions and the Madness of Crowds* (1841) (New York: Crown Publishers, 1980).

McMillan, Lawrence G., *Options as a Strategic Investment* (Englewood Cliffs, NJ: Prentice Hall, 2012).

Mellon, Andrew J., *Unstuff Your Life* (New York: Avery/Penguin, 2010).

Murphy, John J., *Technical Analysis of the Financial Markets* (New York: New York Institute of Finance, 1999).

Neill, Humphrey B., *The Art of Contrary Thinking* (1954) (Caldwell, ID: Caxton Printers, 1985).

Nison, Steve, *Japanese Candlestick Charting Techniques* (New York: New York Institute of Finance, 1991).

Notis, Steve, "How to Gain an Edge with a Filtered Approach," *Futures Magazine*, September 1989.

Paulos, John Allen, *Innumeracy. Mathematical Illiteracy and Its Consequences* (New York, Vintage Press, 1988).

Plummer, Tony, *Forecasting Financial Markets* (London: Kogan Page, 1989).

Pring, Martin J., *Technical Analysis Explained*, 5th ed. (New York: McGraw-Hill, 2013).

Rhea, Robert, *The Dow Theory* (New York: Barron's, 1932).

Shapiro, Roy, *Why Johnny Can't Sell Losers: Psychological Roots*, unpublished article, 1991.

Steidlmayer, J., Peter, and Kevin Koy, *Markets & Market Logic* (Chicago: Porcupine Press, 1986).

Surowiecki, James, *The Wisdom of Crowds* (Anchor, 2005).

Stoller, Manning, Personal communication, 1988.

Teweles, Richard J., and Frank J. Jones, *The Futures Game*, 2nd ed. (New York: McGraw-Hill, 1987).

Twelve Steps and Twelve Traditions (New York: Alcoholics Anonymous World Services, 1952).

Vince, Ralph, *Portfolio Management Formulas* (Hoboken, NJ: John Wiley & Sons, 1990).

Weissman, Richard L., *Mechanical Trading Systems: Pairing Trader Psychology with Technical Analysis* (Hoboken, NJ: John Wiley & Sons, 2004).

Wikipedia.com.

Wilder, J. Welles, Jr., *New Concepts in Technical Trading Systems* (Greensboro, SC: Trend Research, 1976).

Williams, Larry, *How I Made One Million Dollars* (Carmel Valley, CA: Conceptual Management, 1973).

―――, *The Secret of Selecting Stocks* (Carmel Valley, CA: Conceptual Management, 1972).

Yannidis, Nikos, Personal communication, 2011.

作者简介

亚历山大·埃尔德，医学博士、交易专家和交易者导师，著书十余本，其中《以交易为生》和《以交易为生的学习向导》被众多交易员誉为现代交易经典之作。

埃尔德博士出生于彼得格勒并在爱沙尼亚长大，16岁时在爱沙尼亚学习医学，23岁时成为船上医护工作者，收到美国的政治避难函后随船前往美国，曾在纽约哥伦比亚大学教授心理学课程。

埃尔德博士对交易心理有独到的研究，他是全球领先的交易专家，他的书籍、文章和观点多数已经出版，他本人的多次交易也出现在本书中。

埃尔德博士是交易训练营的发起人，该训练营专门为交易者展开为期一周的交易培训。他也是SpikeTrade网站的创始人，其成员都是专业和准专业的交易者。SpikeTrade成员之间每周分享自己最看好的股票以挣得奖金。

埃尔德博士目前还在交易，并为交易者组织在线会议，他是广受欢迎的会议演讲者。他欢迎本书的读者通过电子方式申请免费订阅其电子新闻通讯。

译者简介

熊振华 华中科技大学热能与动力工程学学士,对外经济贸易大学金融学硕士;2010年进入中信建投证券交易部,从事自营投资研究业务,研究方向为:成长股研究、机械行业研究、投资交易研究;2013年转入中国证券金融公司工作。

蔡笑 供职于中信建投证券股份有限公司,金融学博士。曾任职于宏源证券研究所、信用交易部,《看多中国》合著者,《巴伦金融投资词典(第八版)》合译者,《垃圾债券掘金指南》《巨大的鸿沟》译者。

推荐阅读

序号	中文书号	中文书名	定价
1	69645	敢于梦想：Tiger21创始人写给创业者的40堂必修课	79
2	69262	通向成功的交易心理学	79
3	68534	价值投资的五大关键	80
4	68207	比尔·米勒投资之道	80
5	67245	趋势跟踪（原书第5版）	159
6	67124	巴菲特的嘉年华：伯克希尔股东大会的故事	79
7	66880	巴菲特之道（原书第3版）（典藏版）	79
8	66784	短线交易秘诀（典藏版）	80
9	66522	21条颠扑不破的交易真理	59
10	66445	巴菲特的投资组合（典藏版）	59
11	66382	短线狙击手：高胜率短线交易秘诀	79
12	66200	格雷厄姆成长股投资策略	69
13	66178	行为投资原则	69
14	66022	炒掉你的股票分析师：证券分析从入门到实战（原书第2版）	79
15	65509	格雷厄姆精选集：演说、文章及纽约金融学院讲义实录	69
16	65413	与天为敌：一部人类风险探索史（典藏版）	89
17	65175	驾驭交易（原书第3版）	129
18	65140	大钱细思：优秀投资者如何思考和决断	89
19	64140	投资策略实战分析（原书第4版·典藏版）	159
20	64043	巴菲特的第一桶金	79
21	63530	股市奇才：华尔街50年市场智慧	69
22	63388	交易心理分析2.0：从交易训练到流程设计	99
23	63200	金融交易圣经II:交易心智修炼	49
24	63137	经典技术分析（原书第3版）（下）	89
25	63136	经典技术分析（原书第3版）（上）	89
26	62844	大熊市启示录：百年金融史中的超级恐慌与机会（原书第4版）	80
27	62684	市场永远是对的：顺势投资的十大准则	69
28	62120	行为金融与投资心理学（原书第6版）	59
29	61637	蜡烛图方法：从入门到精通（原书第2版）	60
30	61156	期货狙击手：交易赢家的21周操盘手记	80
31	61155	投资交易心理分析（典藏版）	69
32	61152	有效资产管理（典藏版）	59
33	61148	客户的游艇在哪里：华尔街奇谈（典藏版）	39
34	61075	跨市场交易策略（典藏版）	69
35	61044	对冲基金怪杰（典藏版）	80
36	61008	专业投机原理（典藏版）	99
37	60980	价值投资的秘密：小投资者战胜基金经理的长线方法	49
38	60649	投资思想史（典藏版）	99
39	60644	金融交易圣经：发现你的赚钱天才	69
40	60546	证券混沌操作法：股票、期货及外汇交易的低风险获利指南（典藏版）	59
41	60457	外汇交易的10堂必修课（典藏版）	49
42	60415	击败庄家：21点的有利策略	59
43	60383	超级强势股：如何投资小盘价值成长股	59
44	60332	金融怪杰：华尔街的顶级交易员（典藏版）	80
45	60298	彼得·林奇教你理财（典藏版）	59
46	60234	日本蜡烛图技术新解（典藏版）	60
47	60233	股市长线法宝（典藏版）	80
48	60232	股票投资的24堂必修课（典藏版）	45
49	60213	蜡烛图精解:股票和期货交易的永恒技术（典藏版）	88
50	60070	在股市大崩溃前抛出的人：巴鲁克自传（典藏版）	69
51	60024	约翰·聂夫的成功投资	69
52	59948	投资者的未来（典藏版）	80
53	59832	沃伦·巴菲特如是说	59
54	59766	笑傲股市（原书第4版.典藏版）	99

推荐阅读

序号	中文书号	中文书名	定价
55	59686	金钱传奇：科斯托拉尼的投资哲学	59
56	59592	证券投资课	59
57	59210	巴菲特致股东的信：投资者和公司高管教程（原书第4版）	99
58	59073	彼得·林奇的成功投资（典藏版）	80
59	59022	战胜华尔街（典藏版）	80
60	58971	市场真相：看不见的手与脱缰的马	69
61	58822	积极型资产配置指南：经济周期分析与六阶段投资时钟	69
62	58428	麦克米伦谈期权（原书第2版）	120
63	58427	漫步华尔街（原书第11版）	56
64	58249	股市趋势技术分析（原书第10版）	168
65	57882	赌神数学家：战胜拉斯维加斯和金融市场的财富公式	59
66	57801	华尔街之舞：图解金融市场的周期与趋势	69
67	57535	哈利·布朗的永久投资组合：无惧市场波动的不败投资法	69
68	57133	憨夺型投资者	39
69	57116	高胜算操盘：成功交易员完全教程	69
70	56972	以交易为生（原书第2版）	36
71	56618	证券投资心理学	49
72	55876	技术分析与股市盈利预测：技术分析科学之父沙巴克经典教程	80
73	55569	机械式交易系统：原理、构建与实战	80
74	54670	交易择时技术分析：RSI、波浪理论、斐波纳契预测及复合指标的综合运用（原书第2版）	59
75	54668	交易圣经	89
76	54560	证券投机的艺术	59
77	54332	择时与选股	45
78	52601	技术分析（原书第5版）	100
79	52433	缺口技术分析：让缺口变为股票的盈利	59
80	49893	现代证券分析	80
81	49646	查理·芒格的智慧：投资的格栅理论（原书第2版）	49
82	49259	实证技术分析	75
83	48856	期权投资策略（原书第5版）	169
84	48513	简易期权（原书第3版）	59
85	47906	赢得输家的游戏：精英投资者如何击败市场（原书第6版）	45
86	44995	走进我的交易室	55
87	44711	黄金屋：宏观对冲基金顶尖交易者的掘金之道（增订版）	59
88	44062	马丁·惠特曼的价值投资方法：回归基本面	49
89	44059	期权入门与精通：投机获利与风险管理（原书第2版）	49
90	43956	以交易为生II：卖出的艺术	55
91	42750	投资在第二个失去的十年	49
92	41474	逆向投资策略	59
93	33175	艾略特名著集（珍藏版）	32
94	32872	向格雷厄姆学思考，向巴菲特学投资	38
95	32473	向最伟大的股票作手学习	36
96	31377	解读华尔街（原书第5版）	48
97	31016	艾略特波浪理论:市场行为的关键（珍藏版）	38
98	30978	恐慌与机会：如何把握股市动荡中的风险和机遇	36
99	30633	超级金钱（珍藏版）	36
100	30630	华尔街50年（珍藏版）	38
101	30629	股市心理博弈（珍藏版）	58
102	30628	通向财务自由之路（珍藏版）	69
103	30604	投资新革命（珍藏版）	36
104	30250	江恩华尔街45年（修订版）	36
105	30248	如何从商品期货贸易中获利（修订版）	58
106	30244	股市晴雨表（珍藏版）	38
107	30243	投机与骗局（修订版）	36